Elefante

Conselho editorial
**Bianca Oliveira**
**João Peres**
**Tadeu Breda**

Edição
**Tadeu Breda**

Assistência de edição
**Luiza Brandino**

Preparação
**Mariana Brito**

Revisão técnica
**Nilton Ken Ota**

Revisão
**Fabiana Medina**
**Laura Massunari**

Projeto gráfico
e diagramação
**Hannah Uesugi**
**Pedro Botton**
[**Estúdio Arquivo**]

Direção de arte
**Bianca Oliveira**

# A escolha da guerra civil

## Uma outra história do neoliberalismo

Pierre Dardot

Haud Guéguen

Christian Laval

Pierre Sauvêtre

Tradução
**Márcia Pereira Cunha**

# Sumário

**Nota dos autores** 6

**Prefácio à edição brasileira** 8
Do poder soberano
ao inimigo íntimo

**Introdução** 22
As estratégias de guerra
civil do neoliberalismo

**Conclusão** 312
Da guerra civil
à revolução

**Referências** 332

**Sobre os autores** 348

**Sobre a coleção** 356

1 Chile, a primeira
contrarrevolução
neoliberal **42**

2 Demofobia
neoliberal **70**

3 Apologia do
Estado forte **88**

4 Constituição política
e constitucionalismo
de mercado **112**

5 O neoliberalismo
e seus inimigos **134**

6 As estratégias
neoliberais da
evolução social **156**

7 A falsa alternativa
entre globalistas e
nacionalistas **182**

8 A guerra de
valores e a divisão
do "povo" **204**

9 No front
do trabalho **226**

10 Governar *contra*
as populações **244**

11 O direito como
máquina de guerra
neoliberal **262**

12 Neoliberalismo
e autoritarismo **282**

# Nota dos autores

Este livro faz parte da reflexão coletiva do Groupe d'études sur le néolibéralisme et les alternatives [Grupo de estudos sobre neoliberalismo e alternativas] (Gena). Criado no outono de 2018, o grupo é transdisciplinar e internacional. Propõe-se a observar e analisar as metamorfoses do neoliberalismo, considerando-o pelo ângulo de suas variantes estratégicas.

A sequência histórica marcada pelas vitórias eleitorais de Donald Trump e Jair Bolsonaro, bem como pela difusão em larga escala de modelos de governo nacionalistas, autoritários e racistas, foi o ponto de partida de nosso trabalho coletivo sobre o lugar da violência e a dimensão da guerra civil na história do neoliberalismo.

Com suas análises, documentação e releituras, contribuíram para a redação desta obra: Matilde Ciolli, Márcia Cunha, Jean-François Deluchey, Barbara Dias, Heitor de Macedo, Massimiliano Nicoli, Nilton Ota, Simon Ridley, Tatiana Roque, Emine Sarikartal e Rafael Valim. Nosso agradecimento a todas e todos.

# Prefácio à edição brasileira

## Do poder soberano ao inimigo íntimo

Edson Teles

"Sempre estivemos em guerra." Essa frase de Ailton Krenak, pensador e ativista dos povos indígenas, sintetiza parte deste livro. Desde a formação do Estado moderno, o poder soberano tem fomentado batalhas contra os que não são donos do capital. Quanto mais se desenvolveram novos formatos de dominação institucional, mais foram se tornando alvo da violência estatal os revoltosos, os sujeitos atípicos, os povos originários, a classe trabalhadora, seus representantes e qualquer indivíduo ou grupo considerado inimigo da ordem.

A partir do final do século XIX, foi se imiscuindo no discurso liberal a ideia de que seria necessária uma nova dinâmica política para garantir a ordem e as leis do mercado. Da teoria à prática, o século seguinte viu surgir a gestão neoliberal de controle da sociedade. Historicamente, o projeto surgiu como resposta ao nascimento do Estado social europeu no início do século XX e se concretizou como política eficiente de destruição da cidadania oriunda da conquista de direitos. Não seria meramente o aspecto "social" do welfarismo que afrontava o pensamento e a prática do liberalismo de mercado, mas essencialmente o caráter político que a cidadania imprimia às democracias.

A história do Estado moderno está umbilicalmente ligada à fabricação de processos e regimes de subjetivação dos corpos. Ele nasce, discursivamente, para consolidar o exercício institucional da soberania popular, a qual seria a expressão das massas desejosas e impacientes por definir seu futuro. Porém, ao mesmo tempo, o popular se insurge como gregário em revolta e em movimento coletivo, brutal e primitivo. Por isso, acentuam os autores, a questão fundamental do neoliberalismo é: como limitar o poder de um povo politicamente unido? Como criar uma arte de governar capaz de submeter esse povo às autoridades administrativas e políticas do Estado? Como controlar o "caráter potencialmente ingovernável das democracias" (p. 86)?

Dessa forma, desde o entreguerras até o fim da Guerra Fria, a Europa testemunhou a emergência da teoria e do pensamento neoliberal visando evitar a ingovernabilidade de uma democracia de massas. A solução encontrada passou pela construção de um Estado forte, por meio da aliança entre as normas de mercado e o autoritarismo. Essa foi a forma mais eficaz de proteger a democracia liberal da política das massas. É por isso, argumentam os autores, que as diferenças entre as violências das ditaduras e das democracias, como as que experimentamos na América Latina, configuram-se como graus da mesma prática, e não divergências quanto à natureza do Estado. Para o neoliberalismo, entre a ditadura e a democracia não há diferença de valor, mas de eficácia na garantia do direito privado dos indivíduos e da ordem de mercado.

Assim, a violência de Estado atua para fortalecer a racionalidade neoliberal contra os seus inimigos, sejam aqueles que se autodeclaram opositores, sejam aqueles que, pelo caráter originário e cotidiano de uma experiência coletiva, oferecem risco à manutenção da normativa imposta. A violência que se libera não é necessariamente a legitimada pelas leis do estado de direito, mas a da brutalidade que se utiliza do Estado para atacar os esforços de democratização da sociedade.

Os valores políticos são substituídos pelo discurso da eficácia e da liberdade individual. Passa a importar a produtividade da gestão, com leis e instituições do estado de direito exercendo função instrumental. A par dos aspectos discursivos da democracia, o formalismo na escolha dos representantes e a tramitação institucional são considerados valores relativos, cujo investimento depende da potência em alcançar os objetivos gerais.

Como prevê o projeto neoliberal, constrói-se um Estado forte e violento para retirar o caráter político da decisão democrática, depositando a direção da economia nas mãos de um conselho de tecnocratas e no suporte da força militar. Com isso, a cisão da sociedade em partes antagônicas se atualiza com o estímulo à guerra civil. Toda a violência acionada pelo Estado, somada à de milícias e grupos de intolerância, manifesta uma forma de combate distinta de uma guerra civil clássica. A guerra neoliberal utiliza-se de divisões antigas e tradicionais, de sociedades nascidas de práticas de dominação e expostas a cisões culturais, sociais e políticas. O enraizamento desses conflitos nas várias camadas de sociabilidade permite às estratégias de dominação maior capilarização para os mecanismos de controle e vigilância.

São guerras que assumem configurações distintas e mobilizam os mais diversos métodos, mas os alvos são sempre grupos sociais, segmentos da população, coletividades. Por isso, o livro se propõe a reler o projeto neoliberal por meio de suas estratégias autoritárias e das realidades violentas que lhes são próprias. Trata-se de uma história das ideias, dos pensamentos, das teorias e das práticas de um projeto político de anulação ou eliminação da opção socialista, do poder dos sindicatos, da organização coletiva de grupos sociais e dos povos. Antes do início do combate, a racionalidade neoliberal busca ativar procedimentos para frustrar, destituir e impedir o acesso dos inimigos aos meios de luta e, quem sabe, dessubjetivá-los até que renunciem ao enfrentamento.

De acordo com a genealogia apresentada neste livro, a guerra civil neoliberal apresenta três características gerais: primeiro, pretende atacar os direitos sociais; segundo, alimenta-se de diferentes estratégias de ação; terceiro, utiliza-se de alianças com as oligarquias locais tendo por alvo coletivos populacionais. Essas práticas almejam, além da defesa da ordem global, um regime político e social antidemocrático, com a consolidação de uma liberdade que assegure nada mais que o empreendedorismo e o consumo. Talvez possamos dizer que a grande novidade da racionalidade neoliberal é criar o indivíduo que produz, controla e vigia, endivida e violenta a si mesmo.

A guerra civil se torna a norma da construção e do funcionamento do mercado, a atividade determinante dos agentes políticos e sociais cujas ações devem impedir qualquer organização coletiva da sociedade. A globalização do projeto neoliberal não visava apenas à imposição político-econômica mas também à produção de uma nova humanidade.

Na racionalidade neoliberal, qualquer forma coletiva de sociabilidade alternativa ao modelo individualista da lógica de mercado significa um risco à ordem. Daí o discurso de que um perigo ronda a civilização, forçando a necessidade do combate e da intervenção. Os valores tradicionais e a ordem da economia livre são ameaçados pelas subjetividades que entram em desacordo com as normas da sociedade fundamentada no modelo liberal. A civilização em risco é a ocidental: branca, classista, heteronormativa, patriarcal.

Por isso, a ordem se vê em perigo diante das culturas de etnias não hegemônicas, dos afrodescendentes, das sexualidades não binárias e também dos desempregados, dos militantes e ativistas, dos adictos, dos estrangeiros etc. Qualquer prática em ruptura com a tradição, qualquer atividade que configure um grupo social diverso da norma, se não puder ser assimilada como produto de consumo, significa o perigo de regressão a um estágio bárbaro, interrompendo e causando danos à evolução civilizatória.

Há na movimentação neoliberal uma dupla face: por um lado, ocorre a modernização e o dinamismo das tecnologias e de novas formas de vida; por outro, há as estratégias conservadoras da tradição racista e patriarcal, estruturada na família e na religião. A dupla performance do neoliberalismo permite a combinação das transformações exigidas pelo modelo econômico, adaptadas à defesa da restauração dos modos tradicionais de produção das subjetividades em torno de normas autoritárias e conservadoras. A junção da expansão violenta de mercados somada às tecnologias discursivas e aos valores tradicionais traz à cena política governos de extrema direita, como os de Jair Bolsonaro, Donald Trump e Viktor Orbán.

A efetivação dessa dupla face tem direcionado diversos dispositivos — policiais, militares, jurídicos, médicos, escolares, tecnológicos — para a atividade da guerra contra o inimigo. Para controlar esse oponente e garantir a segurança, o governo recorre a intervenções de exceção, desviando-se dos limites estabelecidos pelas leis. É o que os autores chamam de "inflação de exceções", ou seja, medidas autoritárias que dispensam os mecanismos de suspensão da ordem jurídica, como sugeria Carl Schmitt. É a exceção autorizada como permanente, fazendo da militarização a autoridade de governo, e dos grupos de direita e das milícias os despachantes da violência liberada.

Enquanto combate o inimigo, e por meio da subjetivação da seguridade, a exceção se dispersa para todo canto e em qualquer temporalidade. Como sugere o livro, o inimigo é polimorfo e se encontra por toda parte, o que permite manter a existência de seu fantasma em qualquer território. Nesse sentido, não bastam mecanismos constitucionais de acionamento do estado de exceção, pois se trata da violência bélica anômica e liberada para qualquer esfera.

Com a expansão da ideia de exceção, manifesta-se uma nova racionalidade, na qual o indivíduo deverá governar a si mesmo e ser responsável por policiar e, eventualmente, penalizar o inimigo. A violência de Estado se mostra inseparável de uma violência exercida contra o outro e contra si mesmo. São estratégias que atingem a intimidade dos corpos.

Assim, a exaltação da civilização concebida como o locus da liberdade, da livre-circulação de ideias, da educação e do sufrágio universais e da cidadania se irrealiza no cidadão governado pela razão de mercado. O discurso iluminista e moderno — do sujeito abstrato dos direitos humanos, da boa política da democracia — cai por terra diante do fato de que tais benefícios foram, desde os séculos passados até hoje, privilégio do homem branco.

Os autores identificam na guerra colonial, a partir do caso da Guerra da Argélia (1954-1962), parte substancial das práticas e estratégias que seriam rearticuladas no projeto neoliberal, com a adoção dos "antigos métodos coloniais contra o inimigo interno" (p. 255).

Por isso, a referência à fala de um líder indígena na abertura deste texto não é despropositada. A guerra neoliberal se configura como a resposta do capital à continuidade da história e da institucionalidade dos mundos moderno e contemporâneo. Ailton Krenak, na mesma ocasião da constatação de que vivemos em guerra permanente, acrescentou um comentário sobre o momento que o país atravessa sob a presidência de Bolsonaro:

> Eu imaginava que os partidos políticos fossem fazer uma imensa coalizão para confrontar esse projeto neoliberal, mas nada aconteceu. As pessoas parecem anestesiadas. Nós, indígenas, continuamos resistindo, mas vejo o governo Bolsonaro como mais um capítulo da nossa luta colonial, que começou em 1500, quando os portugueses invadiram nosso território, e prossegue até os dias de hoje. O modelo de ocupação da América pelos europeus visava ao extermínio dos povos originários e ao longo desse tempo a gente nunca teve paz.[1]

O ponto de vista de uma liderança indígena, na radicalidade de sua existência, expõe de forma plena o impacto do projeto neoliberal em territórios colonizados. O exercício das normas e da ordem do mercado como forma de governo se globalizou a partir dos anos 1980. Contudo, traz em seu teor e em seus alicerces toda a tradição colonialista e violenta dos últimos séculos. Trata-se da globalização de certa forma de gestão das populações sob a lógica do mercado, mas que faz uso da continuidade histórica de estratégias e ideologias autoritárias.

---

1 | KRENAK, Ailton. "'Sempre estivemos em guerra' — entrevista a Ana Paula Orlandi", Goethe-Institut, mar. 2020.

Ao lado dos governos de Margaret Thatcher e Ronald Reagan, o livro menciona o exemplo que inaugurou um projeto que viria a ser consensual: o da ditadura chilena sob o governo de Augusto Pinochet (1973-1990). O ditador impôs na Constituição de 1980 um regime político autoritário com os poderes centrados na figura do presidente e auxiliado pelo Conselho de Segurança Nacional, formado em sua maioria por militares. A partir do Estado forte e violento, iniciaram-se a privatização de vários serviços e empresas e o desmonte de direitos sociais e trabalhistas, além da aplicação de medidas para garantir o funcionamento das normas de mercado.

Como em outros países da América do Sul, a aliança de forças democráticas buscou uma saída negociada com as Forças Armadas para colocar fim à ditadura. Recorrendo à bibliografia crítica, o livro mostra como se estabeleceu o pacto para excluir a participação da esquerda revolucionária no novo regime democrático e para preservar a Constituição ditatorial. No início do século XXI, reformas constitucionais foram feitas, introduzindo, por um lado, algumas medidas de democratização e, por outro, novos limites à soberania popular. Um dos novos mecanismos autoritários foi a imposição da Corte Suprema como uma terceira casa legislativa, atuando na limitação do exercício e da escuta de outros poderes sociais e institucionais.

Foi sob a alegação da ameaça do comunismo e da política autônoma praticada pela Unidade Popular que se empreendeu, no Chile do início dos anos 1970, o nascimento de uma das mais violentas ditaduras do século XX. No Brasil, com a emergência dos movimentos e das lutas populares, em especial durante o governo João Goulart, fomentou-se o surgimento da doutrina de segurança nacional, elaborada pela Escola Superior de Guerra e por outras instituições das Forças Armadas, com o suporte de empresários e grupos fascistas. Autorizava-se o combate a qualquer um dos sujeitos que transitavam por ruas e casas, em uma guerra contra o inimigo íntimo e próximo.

Para o projeto neoliberal, é indiferente se o regime político é uma democracia ou uma ditadura, pois ambos os sistemas de governo podem ser eficazes em realizar as normas estabelecidas pelo sistema. Tal fato auxilia a reflexão sobre certa indistinção entre a ditadura brasileira (1964-1985) e a democracia que lhe sucede. Pode-se dizer que há uma íntima relação entre as práticas violentas de Estado no regime militar dos anos 1960 e 1970 e o sofisticado aparato de segurança pública militarizado do estado de direito nos últimos trinta anos.

Certamente há diferenças profundas entre uma ditadura e uma democracia, mas há também continuidades e permanências, e tais estruturas servem perfeitamente à racionalidade neoliberal da guerra civil. A indiferenciação entre regimes políticos se torna plausível, uma vez que o modelo neoliberal investe na lógica normativa e na produção de subjetividades de controle, reduzindo a democracia a mero procedimento formal, ou fazendo de uma ditadura o simulacro de um estado legalista. Tais estratégias buscam se opor a uma democracia da soberania popular e com plena participação política.

O esvaziamento do caráter político das lutas sociais foi — e ainda é — o ardil engenhoso da imposição de uma democracia autoritária. Apesar do contexto próprio e com aspectos diversos em relação ao Chile, o fim da ditadura brasileira também ocorreu sob a tutela dos militares. No nosso caso, não poderia compor o novo cenário democrático qualquer força política insubmissa às regras partidárias e estatizantes da política. Foi assim que a revolta dos "quebra-quebras" do início dos anos 1980, bem como os comitês de luta contra o desemprego e contra a carestia e as ocupações por moradia popular nas periferias, surgidos igualmente com a participação da esquerda comunista e dos movimentos sociais autônomos, foram gradativamente bloqueados, silenciados ou aniquilados violentamente — como no caso das revoltas populares expressas em saques e protestos de rua.

A principal estratégia da transição democrática foi despir o elemento político de tais lutas. Aos poucos, durante os últimos anos de ditadura e nas décadas seguintes de democracia, esses movimentos ou protestos passaram a ser nomeados na grande mídia e pelas lideranças políticas como "vandalismo", "arruaça", "desordem". Essas lutas foram sendo substituídas ou anuladas pelas grandes mobilizações hegemônicas de campanhas como o movimento "Diretas Já" (1983-1984), em favor de eleições para a sucessão do último general-presidente, ou a campanha pelo impeachment do primeiro presidente eleito após a ditadura, Fernando Collor, por corrupção. Nesse tipo de ação política, os partidos autorizados, os grandes sindicatos e a institucionalidade assumem a retórica da democracia e produzem o discurso consensual sobre como deve ser o novo regime.

Atualmente, o presidente Bolsonaro navega em uma política econômica de mercado, destruindo os bens públicos e favorecendo as corporações e o agronegócio enquanto elogia a ditadura, homenageia torturadores e, em nome de Deus, autoriza a ação policial ilícita. Com um modelo de governo transbordando os limites de um estado de direito e pisoteando a Constituição em vários aspectos, o Estado se fortalece ainda mais. A democracia manteve um modo de governar que favorece a combinação estratégica da razão neoliberal com os valores e as estruturas racistas e classistas historicamente constituídas no país. A violência de Estado, com as características de uma guerra civil, se justifica como ação de legítima defesa contra os maiores inimigos da nação.

A política do ódio mobiliza o ressentimento dos segmentos privilegiados pela estrutura do racismo e da dominação colonial. O discurso propositivo de uma oposição abismal entre civilização e barbárie acaba se renovando parcialmente em situações específicas, como na leitura binária da história recente do Brasil, dividindo-a entre ditadura e democracia. Com isso, se mantém inalterada a violência racial e os pactos de sua manutenção, estruturada por décadas em torno da "democracia racial".[2]

Quando um jovem negro e pobre é assassinado pela polícia nos territórios periféricos, é comum assistirmos à comunidade local protestar, ocupando avenidas próximas, ateando fogo em pneus e interrompendo os fluxos de circulação da cidade. São lutas políticas pelo direito à vida, contra a violência de Estado e que ocorrem sob uma performance clássica das revoltas: as barricadas e, algumas vezes, a movimentação de guerrilha em vielas e casas apertadas nas favelas e bairros pobres. Não se trata aqui de argumentar que nas revoltas silenciadas se encontra ou não o exercício da soberania popular, mas de procurar demonstrar qual ideia de ação política nasce na nova democracia e qual é anulada. Mais ainda, quais sujeitos são silenciados, quem se enfraquece e quem se fortalece nessas relações.

"Brasil, ame-o ou deixe-o" foi a frase-síntese da ditadura no "combate ao inimigo interno". Esse inimigo era discursivamente definido como o militante político opositor ao regime militar. Entretanto, a prática repressiva objetivava da mesma forma toda a população negra e pobre, que, como grupo potencialmente subversivo, era a própria corporificação da revolta e da

---

2 | A "democracia racial" surgiu como uma leitura sociológica nos anos 1930 e 1940 para se referir às relações entre negros e brancos. Sintetizava ideias de que o país experimentava a construção de uma sociedade multirracial e de relações étnicas harmônicas. Ganhou o reforço de seu aspecto de ideologia nacional após o fim da Segunda Guerra Mundial, que, no Brasil, foi acompanhado pelo fim da ditadura de Getúlio Vargas, um período em que a ideia de democracia se elevou na política institucional e nas ruas efervescentes dos anos 1950 e início dos 1960. Esse movimento foi concomitante às astúcias do racismo estrutural à moda brasileira, que soube manter invisibilizada, para o restante da sociedade, a violência contra os negros, apresentando as diferenças raciais como desigualdades sociais efêmeras advindas do período da escravidão e em vias de ser ultrapassada, desde que sem rupturas. Sobre o modo insidioso com que a ideia de "democracia racial" se manteve na história recente do país, ver Beatriz Nascimento, especialmente seus artigos "Por uma história do homem negro" e "Nossa democracia racial" (RATZ, Alex. *Eu sou atlântica: sobre a trajetória de vida de Beatriz Nascimento*. São Paulo: Instituto Kuanza / Imprensa Oficial, 2006).

resistência em devir contra o status colonial da sociedade brasileira. Foi assim que se tornou possível, na transição para a democracia, ainda nos anos 1980, manter todo o aparato repressivo e militarizado das polícias e da política. O inimigo íntimo ainda permanecia entre nós: a população negra e periférica. Há nesse contexto uma semelhança com a ideia dos autores deste livro quando argumentam sobre como a extrema criminalização da figura do opositor acaba por estender socialmente a guerra e "transforma em inimigos uma parte dos governados" (p. 250).

A criminalização da pobreza manteve a ideia da guerra presente nas instituições e nos afetos dos brasileiros. Índice material do combate ao inimigo foi a manutenção da mesma lógica da doutrina de segurança nacional na Constituição promulgada em 1988. No que se refere à segurança pública, as estruturas militarizadas criadas ou consolidadas na ditadura foram mantidas intactas. O novo regime político — nascido com a promessa de pacificar as violências do passado e com o discurso de humanização e modernização das polícias, do sistema carcerário e da segurança pública — investiu ainda mais nas máquinas de produção de violência de Estado.

Talvez devêssemos lançar a hipótese de que os pactos que garantiram uma transição sem profundas transformações não foram meramente os acordos políticos palacianos e institucionais, mas notadamente a renovação do velho pacto racial colonialista. O racismo estrutural foi a sociabilidade que permitiu à razão de governo manter um pelourinho em cada delegacia, presídio, instituição de privação da liberdade de adolescentes, entre outras, e fazer da militarização uma versão moderna do capitão do mato. Apesar dos direitos e das conquistas cidadãs, a tortura manteve-se como razão política de controle dos corpos. A estrutura racial garantiu a continuidade de um Estado empenhado em eliminar preventivamente as resistências ao modelo neoliberal por meio da ilegalidade e da violência.

Os autores concluem com a ideia de que "este livro buscou se colocar no campo da estratégia, reconhecendo na própria diversidade de políticas de guerra civil o modo de funcionamento do poder neoliberal" (p. 314). E sugerem o fomento de uma política não estatal e do comum, com o objetivo de escapar ao controle do mercado e à dominação do Estado. Esse comum viria de uma recomposição da resistência de diferentes grupos em torno de três proposições: a igualdade, a solidariedade e a emancipação. Poderíamos acrescentar a luta em defesa da vida. Na guerra civil e colonial da experiência brasileira, a política de morte do Estado autoritário e racista exige um esforço político pela sobrevivência.

Por fim, importantes livros produzidos no exterior costumam aparecer por aqui apenas muitos anos após sua publicação original. Nessas ocasiões, quando o leitor brasileiro que depende da tradução tem acesso à obra, já a encontra em momento no qual os debates não têm mais o mesmo calor de quando as teorias e as reflexões foram criadas. Felizmente, não é este o caso, pois o livro nos chega praticamente ao mesmo tempo que o seu lançamento em língua francesa. Isso se reveste de importância, visto que o cenário brasileiro é palco de uma expressão particular e típica da razão neoliberal. Normas de mercado com ordem política e social do empreendedorismo, uberização do trabalho e das subjetividades e governo de extrema direita ganham feições específicas por aqui.

Assim, apresentar este livro ao leitor brasileiro exigiu um mergulho na obra, mas também a evocação das lutas e dos conflitos políticos locais. Na condição de leitor afetado pela experiência originária brasileira, procurei apresentar e convidar o público a dialogar com *A escolha da guerra civil* por meio de um pensamento crítico e, igualmente ao anunciado pelos autores, com a disposição de colaborar com uma democracia do autogoverno e da política decidida em comum.

**Edson Teles** é professor de filosofia política e coordenador do Centro de Antropologia e Arqueologia Forense (Caaf) da Universidade Federal de São Paulo (Unifesp) e militante da Comissão de Familiares de Mortos e Desaparecidos Políticos na ditadura (1964-1985)

# Introdução

As estratégias de guerra civil do neoliberalismo

O neoliberalismo procede, desde as origens, de uma escolha fundadora: a escolha da guerra civil. Direta ou indiretamente, essa escolha continua, ainda hoje, comandando suas orientações e suas políticas, inclusive quando não implicam o emprego de meios militares. Esta é a tese que este livro sustenta do início ao fim: com o recurso cada vez mais explícito à repressão e à violência dirigidas às sociedades, estamos diante de uma verdadeira *guerra civil*. Para que isso seja bem compreendido, convém, antes de tudo, retomar essa noção. Ela tem um sentido massivamente disseminado que opõe a guerra civil (como guerra interna) à guerra interestatal (como guerra externa). Em virtude dessa oposição, a guerra civil é a que se faz entre cidadãos de um mesmo Estado. Enquanto a guerra externa resulta de um direito ao qual todas as partes do conflito estão submetidas, a guerra intestina é relegada à esfera do não direito. À reivindicação de Courbet, em abril de 1871, por um estatuto de beligerantes para os *communards*,[3] invocando "os antecedentes da guerra civil" — a Guerra de Secessão dos Estados Unidos (1861-1865) —, opôs-se o argumento de que "a guerra civil não é uma guerra como as outras" (Loraux, 2005b, p. 55).[4] A essa antítese é preciso acrescentar uma segunda, que ultrapassa a primeira, aquela da política e da guerra civil: ao passo que a política é a suspensão da violência pelo reconhecimento do primado da lei, a guerra civil é o desencadeamento sem regra da

---

3 | Referência aos membros e apoiadores da Comuna de Paris de 1871. [N.E.]

4 | Adolphe Thiers, por sua vez, comparava os federados da Guarda Nacional aos sulistas da guerra civil estadunidense.

violência, de uma cólera "que mistura indissociavelmente fúria e vingança", como diria Tucídides (Loraux, 2005b, p. 83). Todas essas antíteses, e outras ainda, dificultam uma abordagem do neoliberalismo a partir de sua *estratégia*. Se adotamos esse ponto de vista, descobrimos que a política pode se acomodar perfeitamente ao uso da violência mais brutal, e que a guerra civil pode ser conduzida pelo direito e pela lei.

### Estratégias diferenciadas

Dois exemplos nos permitem entrar no cerne da questão: o do Chile e o dos Estados Unidos. Em 20 de outubro de 2019, dois dias depois do início dos protestos provocados pela alta do preço da passagem de metrô em Santiago, o presidente chileno Sebastián Piñera não hesitou em declarar estado de guerra nos seguintes termos: "Estamos em guerra contra um inimigo poderoso, implacável, que não respeita nada nem ninguém e que está pronto para fazer uso da violência e da delinquência sem limite algum". Para os chilenos que o escutam, a utilização do termo "guerra" não tem nada de metafórico: o Exército está encarregado de fazer respeitar a ordem, e os veículos blindados reaparecem nas ruas da capital, trazendo aos mais velhos sinistras memórias, aquelas do golpe de Estado liderado por Augusto Pinochet em 11 de setembro de 1973. Nas semanas seguintes, os *carabineros* [policiais] se encarregam de dar à palavra "guerra" um sentido muito preciso de desencadeamento da violência estatal contra os cidadãos (estupros em delegacias, carros de polícia atropelando manifestantes, centenas feridos nos olhos ou cegos após serem atingidos por balas de borracha e estilhaços etc.).

Que rosto tinha o "inimigo poderoso e perigoso" designado por Piñera? O dia 18 de outubro de 2019 marca o início do movimento conhecido como *"estallido* [explosão] de outubro". Em poucos dias, esse movimento horizontal, sem líderes políticos ou chefes, tomou a dimensão de uma verdadeira revolução popular, inédita por sua duração e intensidade. Foi toda a diversidade da sociedade que irrompeu ruidosamente no espaço público. Não é insignificante que faixas feministas e bandeiras mapuche tenham se misturado nas manifestações. As mulheres chilenas foram penalizadas por um familismo que exigia delas sempre mais sacrifícios, e os Mapuche foram vítimas de uma "colonização interna autoritária".[5] Sem dúvida, a guerra declarada por Piñera é uma guerra *civil*, uma guerra que requer a construção discursiva e estratégica da figura do "inimigo interno". É resultado da escolha da guerra pela oligarquia neoliberal contra um movimento massivo de cidadãos que ameaça diretamente sua dominação. Um grafite onipresente nos muros diz: "Aqui nasceu o neoliberalismo, aqui ele morrerá". Não há qualquer valor de previsão, mas sim um valor performativo: nós que vivemos aqui temos a tarefa de eliminar esse sistema incompatível com uma vida digna. Foi o poder desse movimento auto-organizado que impediu a guerra civil desejada pela oligarquia e que impôs a realização do referendo por uma nova Constituição, espraiado sobre o terreno eleitoral pela vitória do "sim" em 25 de outubro de 2020.

No entanto, pode-se limitar a estratégia neoliberal de guerra civil a tal iniciativa do Estado, visando esmagar um levante popular? Certamente não. Nunca se acenou tanto ao espectro da guerra civil como durante as últimas semanas da campanha presidencial estadunidense, enquanto se davam enfrentamentos violentos entre supremacistas brancos e manifestantes antirracistas em Portland ou Oakland. Na ocasião, o editorialista Thomas Friedman não hesitou em afirmar na CNN que os Estados Unidos estavam à beira de uma segunda guerra civil. Em 2020, aconteceu a primeira grande manifestação na Virgínia, depois de os democratas terem conquistado o governo local e prometido promulgar leis de controle de armas: em torno de

---

**5** | Com essa expressão, Esteban Radiszcz, psicanalista e professor da Faculdade de Ciências Sociais da Universidade do Chile, em Santiago, pretende referir-se a um traço específico do neoliberalismo chileno: o prolongamento da dominação colonial por meio de uma colonização interna.

22 mil pessoas, muitas delas armadas, manifestaram-se diante do Capitólio, em Richmond, entoando: "Não obedeceremos". Em abril do mesmo ano, foi desmantelado um plano para sequestrar a governadora de Michigan e julgá-la por traição. O assalto-espetáculo a Washington, em 6 de janeiro de 2021, não fez mais que revelar um movimento enraizado no que há de mais profundo na sociedade estadunidense. Todas essas violências se manifestam não como uma guerra civil clássica em que dois exércitos se enfrentam, tal qual a Guerra de Secessão, mas como uma divisão profunda e duradoura entre duas partes da sociedade há muito tempo ocultada pelo prisma deformador da oposição eleitoral entre democratas e republicanos e que resulta, hoje, em uma forma singular de guerra civil. É muito fácil ver em Trump um demiurgo que teria criado, do nada, essa divisão no interior de uma sociedade antes pacificada. O que Trump soube fazer foi reinvestir em divisões muito antigas — raciais, sociais e culturais — para melhor inflamá-las a seu favor, reavivando notadamente o imaginário sulista feito de escravismo e racismo, como o testemunham o desfraldar da bandeira confederada e as milícias de Boogaloo Bois,[6] obcecados pela preparação de uma iminente guerra civil. Entretanto, o mais importante para o futuro é, sem dúvida, que Trump tenha conseguido arrebanhar frações inteiras da população, chegando a aumentar significativamente o número de votos a seu favor entre 2016 e 2020 (de 63 milhões a 73 milhões). Ora, essa polarização só se tornou possível por uma *oposição entre valores*, aquela entre liberdade e igualdade ou entre liberdade e justiça social. Em outras palavras, oposição entre "liberdade" e "socialismo". Foi essa oposição que deu sentido ao ódio e ao ressentimento experimentados por grande parte desses eleitores. Como disse Wendy Brown, o maior feito dos republicanos nas

---

6 | Seguidores do movimento Boogaloo, cujos adeptos provêm de diversos grupos pró-armamentistas de extrema direita, supremacistas brancos, anarcocapitalistas, minarquistas, entre outros. Popularizado em 2019, a proposta do movimento, segundo os seus integrantes, é incitar uma segunda guerra civil nos Estados Unidos. [N.E.]

eleições de 2020 foi "identificar Trump com a liberdade": "liberdade de resistir aos protocolos de controle da covid-19, ao corte de impostos para os ricos, liberdade para aumentar o poder e os direitos das corporações e para destruir o que permaneceu do Estado social e regulatório".[7] É o apego a essa "liberdade" que faz o trumpismo transpor o personagem Trump e que permite projetar um trumpismo sem Trump. Como disse a historiadora Sylvie Laurent, os milicianos do Capitólio não são um corpo estranho aos Estados Unidos; eles "se inscrevem em uma longa tradição do terrorismo branco estadunidense", que só pôde prosperar sobre o terreno de um velho "nativismo" de quatro séculos.[8] Mas, para além dos Estados Unidos, a liberdade que é "mais importante que a vida" é também o estandarte empunhado pelos partidários de Bolsonaro ou pela extrema direita espanhola, alemã e italiana no auge da primeira onda da pandemia, sendo sempre invocada nesse momento. A guerra civil contra a igualdade e em nome da "liberdade" é, sem dúvida, uma das principais faces do neoliberalismo atual, considerado pelo ângulo da estratégia.

No entanto, não poderíamos imputar à extrema direita o monopólio da estratégia neoliberal. A esquerda dita "de governo", em especial aquela de filiação social-democrata, conduziu essa mesma guerra a partir dos anos 1980 — é verdade que de maneira frequentemente mais sinuosa, mas sempre com temíveis efeitos sobre as relações de força e as alternativas possíveis. Não apenas não defendeu as classes populares nem protegeu os serviços públicos como também os empobreceu e fragilizou em nome do "realismo", isto é, das restrições da globalização ou dos tratados europeus, con-

---

7 | BROWN, Wendy. "Ce qui anime les plus de 70 millions d'électeurs de Trump", *AOC*, 5 nov. 2020 ["Wendy Brown: o eleitorado americano e o suporte a Trump", *UOL*, 6 nov. 2020.].

8 | Sylvie Laurent, citada em JEANTICOU, Romain. "L'invasion du Capitole s'inscrit dans une longue tradition du terrorisme blanc américain" [A invasão do Capitólio se inscreve em uma longa tradição do terrorismo branco estadunidense], *Télérama*, 8 jan. 2021.

forme o caso. A ascensão do neoliberalismo nacionalista da direita radical não teria podido captar o ressentimento das classes populares sem essa participação ativa da "esquerda" na ofensiva neoliberal.

## Políticas da guerra civil

As guerras civis neoliberais admitem, então, formas muito diversas e resultam de estratégias muito variadas. Mas qual papel o Estado desempenha nisso? E, supondo que tal formulação faça sentido, de que maneira os cidadãos se opõem uns aos outros? Trata-se de uma guerra "de todos contra todos", para citar a célebre expressão de Hobbes? Em *A sociedade punitiva*, Michel Foucault problematiza a noção de guerra civil discutindo a tese de Hobbes segundo a qual a guerra civil seria um ressurgimento do estado de natureza. Anterior à constituição do Estado, essa guerra seria à que os indivíduos retornam, quando da dissolução do Estado. A essa concepção, é preciso contrapor que a guerra civil não apenas encena, mas constitui elementos coletivos: os atores da guerra civil são sempre os grupos como grupos, jamais indivíduos como indivíduos. Esses elementos coletivos, no entanto, não entram em relação segundo o modelo de uma confrontação entre dois exércitos inimigos, a exemplo do que ocorreu na Guerra Civil Inglesa (1640-1660). As insurreições populares, como a revolta dos Nu-Pieds [pés descalços], no século XVII,[9] as revoltas frumentárias no XVIII[10] ou, mais próximo de nós, o mo-

---

9 | O movimento dos Nu-Pieds foi uma revolta popular contra o aumento de impostos sobre os produtos locais na Normandia. A reação do rei foi responder aos revoltosos com forças militares e condenações à morte. [N.E.]

10 | Referência às insurreições plebeias da França no século XVIII, quando houve carestia de grãos e o preço do pão aumentou. Para resolver essa situação, os revoltosos fizeram valer novamente uma regra do fim do século XVI: os grãos deviam necessariamente ser ofertados aos pequenos compradores antes de serem vendidos aos grandes. [N.E.]

vimento dos Coletes Amarelos (Gilets Jaunes),[11] são exemplo disso. Enfim, contrariamente ao que pretende o discurso do poder, a guerra civil não é o que o ameaça de fora: ela o habita, permeia e investe, já que "exercer o poder é de certa maneira travar a guerra civil" (Foucault, 2013, p. 33 [2015, p. 30]). Desse modo, a guerra civil funciona como "uma matriz em cujo interior os elementos do poder atuam, reativam-se, dissociam--se". É nesse sentido que se pode sustentar que, longe de pôr fim à guerra, "a política é a continuação da guerra civil" (Foucault, 2013, p. 34 [2015, p. 31]).[12]

Ainda que as guerras civis do neoliberalismo se desenrolem em várias frentes simultaneamente e tenham por questão a dominação das oligarquias em escala mundial, elas não se fundem em uma só guerra que teria, de imediato, o mundo como arena e palco. Também não vamos utilizar a expressão "guerra civil mundial", inventada por Carl Schmitt e utilizada, como sabemos, em sentidos muito diferentes. Para Schmitt (2007), desde meados dos anos 1940, a *Weltbürgerkrieg* remete ao fim das guerras interestatais próprias ao mundo westfaliano e ao nascimento das *guerras assimétricas* travadas em nome de um ideal de justiça que permite às superpotências exercerem um poder de polícia, no quadro de um direito internacional renovado e imbuído de uma

---

**11** | Peça obrigatória em todos os automóveis franceses, o colete amarelo é um item de segurança que, à semelhança do triângulo de sinalização, deve ser usado pelos motoristas em caso de acidente ou pane no veículo. Ele foi apropriado por condutores desgostosos com o aumento no preço dos combustíveis na França, em 2018, e por isso deu nome ao movimento, que levou centenas de milhares de pessoas — de diferentes visões ideológicas — às ruas de diversas cidades. Essa insatisfação com o aumento dos preços se expandiu e tornou-se, para alguns segmentos do movimento, uma insatisfação generalizada contra o Estado; para outros, envolvia até mesmo questões morais. Os Coletes Amarelos foram brutalmente reprimidos pelas forças policiais do presidente Emmanuel Macron. [N.E.]

**12** | A respeito dessa inversão da fórmula de Carl von Clausewitz, ver também Foucault (1997, p. 16, 41 [2005, p. 22, 54]).

vontade missionária.[13] Para Hannah Arendt, a expressão remete, antes, à guerra conduzida pelos regimes totalitários (nazismo e stalinismo), que, a despeito de importantes semelhanças, não podem evitar o confronto direto com o fato de sua vontade expansionista — seguindo um tipo de análise retomada por Ernst Nolte em seu livro *La guerre civile européenne (1917-1945)* [A guerra civil europeia]. Outros autores, como Eric Hobsbawm em *A era dos extremos*, retomaram essa expressão em sentido muito próprio para falar do confronto internacional entre as forças progressistas saídas das Luzes e o fascismo.

É em um sentido totalmente diferente que falamos de "guerras civis" do neoliberalismo. A primeira característica dessas guerras conduzidas por iniciativa da oligarquia é que são guerras "totais": sociais, pois pretendem enfraquecer os direitos sociais das populações; étnicas, já que buscam excluir os estrangeiros de toda forma de cidadania, especialmente restringindo cada vez mais o direito de asilo; políticas e jurídicas, uma vez que recorrem aos meios da lei para reprimir e criminalizar toda resistência e contestação; culturais e morais, pois atacam direitos individuais em nome da defesa mais conservadora de uma ordem moral com frequência referida a valores cristãos. Segunda característica: nessas guerras, as estratégias são diferenciadas, sustentam-se umas pelas outras, nutrem-se mutuamente, mas não dão lugar a uma estratégia unitária global, da qual as estratégias nacionais ou locais seriam apenas versões particularizadas. Terceira característica: elas não opõem diretamente uma "ordem global" de tipo imperial, mesmo que dirigida por uma potência hegemônica, a população tomadas em bloco, da mesma forma que não opõem dois regimes políticos ou dois sistemas econômicos um ao outro; elas opõem coalizões oligárquicas a certos seto-

---

13 | Enzo Traverso se apoia em Schmitt para analisar a sequência 1914-1945: a violência adquire aí um caráter total que lança o inimigo ao não direito para melhor legitimar seu aniquilamento.

res da população, mediante o apoio ativo de algumas de suas frações. Mas esse apoio nunca é dado antecipadamente: ele deve ser, a cada vez, obtido pela instrumentalização das divisões existentes, em particular as mais arcaicas. Por isso, essas estratégias frustram todo esquema de tipo dualista. As guerras civis do neoliberalismo são precisamente *civis*, já que não opõem o "1%" aos "99%", de acordo com o slogan tão famoso quanto falacioso; elas colocam em tensão e assim compõem diversos tipos de agrupamentos segundo linhas de clivagem bem mais complexas que aquelas de pertencimento às classes sociais: coalizões oligárquicas, que defendem a ordem neoliberal por todos os meios do Estado (militares, políticos, simbólicos); classes médias assimiladas pelo neoliberalismo "progressista" e seu discurso sobre as virtudes da "modernização"; uma parte das classes populares e médias, cujo ressentimento é captado pelo nacionalismo autoritário; enfim, um último tipo de grupo que se constitui em grande medida nas mobilizações sociais contra a ofensiva oligárquica e permanece vinculado a uma concepção igualitária e democrática da sociedade (na qual se encontram, em particular, as minorias étnicas e sexuais, assim como as mulheres).

Com efeito, parece que a dominação neoliberal modificou totalmente as regras, os temas e os lugares do enfrentamento: se os Estados se alinham, um após o outro, sob a bandeira do capital global, cujos interesses protegem das reivindicações e expectativas em matéria de igualdade e de justiça social, eles usam as motivações e mobilizam os afetos para desviar essa aspiração contra os inimigos internos ou externos, as minorias inconvenientes, os grupos que ameaçam as identidades dominantes ou as hierarquias tradicionais. É dessa maneira que a contestação da ordem global pôde ser captada por aqueles que são seus principais beneficiários. Agitando as bandeiras da identidade nacional e do "nacionalismo econômico", caras a Steve Bannon, a direita radical conseguiu canalizar a cólera de grandes frações da população, como o atestam o referendo sobre o Brexit, a eleição de Trump e a de

Bolsonaro ou o acesso de Matteo Salvini ao governo italiano em 2018 [como vice-presidente do Conselho de Ministros e ministro do Interior]. Essa concepção dos interesses nacionais, que afirma serem também os dos trabalhadores, é inseparável da promoção dos valores conservadores da família, da tradição e da religião. A denúncia das elites globalizadas é, assim, envolta pela grande narrativa fantasmática da dissolução das identidades culturais. Mas esse "nacionalismo econômico" não visa tanto a subtrair-se ao livre-comércio quanto a devolver à soberania do Estado-nação todos os instrumentos com o fim de conduzir a guerra econômica internacional da maneira mais favorável a seus interesses. Por trás de sua crítica à mundialização cultural, a direita radical joga plenamente, portanto, o jogo do mercado econômico mundial, e a escalada "nacionalista-concorrencial" com a qual ela se compraz não a impede em nada — ao contrário — de se situar no terreno da globalização econômica. Essa nova configuração não pode se reduzir a falsos antagonismos entre "globalistas" e "nacionalistas" ou entre "democracia liberal aberta" e "democracia iliberal populista", uma vez que esses dois campos são, na realidade, duas versões do neoliberalismo. Essas recodificações do conflito permitem ao neoliberalismo, por fim, saturar o espaço ideológico e político, ocultando aquilo que essas diferentes versões partilham: uma mesma defesa da ordem global, um sistema antidemocrático e um conceito de "liberdade" que se confunde com a exclusiva liberdade de empreender e consumir e com a afirmação dominadora dos valores culturais ocidentais, como o trumpismo mostra à exaustão e para além da pessoa de Trump.

> Uma racionalidade
> estratégica que se
> dobra ao contexto

Diversas interpretações dessa "novidade" surgiram nesses últimos tempos. Para algumas, a emergência de uma direita dura, autoritária, nacionalista, populista e racista corresponde a um desenvolvimento "monstruoso", uma "criação frankensteiniana" do neoliberalismo das origens — aquele de Friedrich Hayek, de Milton Friedman ou dos ordoliberais alemães, orientado para a defesa do livre-mercado e da moral tradicional (Brown, 2019). Para outras, a violência contemporânea do poder de Estado corresponde à "passagem a outro regime de poder", no lado oposto da lógica essencialmente "pastoral" da "adaptação" à modernidade, que estaria no coração do neoliberalismo, e que seria preciso interpretar como a confissão de seu próprio fracasso.[14] Para outras, ainda, o atual ressurgimento da versão "autoritária" do neoliberalismo, remontando aos anos 1930, seria "a expressão de seu enfraquecimento político", de sua "avançada crise de hegemonia" (Chamayou, 2020, p. 82). Em todos os casos, o neoliberalismo encarado a partir de suas formas contemporâneas conheceria uma desvirtuação ou uma degenerescência que seria preciso decifrar como o sintoma de um modelo em crise ou, como afirma Wendy Brown, de um modelo em "ruínas".

Entretanto, quando o abordamos em sua dimensão estratégica, o neoliberalismo é sempre entendido em um conjunto de relações (de composição ou de aliança, mas também de antagonismo) com outras racionalidades políticas, de modo que tem sido, desde o início, confrontado com a obrigação de designar inimigos e refletir sobre os modos de ação, assegurando toda sua eficácia ofensiva. Consequentemente, fazer justiça a essa dimensão estratégica do neoliberalismo supõe recolocar, de

---

**14** | Barbara Stiegler, citada em CONFAVREUX, Joseph. "Le virus risque de permettre au néolibéralisme de se réinventer" [O vírus pode permitir que o neoliberalismo se reinvente], *Mediapart*, 27 ago. 2020.

modo diferente, a questão sobre suas origens históricas, para mostrar a que ponto o lugar da estratégia é considerado desde o início como central. O discurso de abertura do Colóquio Lippmann confirma isso quando, propondo-se a fazer "o inventário dos problemas teóricos e práticos, estratégicos e táticos que suscita o retorno a um liberalismo revisado", Louis Rougier sublinha que a "tarefa" não é apenas "acadêmica", mas consiste em "atirar-se ao corpo a corpo para aí combater com as armas do espírito".[15] Melhor ainda: como o próprio Hayek enfatizou, a eficácia da estratégia neoliberal consistiu primeiramente em "apostar na guerra das ideias" e no conjunto de mediadores (intelectuais, jornalistas, políticos, think tanks) capazes de assegurar o papel-chave de "fornecedores de segunda mão das ideias" (*second-hand dealers in ideas*) no campo da batalha ideológica.[16] Visto como *projeto* econômico e político, o neoliberalismo foi, antes de tudo, uma resposta às formas de regulação social da economia que o sufrágio universal e a democracia partidária impuseram ao livre-mercado, nos anos 1920, graças aos sucessos eleitorais dos partidos social-democratas e ao recurso à planificação econômica por parte dos governos eleitos. A questão fundamental aqui é a ameaça de "politização da economia" que a democracia faz pesar sobre o livre-mercado. As construções teóricas de Ludwig von Mises, dos ordoliberais, de Hayek ou de Lippmann, do fim dos anos 1920 ao fim dos anos 1940, são completamente assombradas por esse problema. O que os neoliberais recusam e percebem como verdadeira patologia social é que as "massas" possam, coligando-se, inclusive no quadro legal da democracia representativa, recolocar em questão o funcionamento autoequilibrado do mercado. Não foi a "experiência do nazismo" que permitiu aos ordoliberais definir

---

15 | "Allocution du professeur Louis Rougier" [Intervenção do professor Louis Rougier], em Audier (2012a, p. 417-8).

16 | Ver Blundell (2015), obra publicada pelo Institute of Economic Affairs [Instituto de assuntos econômicos], think tank fundado por Antony Fisher e Ralph Harris para difundir as ideias de Hayek.

seu "campo de adversidade", vendo nele o "revelador" (Foucault, 2004, p. 113 [2008, p. 150]) de todas as formas de antiliberalismo (a economia protegida, o socialismo de Estado, a economia planificada ou o keynesianismo). A refundação do liberalismo foi motivada pela experiência da social-democracia na Áustria e pela República de Weimar, na Alemanha. Fala-se, antes de tudo, do terror diante de um Estado social que eles não titubeiam em chamar de "Estado total",[17] designação que ressoa com "totalitário". Em oposição a uma política estatal de proteção contra os riscos sociais, o Estado neoliberal pretende construir o mercado e protegê-lo das ameaças de regulação e controle de um Estado abusivo. Porém, para cumprir essa missão, esse Estado deve permanecer constantemente em pé de guerra, a fim de impedir que a democracia interfira na economia. Se foi possível mostrar a natureza "construtivista" de um neoliberalismo que molda uma ordem econômica concorrencial, é preciso, por consequência, dar lugar às estratégias de guerra civil travadas pelos governos neoliberais contra tudo o que ameace a "sociedade livre": os governos e os partidos socialistas, os sindicatos e os movimentos sociais, que lutam por reivindicações econômicas, ecológicas, feministas ou culturais. Uma guerra que tome, essencialmente, duplo aspecto: o de estabelecimento de um Estado forte e o da repressão do conjunto de forças e movimentos sociais que se opõem a esse projeto.

Detectar uma "ambiguidade", um "fracasso" ou um "sinal de crise" no fato de que a governamentalidade neoliberal possa ter, simultaneamente, recorrido a formas constitucionais *e* a formas diretas de repressão estatal volta a passar ao largo do que faz a verdadeira coerência estratégica do neoliberalismo, ao integrar plenamente a ideia da necessidade, ao menos em certas situações, do recurso à violência. Todavia, convém precisar que a violência neoliberal não é uma violência de tipo fascista, que seria exercida contra uma comunidade designada como estrangeira ao corpo da nação (ainda que possa

---

**17** | Voltaremos aos diferentes sentidos dessa expressão nos capítulos 3 e 12.

mobilizar tais efeitos); sua característica, antes de tudo, é a de uma *violência conservadora da ordem do mercado*, exercendo-se contra a democracia e a sociedade (ver capítulo 3). Os neoliberais têm a convicção de que o que está em jogo com a ordem do mercado, muito mais que uma escolha de política econômica, é uma civilização inteira, que repousaria principalmente sobre a liberdade e a responsabilidade individuais do cidadão-consumidor. E é porque a "sociedade livre" estaria assentada sobre tal fundamento que o Estado, com todas as suas prerrogativas, conserva um papel eminente a desempenhar e tem, de fato, o dever de utilizar os meios mais violentos e mais contrários aos direitos humanos, se a situação assim o exigir. O mercado concorrencial funciona, nesse aspecto, como o equivalente de um imperativo categórico que permite legitimar as medidas mais excessivas, inclusive o recurso à ditadura militar, se preciso, como foi o caso do Chile, em 1973. Ora, é esse ponto fixo que, paradoxalmente, assegura a própria plasticidade da estratégia neoliberal. Ele permite, de um lado, explicar por quais razões o neoliberalismo se encontra, em certas ocasiões históricas, levado a se conjugar com o advento ou o restabelecimento da democracia liberal; mas também permite compreender por que, quando a ordem do mercado parece diretamente ameaçada em sua existência, ele se anexa, ao contrário, às formas políticas mais autoritárias e à violação dos direitos individuais mais elementares. A escolha dessa segunda orientação sempre foi perfeitamente assumida. Em um artigo de 1997, intitulado "What Latin America owes to the Chicago Boys" [O que a América Latina deve aos Chicago Boys], Gary Becker não hesita em afirmar: "Retrospectivamente, a vontade deles de trabalhar para um ditador cruel e de partir de uma abordagem econômica diferente foi uma das melhores coisas que aconteceram ao Chile".[18]

---

**18** | BECKER, Gary S. "What Latin America Owes to the Chicago Boys", *Hoover Digest*, n. 4, out. 1997.

## Uma outra história
## do neoliberalismo

Este livro propõe, portanto, estabelecer os laços que, desde suas origens, ligam estreitamente o projeto neoliberal de uma pura sociedade de mercado à estratégia requerida para realizá-la. Reler o neoliberalismo pelo ângulo da racionalidade estratégica e da violência que lhe é intrínseca significa recolocar em questão sua interpretação teórica como conjunto de doutrinas ou posições puramente ideológicas e, como consequência, analisar o terreno sobre o qual ele se desenvolve, que não é outro senão aquele de uma luta social e política para impor sua dominação. Sabemos que o termo "neoliberalismo" é objeto de um uso inflacionário e, hoje, fonte de certa confusão. De fato, não é muito difícil constatar — e isso não deixou de ser feito de maneira muito erudita — que existem, desde os anos 1920 e 1930, divergências epistemológicas, e até ontológicas, entre as diferentes correntes que no momento se qualificam, retrospectivamente, como "neoliberais". Contudo, uma história muito detalhista das ideias, além de sua esterilidade, está condenada a perder o essencial: o neoliberalismo não é apenas um conjunto de teorias, uma coleção de obras, uma série de autores, mas um projeto político de neutralização do socialismo sob todas as suas formas e, mais ainda, de todas as formas de exigência de igualdade; um projeto conduzido por teóricos e ensaístas que são também, desde o início, *empreendedores políticos*. É o resultado da vontade política comum de instaurar uma sociedade livre fundada principalmente sobre a concorrência, uma sociedade de direito privado, no quadro determinado de leis e princípios explícitos, protegida por Estados soberanos ciosos em encontrar ancoragens na moral, na tradição ou na religião a serviço de uma estratégia de mudança completa de sociedade.[19] Em outros termos, o neo-

---

19 | Wilhelm Röpke (1962, p. 202-3) escreveu que a concorrência não pode ser um "princípio sobre o qual seria possível erigir a sociedade inteira", mas isso não quer dizer que esse não seja seu principal fundamento.

liberalismo, como o socialismo e o fascismo, deve ser compreendido como uma luta estratégica contra outros projetos políticos, qualificados globalmente e sem muitas nuances como "coletivistas". Trata-se de impor às sociedades certas normas de funcionamento, entre as quais figura em primeiro lugar, *para todos os neoliberais*, a concorrência, que deve assegurar a soberania do indivíduo-consumidor. Só essa dimensão estratégica e conflituosa do neoliberalismo permite apreender tanto as condições de seu surgimento quanto a sua continuidade no tempo e as suas consequências sobre o conjunto da sociedade.

De fato, essa dimensão revela grande confluência entre os objetivos políticos que essas doutrinas buscavam, o que permite falar precisamente de *uma* racionalidade política perfeitamente identificável, e não simplesmente de "neoliberalismos", no plural.[20] Pode-se conceber essa "ordem de mercado" a defender ou restaurar de diferentes formas, seja como ordem espontânea que reclama ser confirmada e reforçada pelo quadro jurídico (o neoliberalismo austro-americano influenciado por Hayek), seja como ordem construída por uma vontade normativa do legislador (o ordoliberalismo alemão).[21] Mas, para além dessas diferenças, todos os neoliberais estão convencidos de que apenas uma ação política permitirá realizar e defender tal ordem social. Essa foi a base do acordo que se formulou pela primeira vez no Colóquio Lippmann, em 1938, e pela segunda vez com a fundação da Sociedade Mont-Pèlerin, em 1947. Todos os grandes combates posteriores do neoliberalismo político testemunharão esse acordo, e nenhum neoliberal faltará à denúncia

---

20 | A exemplo de Serge Audier (2012b).

21 | Leonhard Miksch mantinha esta fórmula tipicamente ordoliberal: "A concorrência: uma organização estatal" (citado em STEINER, Yves & WALPEN, Bernhard. "L'apport de l'ordolibéralisme au renouveau libéral, puis son eclipse" [A contribuição do ordoliberalismo para a renovação liberal], *Carnets de bord*, n. 11, set. 2006, p. 95).

do Estado-providência ou ao combate inabalável contra o socialismo e o comunismo.[22]

Ao enfatizar esse acordo estratégico, este trabalho não contesta outras maneiras de escrever a história do neoliberalismo, notadamente aquelas que se inspiram na abordagem de Foucault. No começo dos anos 2000, essencialmente, tratava-se de insistir sobre um modo de funcionamento original e geral, baseado na condição de concorrência entre empresas, instituições, indivíduos e países. Essa genealogia permitiu elucidar as leituras errôneas do neoliberalismo, que o apresentavam como um "ultraliberalismo" assimilado à ausência de regras (à "lei da selva"), um retorno ao naturalismo de Adam Smith ou, ainda, como o restabelecimento de um "capitalismo puro" enfim reconduzido à sua essência. Ela permitiu também e, talvez, sobretudo colocar em evidência o tipo de intervencionismo próprio ao neoliberalismo: um intervencionismo preocupado em criar e sustentar a *armadura jurídica* indispensável à ordem do mercado. Em contrapartida, não apresenta menos a falha de subestimar seu caráter radicalmente antidemocrático e fazer pensar que a governamentalidade neoliberal poderia se instalar pacificamente, reforma após reforma, por pequenas pontuações e vitórias, depois de uma série de tentativas e experimentações, terminando por compor um sistema. Em suma, tendo em vista os desenvolvimentos recentes do neoliberalismo, essa genealogia ocultou a violência aberta pela qual o neoliberalismo pode, em certas circunstâncias, ser levado a se impor.[23]

---

22 | Quando os ordoliberais entram em ação, em 1948, para convencer os dirigentes alemães da receita anglo-americana de liberar os preços e reformar a moeda, o primeiro número de sua publicação de combate, o *Ordojahrbuch*, que se apresenta como o manifesto do ordoliberalismo, traz na introdução um grande texto de filosofia social de Hayek, "O verdadeiro e o falso individualismo" (HAYEK, Friedrich von. "Wahrer und falscher Individualismus", *Ordojahrbuch*, n. 1, 1948). Ver Commun (2016).

23 | Pensemos, para citar apenas dois exemplos, na brutal repressão de Margaret Thatcher à greve dos mineiros (1984-1985) ou na maneira como Ronald Reagan acabou com a greve dos controladores de voo por meio de uma demissão em massa (1981).

O propósito deste livro é acrescentar um capítulo que se tornou fundamental às genealogias existentes, escrito à luz das formas cada vez mais brutais das políticas neoliberais. E o que aparece ao se puxar esse fio não é um neoliberalismo "novo" ou "degenerado", mas a face mais sombria de sua história, a de uma lógica dogmática implacável que não hesita em relação aos meios empregados para enfraquecer e, se possível, destruir seus inimigos (ver capítulos 3 e 5). Dos três sentidos do termo "estratégia" identificados por Foucault (1984, p. 319 [1995, p. 247])[24] é o terceiro que importa essencialmente aqui, naquilo que ele sobredetermina os dois outros: o "conjunto dos procedimentos utilizados num confronto para privar o adversário dos seus meios de combate e reduzi-lo a renunciar à luta". Simultaneamente, essa identificação estratégica do inimigo sempre é acompanhada por uma utopia radicalmente anti-igualitária, que é como o reverso positivo desse avesso negativo (ver capítulo 6). Desde o Colóquio Lippmann, o ordoliberal Alexander Rüstow atacava frontalmente a reivindicação de igualdade, na qual via o princípio de "sintomas patológicos" de seu tempo: "Ao invés de substituir o escalonamento forçado e artificial do senhorio feudal pelo escalonamento natural e voluntário da hierarquia, negou-se o princípio de escalonamento em geral, colocando em seu lugar o ideal, falso e equivocado, da igualdade" (Audier, 2012a, p. 469). Não poderíamos dizer melhor que as guerras do neoliberalismo são, de uma só vez, guerras *pela* concorrência e *contra* a igualdade.

---

24 | Os dois primeiros sentidos são: (i) a escolha dos meios empregados para se chegar a um fim e (ii) a maneira pela qual, em dado jogo, um parceiro tenta "ter uma vantagem sobre o outro".

# 1

Chile, a primeira contrarrevolução neoliberal

*Houve greves, um coronel do regimento blindado tentou dar um golpe, um cinegrafista morreu filmando sua própria morte, depois mataram o ajudante-de-ordens naval de Allende, houve distúrbios, palavras grosseiras, os chilenos blasfemaram, picharam as paredes, depois quase meio milhão de pessoas desfilaram numa grande marcha de apoio a Allende, depois veio o golpe de Estado, o levante,* o pronunciamiento *militar, bombardearam La Moneda, e, quando terminou o bombardeio, o presidente se suicidou e tudo acabou.*
— Bolaño (2002, p. 101-2 [2000, p. 57])[25]

*Trata-se de uma vitória estratégica do imperialismo, que permite não apenas rever numerosos avanços sociais conquistados durante esses mil dias, mas também transformar o Chile em verdadeiro laboratório: de um capitalismo neoliberal ainda desconhecido em outras latitudes e do qual esse pequeno país ao sul experimenta, em primeira mão, as receitas, sob a alçada dos "Chicago Boys". Os dezessete anos de ditadura posteriores ao 11 de setembro de 1973 são aqueles que Tomás Moulian ou Manuel Gárate nomeiam como "revolução capitalista", tamanha será a remodelação da sociedade pela junta [militar]. Trata-se, de fato, de uma contrarrevolução, no sentido mais estrito do termo.*
— Gaudichaud (2020, p. 288)

---

25 | O autor põe essas palavras na boca do padre Ibacache, que, tentando se defender de acusações, retoma seu passado em uma noite de agonia.
A tentativa de golpe de Estado de 29 de junho de 1973 é conhecida pelo nome de *tancazo*, em razão da utilização de tanques militares. O cinegrafista argentino Leonardo Henrichsen filma, em 30 de junho de 1973, o militar que vai assassiná-lo. A manifestação de apoio a Allende, em 4 de setembro, reúne de setecentas mil a oitocentas mil pessoas.

Em 11 de setembro de 1973, o golpe de Estado liderado pelo general Pinochet, com apoio ativo do presidente Richard Nixon e da Agência Central de Inteligência (CIA) dos Estados Unidos, colocava fim à experiência da Unidade Popular iniciada em 1970 com a vitória de Salvador Allende. Em 10 de dezembro de 1974, um ano e três meses depois, Hayek recebia o Prêmio Nobel de Ciências Econômicas. Em 11 de fevereiro de 1975, dois meses depois dessa premiação, Thatcher encontrava Hayek pela primeira vez. Recém-laureada por sua vitória na batalha pela direção do Partido Conservador inglês, ela foi do Parlamento até a Lord North Street, ao escritório do Institut of Economic Affairs [Instituto de assuntos econômicos] (IEA), "o mais antigo e sem dúvida o mais influente dos think tanks neoliberais britânicos" (Dixon, 1998, p. 26). Segundo testemunhas, a entrevista durou menos de trinta minutos. Em atitude de uma modesta colegial, Thatcher manteve incomum silêncio por dez minutos, enquanto Hayek desenvolvia seus argumentos.[26] Qual é a relação entre esses três eventos?

## O general, o Prêmio Nobel e a Dama de Ferro

Três personagens desempenham os papéis principais nesta que é preciso chamar de cena política primitiva do neoliberalismo de governo: o "general", na pessoa do ditador Augusto Pinochet; o "Prêmio Nobel", na pessoa de Friedrich von Hayek, e a "Dama de Ferro", na pessoa de Margaret Thatcher, que receberá essa alcunha bem depois, ao final de vários anos no poder. Nesta estranha cena, o segundo personagem teve um papel-chave que excede sua posição de teórico da economia, sendo mais próximo ao de inspirador político.

---

**26 |** MONTAGUE, Brendan. "The day Thatcher met Hayek — and how this led to privatisation" [O dia em que Thatcher conheceu Hayek — e como isso levou à privatização], *The Ecologist*, 10 ago. 2018.

À sua maneira, um incidente demonstra bem como a atitude política adotada por Hayek para com a junta chilena foi percebida muito cedo. Hayek dividiu o Prêmio Nobel de Economia com Gunnar Myrdal, um rival cujas posições eram opostas às suas, pois era keynesiano. A bem da verdade, esse Prêmio Nobel não é realmente um Prêmio Nobel: ele não foi criado por Alfred Nobel e não é gerido pela Fundação Nobel; é uma invenção do Banco da Suécia, que passou a atribuí-lo em 1969 sob o nome de Prêmio das Ciências Econômicas em Memória de Alfred Nobel (Dostaler, 2001, p. 23-4). Na entrega do prêmio, em Estocolmo, os dois economistas agraciados se preparam para passar diante do rei da Suécia, acompanhados de suas esposas. De repente, palavras disparam entre elas: "eu primeiro", "que vergonha", "fascista", "socialista", "Pinochet"... Claramente, foi Helene Hayek quem elevou o tom, mas a alusão a Pinochet por Alva Myrdal teve destaque particular: Hayek tinha se recusado a condenar o golpe de Estado de Pinochet. Ora, mais tarde naquela noite, Gunnar Myrdal reprovaria esse posicionamento, ao menos segundo a reconstituição hipotética da conversa entre eles. A Hayek, que naquela ocasião prognosticava (era o dia seguinte ao encontro dos Nove de Paris, em 9 e 10 de dezembro de 1974)[27] a transformação da Europa em "terra de servidão",[28] Gunnar Myrdal retrucou secamente: "Em se tratando de servidão, seus amigos chilenos se impõem".[29]

---

27 | Ocasião em que os nove países-membros da Comunidade Econômica Europeia (CEE), precursora da União Europeia, criaram o Fundo Europeu de Desenvolvimento Regional. [N.E.]

28 | Em 1975, Hayek se oporia ao projeto de moeda única europeia, segundo ele, condenada ao fracasso em razão do monopólio do Banco Central Europeu (BCE), uma proposição que pretendia pôr fim em todo monopólio da moeda e submeter a emissão monetária às regras da concorrência (Dostaler, 2001, p. 75).

29 | Ver, na revista muito "liberal" *Contrepoints*, o artigo de BIDAUT, Jean-Philippe. "Esclandre à Stockholm: quand Hayek recevait son prix Nobel il y a 40 ans" [Escândalo em Estocolmo: quando Hayek recebeu seu Prêmio Nobel, há quarenta anos], *Contrepoints*, 10 dez. 2014.

O próprio Hayek não se privou de dar seus "amigos chilenos" como exemplo a Margaret Thatcher. Uma conhecida anedota, relatada por John Ranelagh, diz que, em uma reunião política do Partido Conservador, no fim dos anos 1970, enquanto um orador começava a defender uma via pragmática, Thatcher largou *A constituição da liberdade*, de Hayek, sobre a mesa, declarando aos membros da assembleia: "Eis aqui no que acreditamos" (Ranelagh, 1991). Em agosto de 1979, Hayek escreve a Thatcher que a necessidade de submeter os sindicatos era tão urgente que requereria um referendo. Ele a pressionou a cortar despesas públicas o mais rapidamente possível e reequilibrar o orçamento em um ano em vez de em cinco. Também lastimou a influência do monetarismo de Milton Friedman sobre o pensamento do governo, considerando que as taxas de juros deveriam ser aumentadas para eliminar imediatamente a inflação, qualquer que fosse o preço a pagar em termos de falências e perda de empregos. Ele a intimou, finalmente, a seguir mais de perto o exemplo do Chile. Thatcher respondeu que o impacto social de um ajuste tão rápido não seria viável e que a natureza democrática do Reino Unido significava que o exemplo do Chile não era diretamente transferível.[30] Esse desacordo não impediu Thatcher de declarar, em 5 de janeiro de 1981, à Câmara dos Comuns: "Sou grande admiradora do professor Hayek. Seria bom se os honoráveis membros desta Casa lessem alguns de seus livros, *A constituição da liberdade*, os três volumes de *Direito, legislação e liberdade*" (Dostaler, 2001, p. 24). Alguns meses depois, em abril de 1981, o "professor Hayek" declarava em entrevista ao *El Mercurio*, jornal chileno apoiador da ditadura de Pinochet: "Como vocês compreendem, um ditador pode governar de maneira liberal. E em uma democracia pode-se também governar com total ausência de liberalismo. Pessoalmente, prefiro um ditador liberal a um governo democrático sem

---

30 | BOURNE, Ryan. "Hayek and Thatcher", Centre for Policy Studies, set. 2012.

liberalismo".[31] Com essas poucas citações, vê-se que o Chile de Pinochet foi uma referência política constante ao longo desses anos, seja de natureza crítica e polêmica, como na boca de Alva Myrdal, em 1974, seja em apoio a uma tomada de posição teórica, como no caso da declaração de Hayek ao jornal *El Mercurio*, em 1981. O que explica essa posição? Que relação se estabelece entre o golpe de Estado de 1973 e o neoliberalismo? E com *qual* neoliberalismo? Mais com o de Friedman do que com o de Hayek, de quem vimos a atitude crítica para com a orientação monetarista do primeiro? Para além das divergências entre esses dois teóricos neoliberais, seria preciso renunciar a uma atribuição de coerência ideológica à junta militar, uma vez que as correntes que a inspiram são heterogêneas? A quem a examina não com base em suas consequências, mas *ex ante*, à luz de seus preparativos e da ideologia que anima seus instigadores, nada deixa prever a direção tomada depois em matéria de política econômica e social. O ponto de vista dos atores e das testemunhas é insubstituível nesse sentido.

O golpe de Estado, seus
preparativos e o papel
do imperialismo

Para alguns observadores engajados, a vitória da Unidade Popular soava como o início de um novo ciclo na América Latina: ela havia colocado um ponto-final na experiência da "via continental de guerrilha", que tinha educado a nova geração revolucionária na Europa. No fim dos anos 1960, com efeito, a estratégia de foco de guerrilha ainda figurava como substituto prático do reformismo que privilegiava a via eleitoral.[32] Para Maurice

---

31 | SALLAS, Renée. "Friedrich von Hayek, Líder y maestro del liberalismo económico" [Friedrich von Hayek, líder e mestre do liberalismo econômico], *El Mercurio*, 12 abr. 1981.

32 | O panfleto de Debray (1967 [1985]), que fez certo sucesso na época, propunha uma verdadeira teoria do foco.

Najman, que tinha estado lá, em 1973, o Chile havia voltado a dar as cartas retomando a experiência da revolução bolchevique de 1917, aquela de uma "dualidade de poder": de um lado, o governo legal de Allende, de outro, os órgãos autônomos do poder popular (Najman, 1974, p. 9).[33] Essa leitura, que não estava isolada na época, superestimava o desenvolvimento — mantido em sua fase embrionária — desses órgãos, emprestando-lhes a capacidade de começar a resolver "a questão de uma direção política alternativa à Unidade Popular". Daí a tendência a prognosticar uma pronta resistência armada ao golpe de Estado: um prognóstico equivocado, que, podemos dizer, derivava de uma "visão superdimensionada da força do poder popular" (Gaudichaud, 2020, p. 288). O que aconteceu, na realidade?

Franck Gaudichaud (2020, p. 295-300) distingue três sequências, o que ele chama de "três respirações pausadas" do poder popular chileno. A primeira vai da eleição de Allende à greve conduzida pela oposição e pelo patronato em outubro de 1972. Nessa etapa, predomina a participação popular institucionalizada, isto é, "impulsionada e dirigida a partir do Estado". A segunda começa com a greve de outubro de 1972 e termina em junho de 1973. O traço mais marcante dessa sequência é o "surgimento de organizações independentes do Executivo", tais como os Cordões Industriais[34] e os Comandos Comunais. A terceira sequência vai do golpe frustrado de 29 de junho de 1973 (o *tancazo*) até o golpe de Estado de 11 de setembro. Os Cordões Industriais provam sua capacidade de mobi-

---

33 | Esses órgãos serão abordados mais adiante. Já a expressão "dualidade de poder" remete à situação da Rússia entre fevereiro e outubro de 1917. Dois poderes se enfrentam: de um lado, o governo provisório de Kerenski; de outro, os sovietes de deputados operários, soldados e camponeses. A tradição trotskista, reclamada por Najman, tende a interpretar toda situação pré-revolucionária pelo ângulo da dualidade do poder.

34 | Os Cordões Industriais surgiram nas periferias das grandes cidades e referem-se a "organismos territoriais de coordenação de classe que reagrupam os sindicatos de várias empresas de uma zona urbana específica" (Gaudichaud, 2020, p. 292).

lização, mas são desprovidos de toda "organização permanente democrática baseada em delegados eleitos em assembleia" (Gaudichaud, 2020, p. 299), e sua coordenação se mostra muito insuficiente, raramente ultrapassando o nível local. Então, é perfeitamente ilusório ver neles "sovietes à chilena".[35]

Na realidade, uma das grandes mentiras propagadas pela ditadura foi a de fazer crer que a esquerda estava muito preparada militarmente e pronta a tomar, ela mesma, a iniciativa de um golpe de Estado (Gaudichaud, 2020, p. 278-80). Ao contrário do que afirmaram os editoriais do *El Mercurio* ou o "livro branco" do regime militar, a ideia de um exército dos Cordões Industriais é pura e simplesmente um mito. O pretexto para o golpe de Estado militar foi a intenção que Allende tinha de anunciar, naquela mesma noite de 11 de setembro, um plebiscito popular com vistas a uma mudança constitucional destinada a estabilizar o governo até as eleições presidenciais de 1976. Mas o verdadeiro golpe de Estado, o único real, já era objeto de uma preparação minuciosamente organizada. Quando da greve dos caminhoneiros em julho de 1973 — um movimento de pequenos proprietários instrumentalizado pela oposição —, os atentados e as sabotagens se multiplicaram dia após dia. Os Cordões Industriais foram alvo prioritário. Ainda pior foi a votação da "lei sobre o controle de armas" em 20 de outubro de 1972, que, com apoio da esquerda parlamentar, ofereceu aos oficiais a oportunidade de iniciar a repressão: ela de fato deu ao Exército um direito ampliado para a busca de armamento ilegal. Assim, estamos lidando com "uma espécie de guerra contrarrevolucionária *sui generis*, com sentido único, contra o poder popular *antes mesmo do golpe de Estado*" (Gaudichaud, 2020, p. 276). Entretanto, até 11 de setembro, às oito horas da manhã, Allende continuava confiando na lealdade do general Pinochet. Contrariamente aos inúmeros rumores que circularam no mundo logo em seguida, não houve massiva oposição armada de trabalhadores ao golpe de Estado. Em particular, "a

---

**35** | A expressão entre aspas é de Najman (1974, p. 22).

despeito de algumas reações corajosas, mas esporádicas, os Cordões Industriais permaneceram passivos em 11 de setembro de 1973" (Gaudichaud, 2020, p. 285).

O primeiro abalo foi a amplitude do *terror de Estado* que se abateu sobre os militantes de esquerda e dirigentes do movimento sindical. Não satisfeito em impor a lei marcial, fechar o Congresso, suspender a Constituição e proibir a atividade de todos os partidos políticos, Pinochet deu, aos poucos, uma dimensão transnacional à repressão, estabelecendo uma coordenação com outros regimes militares da região, com apoio dos Estados Unidos, por meio da Operação Condor. Esse papel desempenhado pelo imperialismo constitui uma "coordenada *maior*" da tragédia chilena, para retomar a fórmula de Franck Gaudichaud. O golpe de Estado foi metodicamente preparado por uma campanha de desestabilização realizada pelo governo Nixon:

> Mais de oito milhões de dólares foram gastos, em três anos, a fim de financiar veículos de imprensa (notadamente *El Mercurio*) e influenciar a opinião pública, partidos de oposição (entre os quais, particularmente, a Democracia Cristã, para que recusasse qualquer comprometimento com Allende) e, em menor medida, organizações corporativas do setor privado, hostis à Unidade Popular. Isso sem contar a pressão econômica contra o Chile, os contatos estabelecidos com militares golpistas e o apoio logístico da CIA: essa "obscenidade secreta" da história recente deve fazer parte de toda reflexão sobre o fim da "via chilena". (Gaudichaud, 2020, p. 303)

Hoje, os fatos estão bem estabelecidos e documentados. Essa política da administração estadunidense se inscrevia em contexto internacional ainda fortemente marcado pela Guerra Fria, em que as intervenções militares diretas eram frequentes (a Guerra do Vietnã só terminaria em 1975). Mas, por mais decisivo que fosse, esse papel do imperialismo não é suficiente para explicar a direção tomada pela junta a partir de 1975. É preciso, então, determinar o que motivou essa mudança de orientação.

A ideologia da junta e a
reorientação de 1975

A doutrina da junta militar, tal como foi apresentada em *Nuestro camino* [Nosso caminho], um livro coletivo de 1976, baseia-se em três correntes de pensamento que se amalgamaram em dois tempos. Em primeiro lugar, fontes filosóficas ultraconservadoras de origem europeia, em particular os filósofos franceses Joseph de Maistre e Louis de Bonald, monarquistas que se opuseram violentamente à Revolução Francesa, ou, ainda, dois espanhóis que estavam entre os inspiradores do franquismo: Juan Vázquez de Mella, fundador do Partido Católico Tradicionalista, em 1918, e Juan Donoso Cortés, escritor e homem político. Essa corrente ultraconservadora de pensamento será encarnada por Jaime Guzmán, membro da Opus Dei, conselheiro do ditador, criador do partido "gremialista" (de *gremio*, palavra espanhola que significa "corporação" ou "comunidade profissional").[36] Em segundo lugar, a doutrina de segurança nacional se encarrega de legitimar a concentração de poderes nas mãos da junta: o golpe de Estado é considerado medida de saúde pública diante da situação de guerra que o país enfrenta, pela ação de um inimigo mortal, invariavelmente designado como o "comunismo" ou o "marxismo". Essas duas primeiras correntes estavam ativas, desde antes do golpe de Estado, na crítica virulenta do regime de Allende. Enfim, uma terceira corrente, o neoliberalismo, vem se somar, posteriormente, a essas duas primeiras. Ela é trazida por aqueles que chamamos de Chicago Boys, formados no monetarismo da Escola de Chicago. A bem dizer, essa corrente já era influente no país depois dos acordos celebrados, em 1955, entre a Universidade Católica de Santiago e a Universidade de Chicago. No entanto, seria preciso muito mais

---

**36** | BOURGEOIS, Jacques Le. "La propagande du régime militaire chilien de 1973 à 1989" [A propaganda do regime militar chileno de 1973 a 1989], *Cahiers de psychologie politique*, n. 18, jan. 2011.

para que estivesse, desde essa época, em condições de exercer influência política direta para além de alguns círculos minoritários. Tudo vai mudar com a eleição de Allende. E a revista *Qué pasa*, criada em 1971 por intelectuais de direita,[37] católicos e fundamentalistas, teve um papel não negligenciável de preparação do terreno. Entretanto, apenas em abril de 1975 a junta adotou o plano "choque", cujo objetivo era transformar profundamente todas as relações sociais.

É preciso, de fato, evitar qualquer interpretação continuísta que entenda a junta como adepta, desde o início, das receitas truculentas dos Chicago Boys. Afirmar, como Naomi Klein, que, durante os dezoito primeiros meses, "Pinochet seguiu fielmente as prescrições da Escola de Chicago" acaba amalgamando momentos diferentes. Na verdade, ela mesma o reconhece: "Para começar, instalara-se uma luta pelo poder dentro da junta entre aqueles que desejavam apenas reinstalar o status quo anterior à eleição de Allende e voltar à democracia, e os Chicago Boys, que pregavam uma liberalização total, cuja implantação levaria anos para acontecer" (Klein, 2008, p. 101 [2007, p. 108]).[38] Olhando mais de perto, percebe-se que a "política gradualista", conduzida de 1973 a 1975 por uma equipe de economistas próximos do Partido Democrata-Cristão, tinha por objetivo estabilizar as variáveis macroeconômicas mediante um programa de austeridade moderado que não colocaria em questão os pilares do "nacional-desenvolvimentismo", adotado havia meio século (Taylor, 2006, p. 54-5). Desde 1974, eclodiam divergên-

---

37 | Entre os quais o historiador Gonzalo Vial Correa, que, depois do golpe de Estado, participaria da redação do *Libro Blanco del cambio de gobierno en Chile* [Livro branco da mudança de governo no Chile], publicado em outubro de 1973.

38 | O documento conhecido como *El ladrillo* [O tijolo], redigido sob o regime de Allende com vistas à preparação de um novo governo composto por membros das Forças Armadas, revela, sobretudo, o grau de coesão dos economistas de Chicago na véspera do golpe de Estado, não devendo ser interpretado como um programa pronto ao qual a junta já teria aderido e que, uma vez no poder, só teria de aplicar.

cias entre os dois grupos de economistas, gradualistas e radicais. Entretanto, apenas em abril de 1975, em um contexto de crise aberta, ocorre a verdadeira virada, com a adoção de um "programa de recuperação econômica". Impondo esse programa, Pinochet aumenta seu poder em um domínio, a economia, que coubera à Marinha logo após o golpe de Estado, e se impõe ao almirante Merino.[39] A nomeação de Sergio de Castro ao posto-chave de ministro da Fazenda e o acesso a posições centrais de outros membros do grupo selam essa aliança entre os Chicago Boys e o dirigente em chefe da junta. Convencidos de que a estabilidade de preços é elemento fundamental do sucesso de toda economia de mercado, esses últimos viram as costas à política gradualista dos dois primeiros anos e optam resolutamente por um programa de "destruição criadora", segundo os termos de Marcus Taylor. Por essa expressão deve-se entender, mais que o sentido que lhe deu Joseph Schumpeter em 1942, uma estratégia consciente de construção social desenvolvida pelo Estado para destruir as formas institucionais nas quais as relações sociais estavam até então ancoradas. Para Marcus Taylor (2006, p. 56), a despeito da retórica de uma estratégia conduzida pelo mercado, o programa neoliberal de destruição criadora assenta-se em intervenções estatais sistemáticas, que buscam, simultaneamente, remodelar as instituições sociais e corrigir tensões políticas e sociais que surgem dessa reestruturação. A implementação de tal programa vai imediatamente produzir seus efeitos, destruindo setores inteiros da indústria, lançando parte importante dos trabalhadores ao desemprego e provocando uma derrocada dos salários. Soma-se a isso uma política de prioridade ao capital em sua forma monetária, mais que ao capital como produção, pela desregulação do comércio e das finanças, o que produzirá uma profunda alteração nas

---

39 | BOISARD, Stéphane & HEREDIA, Mariana. "Laboratoires de la mondialisation économique: regards croisés sur les dictatures argentine et chilienne des années 1970" [Laboratórios da mundialização econômica: olhares cruzados sobre as ditaduras argentina e chilena dos anos 1970], *Vingtième Siècle*, n. 105, jan.-mar. 2010, p. 117, 119.

relações entre a acumulação interna e o capital global (Taylor, 2006, p. 60). Enfim, por leis promulgadas em 1978 e 1980, o regime introduz o Plan Laboral, um novo código do trabalho destinado a institucionalizar uma nova relação entre Estado, capital e trabalho, que restabelece o direito sindical sob condições muito restritas, encorajando a criação de sindicatos concorrentes no interior de cada empresa, de maneira a fragmentar ao máximo a organização dos trabalhadores. De 1978 a 1982, várias reformas, conhecidas como "sete modernizações", impõem privatização parcial ou total e atingem domínios tão diversos quanto a legislação trabalhista, aposentadorias, saúde, educação, justiça, setor agrícola e agrário, regionalização. Nesse período, em 1980, é promulgada a nova Constituição. Sua principal função é operar como uma trava jurídica, tornando impossível, por antecipação, qualquer mudança de orientação nas políticas governamentais.

## A Constituição de 1980 ou a "Constituição impostora"

Antes do golpe, o Chile só havia conhecido três Constituições: as de 1818, 1833 e 1925. Portanto, mais de meio século mais tarde, pelo plebiscito de 11 de setembro de 1980 (exatos sete anos depois do golpe de Estado), seria aprovada a Constituição que ainda segue em vigor. Sua redação foi confiada a Jaime Guzmán, que dirige os trabalhos da Comissão Constituinte composta de especialistas nomeados pela ditadura. Para justificar o poder que a junta, assim, se arroga, Guzmán se apoia no conceito de "poder constituinte" elaborado por Carl Schmitt, segundo o qual uma Constituição só é válida se for proposta por uma vontade dada existencialmente e pela qual se manifesta um direito à existência (*Existenzberechtigung*) da nação (Schmitt, 1993, p. 137-8, nota 3). Aplicada ao Chile de 1973, essa vontade coincide com aquela da assembleia militar que se constituiu em um poder desvinculado do direito (*jure solutus*), e não somente da lei (*legibus solutus*), capaz, por essa razão, de estabelecer um novo texto constitucional. O Decreto-Lei 128 transfere o poder constituinte do povo à junta militar. Ela invoca a vontade da nação, que teria sido prejudicada pela Constituição de 1925. Como mostram os textos constitucionais apresentados pela junta de governo, assim como as discussões no seio da Comissão Constituinte, a intenção da junta é, desde o início, destruir essa Constituição. O Decreto-Lei 178 esclarece a redação do Decreto-Lei de 1º de setembro de 1973, chamado Ato de Constituição da Junta de Governo, afirmando que a junta substitui o povo como titular do poder constituinte originário e detém a *plenitudo potestatis*.[40] Como vimos, o que Guzmán e a Comissão Constituinte retêm de Schmitt, antes de tudo, é a *tese da soberania do poder constituinte*, cujo sujeito, aqui, é a própria junta de governo.

A Constituição de 1980 define o regime político do Chile como uma "República democrática cuja soberania reside essencialmente na nação", soberania cujo exercício "se realiza pelo povo por meio do plebiscito e de eleições periódicas e, também, pelas autoridades que a Constituição estabelece" (Schneider, 2013, p. 101-2). A soberania da nação assim proclamada e a soberania popular não coincidem; a primeira é, antes, compreendida como uma muralha contra a segunda. Formalmente, a Constituição respeita o princípio da separação dos poderes: o Poder Executivo cabe ao presidente da República, o Poder Legislativo está nas mãos de um Congresso Nacional bicameral, composto por um Senado e uma Câmara de Deputados, e o Poder Judiciário é atribuído a uma Suprema Corte. Contudo, ela é, de fato, fortemente presidencialista e preconiza um mandato de oito anos para o presidente da República, que acumula grande número de poderes, entre eles o de nomear ou declarar o estado de guerra. Do ponto de vista da

---

**40** | Ver ZAMORANO-GUZMÁN, Cristian A. "Centralisme portalien, concepts schmittiens et carences de légitimité de la Constitution chilienne de 1980" [Centralismo portaliano, conceitos schmittianos e ausência de legitimidade da Constituição chilena de 1980], *Les Cahiers ALHIM*, n. 16, 2008. O autor remete a Cristi (2000).

história constitucional do Chile, a Constituição de 1980 se inspira no modelo político da Constituição de 1833, centrada em um presidente autoritário que dispõe de inúmeros poderes, entre os quais o de declarar o estado de sítio, só posteriormente submetido à aprovação do Congresso. Segundo os ideólogos da junta, o Chile de 1973 necessitava de uma "revolução conservadora" do mesmo tipo daquela conduzida, em sua época, por Diego Portales.[41] Para melhor cumprir essa função, a Constituição de 1980 atribui às Forças Armadas o papel de garantidora da "ordem institucional da República". A Carta cria um Conselho de Segurança Nacional composto majoritariamente por comandantes-chefes das Forças Armadas, e um Tribunal Constitucional, cujas funções fundamentais são o controle da constitucionalidade das leis e a determinação das condutas e pessoas atentatórias aos fundamentos das instituições. Três dos sete membros desse tribunal devem vir da Suprema Corte e dois do Conselho de Segurança Nacional, majoritariamente militar. O Senado compreende, além de 26 senadores eleitos por sufrágio universal, nove senadores designados por diversas outras autoridades do Estado, entre os quais os quatro comandantes-chefes das Forças Armadas. Segundo Jaime Guzmán, a razão de ser desses senadores "nomeados" era limitar o impacto do sufrágio universal sobre o regime político chileno, dado que se entendia que esse sufrágio "não esgota a vontade mais profunda e permanente da nação". É preciso, enfim, acrescentar que a autonomia do Banco Central com relação ao poder político está inscrita no texto da Constituição. Tal autonomia revela muito nitidamente a influência direta do neoliberalismo. Trata-se, de fato, de tornar imodificável e irreversível a nova ordem, quaisquer que sejam os governantes que cheguem ao poder.

---

41 | Diego Portales, homem político conservador que fez adotar a Constituição de 1833 e que é considerado pai da nação e do Estado chilenos, foi referenciado inúmeras vezes por Pinochet quando da redação da Constituição de 1980; ver ZAMORANO-GUZMÁN, *op. cit.*

É isso, aliás, que exprime com eloquência Jaime Guzmán em um texto de 1979 intitulado "El camino político" [O caminho político]:

> Para alcançar a estabilidade, é necessário que as alternativas que disputam o poder não sejam sensivelmente diferentes, [...] que o enraizamento social dos benefícios da propriedade privada e da iniciativa econômica privada seja tão disseminado e vigoroso que toda tentativa efetiva de atacá-lo seja condenada a se chocar contra um muro muito difícil de ultrapassar. [...] O essencial não é saber quem governa, mas qual é a extensão de seu poder ao acessar a condução do Estado. Isto é, se os adversários vierem a governar, eles estarão constrangidos a seguir uma ação não tão diferente daquela que se desejaria, porque [...] a margem de alternativas que o campo lhes impõe é suficientemente reduzida para tornar o contrário extremamente difícil.[42]

Aqui, a metáfora das regras do jogo impostas pelo campo é perfeitamente explícita.

No coração desse edifício, encontramos um princípio fundamental, o de subsidiariedade. Sua origem está na doutrina social da Igreja católica tal como foi elaborada no século XIX e recuperada no XX pelo corporativismo. A ênfase aí recai sobre uma hierarquia de comunidades naturais que constituem os meios de integração para os indivíduos. Seria o caso de restabelecer o valor de toda uma série de organismos intermediários — a família, as corporações, as regiões, a Igreja, as Forças Armadas e finalmente a nação —, considerados depositários naturais do poder na sociedade, contrários à política moderna, que exerce ação corrosiva sobre essas associações naturais ao tomar a vontade individual como ponto de partida. Os ideólogos da ditadura reinterpretaram esse princípio da subsidiariedade, apresentando-o como um princípio que preconiza pôr

---

**42** | GUZMÁN, Jaime. "El camino político" [O caminho político], *Realidad*, v. 1, n. 7, 1979 *apud* Schneider (2013, p. 104).

fim a um estatismo paralisante e a defesa da liberdade individual, cuja base fundamental residia na liberdade econômica, na propriedade privada e no mercado (Schneider, 2015, p. 83).[43] A esfera protegida dos indivíduos é considerada como resultado não deliberado de uma seleção natural de tradições culturais que nenhum agente coletivo pode razoavelmente transformar — ideia em que se reencontra a influência de Hayek. No plano ideológico, a força do princípio de subsidiariedade consiste em conciliar uma representação naturalista da ordem social com uma valorização do mercado em que os indivíduos estão em relação de concorrência uns com os outros. Entretanto, elevado à categoria de princípio constitucional, significa que o Estado e seus organismos não podem participar dos mercados, a menos que a iniciativa privada seja insuficiente e sob reserva de autorização prévia dada pelo Congresso. Logo, o Estado só pode agir na esfera dos mercados quando as partes privadas não o fazem ou o fazem insuficientemente. Essa lógica privilegia a privatização dos serviços de base e a cessão dos direitos fundamentais (saúde, educação, habitação, pensões etc.) para particulares, retirando do Estado a responsabilidade de garantir os direitos dos indivíduos. Mas isso não torna esse Estado "subsidiário" um Estado "mínimo",[44] porque, contrariamente ao que Hayek sustenta sobre a ordem espontânea do mercado, a transformação social que a junta ambiciona operar pressupõe "um enorme esforço construtivista":[45] trata-se, com

---

43 | Indicamos, a título de referência, que a reinterpretação neoliberal do princípio católico de subsidiariedade não é nova, já que ela está no centro do ordoliberalismo de Wilhelm Röpke desde meados dos anos 1940 (notadamente em *Civitas humana*). A versão chilena dessa reinterpretação se distingue, todavia, por um naturalismo muito mais pronunciado.

44 | No sentido em que fala Robert Nozick, em *Anarquia, Estado e utopia* (1974), de tal Estado como uma agência que teria conquistado, contra outras agências concorrentes, o monopólio do mercado da segurança. Notemos, aliás, que o próprio Hayek (2013, p. 688) critica o "Estado mínimo" de Nozick.

45 | Esse elemento é muito justamente apontado por Carlos Ruiz Schneider (2015, p. 84).

efeito, de construir as condições do funcionamento de mercados que não seriam envolvidos por uma legislação compromissada com os mecanismos de proteção social. É preciso, então, construir um mercado do trabalho, um mercado da educação, um mercado da saúde, um mercado da previdência etc. Nesse sentido, na medida em que consagra juridicamente a proeminência do mercado e do direito privado, a nova Constituição merece plenamente o nome que lhe deu o constitucionalista chileno Fernando Atria: uma "Constituição impostora" (*Constitución tramposa*) (Schneider, 2015, p. 84).

No já citado texto de 1979, Jaime Guzmán diz, à sua maneira, como é essencial a redução da ação do Estado aos limites que se deduzem do princípio constitucional de subsidiariedade: "Importa que o exercício das liberdades pessoais durante um período suficientemente prolongado se encarne nos chilenos, a fim de que a vida de seus frutos encontre em cada cidadão seu mais ardente defensor". Ele acrescenta: "Somente um período que permita exercer a liberdade econômica e social e atingir seus benefícios será um dique eficaz contra futuras retomadas socialistas" (Schneider, 2015, p. 85). Tudo está dito. A perenidade de uma política econômica não é um fim em si; é um meio para a profunda transformação do próprio homem.

A transição e os
"enclaves autoritários"

Em 1989, em conformidade com o que havia sido escrito na Constituição, o regime de Pinochet cria um Banco Central independente, cujas funções fundamentais são relativas às despesas públicas, à política monetária e à política de câmbio e crédito. A lei que deu origem a esse banco surge após a derrota do plebiscito de 1988 (que votou contra a extensão do mandato de Pinochet até 11 de março de 1997) e se insere em uma estratégia longamente refletida. De fato, entre essa derrota e as eleições gerais de 1989, ainda que negocie com representantes civis o quadro constitucional da "transição", o regime militar se dedica a estabelecer múltiplas salvaguardas institucionais (conhecidas pelo nome de "enclaves autoritários") que visam impor uma moderação ao governo eleito, reforçando as instituições do Estado para manutenção do status quo. O objetivo declarado é proteger a estabilidade econômica de possíveis ações de governos eleitos prisioneiros de uma mentalidade "curto-prazista". Com a criação do Banco Central autônomo, consegue-se isolar essa instituição da influência do Ministério da Fazenda. O banco será dirigido por um conselho de cinco membros, os quais ocuparão o cargo por um período entre dois e dez anos e só poderão ser substituídos sob a condição de um conjunto estritamente definido de circunstâncias. Mais ainda, a aprovação do Senado será, a partir daí, necessária para qualquer incorporação de novos quadros. No entanto, como nota Marcus Taylor (2006, p. 105), tal disposição não representa a diminuição do poder do Estado, mas a transferência desse poder entre as instituições estatais. O objetivo é "despolitizar" a direção macroeconômica, retirando-a do campo de ação da política democrática para confiá-la a um conselho de tecnocratas capazes de garantir a continuidade dos objetivos e mecanismos estabelecidos durante o período de Pinochet. Outras reformas tomarão curso, destinadas, igualmente, a proteger o status quo, como a nomeação de nove senadores, a nomeação de Pinochet como senador vitalício e comandante das Forças Armadas, e um sistema eleitoral em favor de uma sobrerrepresentação de partidos de direita. Com essas reformas, a ditadura busca se assegurar de que os governos seguintes não poderão desafiar diretamente a base institucional da transformação social neoliberal.

De 1983 a 1986, a expansão das mobilizações sociais no Chile levou os partidos de oposição ao regime a formar a uma coalizão conhecida como Concertación de Partidos por la Democracia, buscando negociar uma saída política com as Forças Armadas. Isso se deu sob duas condições. Em primeiro lugar, a exclusão da esquerda comunista, cuja participação não teria sido aceita pelos militares. Em segundo, que a coalizão aceitasse "como um fato" a Constituição de 1980, alterada em alguns pontos, o que terá consequências de grande importância (Schneider, 2013, p. 105). Essa Constituição será submetida a um plebiscito em 1989, o que contribuirá para lhe dar a legitimidade democrática de que era desprovida (o plebiscito do 11 de setembro de 1980 não teria valor algum, nesse caso). Ora, se algumas modificações aprovadas em plebiscito vão no sentido de certa democratização, outras, como o fato de exigir quóruns mais elevados para a aprovação de legislações ordinárias, só permitem ao Executivo fazer aprovar leis com maioria em uma câmara e um terço da outra. Enfim, em 2005, são realizadas algumas modificações fundamentais que, de um lado, representam uma democratização — como o fim dos senadores nomeados — e, de outro, mantêm instituições autoritárias — como o Banco Central e sua autonomia em matéria de política econômica — e introduzem novos limites à democracia — como as funções atribuídas ao Tribunal Constitucional (Schneider, 2013, p. 106).

O lugar dado a esse tribunal merece atenção. Por suas atribuições, ele está *de facto* acima das duas casas que formam o Congresso. O Senado e a Câmara dos Deputados podem concordar sobre um projeto legislativo, mas isso não garante que ele seja transformado em lei. Assim, quando o Congresso aprova um texto, um grupo de deputados ou senadores pode pedir que o Tribunal Constitucional verifique se ele é ou não contrário à Constituição. Se o tribunal considerar que ele contraria a Constituição, pode impedir sua adoção. Esse poder transforma o tribunal em uma espécie de terceira câmara legislativa oficiosa, superior às duas outras por suas competências. De fato, mesmo se os deputados e senadores (eleitos pelo povo) votaram a favor de uma lei porque acreditam que seja do interesse superior do país, um grupo de juízes nomeados (e não eleitos pelo povo) pode recusar sua adoção. Então, o tribunal pode obstruir o voto de um projeto que emana de representantes eleitos, arrogando-se um direito que representa uma violação da regra de separação dos poderes, embora proclamada pela Constituição. Como veremos no capítulo 4, a influência de Hayek é facilmente identificável nesse caso: a arquitetura por ele desenhada confia a uma Corte Constitucional, composta por juízes e antigos membros do aparelho legislativo e do governo, a responsabilidade exclusiva de velar pelo rigoroso respeito à Constituição, se necessário contra as maiorias eleitorais. Fiel a essa inspiração, a Constituição alterada em 2005, em seu artigo 93, eleva o tribunal acima das duas casas do Congresso e a exime de todo controle democrático. Para falar como Schmitt,[46] ela faz dele uma espécie de "guardião da Constituição" no interior da própria Constituição, encarregada de garantir a inviolabilidade das regras do direito que consagram a primazia do mercado.

Para bem compreender de que maneira essa Constituição bloqueou qualquer reorientação nas relações entre Estado e mercado durante décadas, é esclarecedor examinar a forma pela qual ela garante juridicamente a privatização dos recursos hídricos: na verdade, a Constituição de 1980 e o Código de Águas, de 1981, consagram a propriedade privada sobre os direitos relativos à água.[47] A Constituição estabelece expressamente: "Os direitos dos particulares sobre a água, reconhecidos ou constituídos conforme a lei, conferem a seus proprietários a propriedade da água". O acesso à água pelos cidadãos não é protegido, o que permite às empresas obter direitos de utilização da água e fazer uso deles como quiserem, mesmo quando elas prejudicam o restante dos moradores,

---

**46** | Com a diferença de que, quando essa temática se impõe a Schmitt, a partir de 1931, o "guardião da Constituição" não é uma Corte Constitucional, mas o presidente da República. Com toda razão, Ruiz Schneider situa o Tribunal Constitucional chileno entre as "instituições contramajoritárias", isto é, destinadas a contrariar antecipadamente toda maioria eleitoral (Schneider, 2013, p. 113).

**47** | Sobre esse ponto, referimo-nos ao artigo dos geógrafos FALIÈS, Cécile *et al.* "Au Chili, changer la Constitution pour repenser l'accès aux ressources?" [No Chile, mudar a Constituição para repensar o acesso aos recursos hídricos?], *The Conversation*, 3 dez. 2019.

suas glebas ou animais. A Constituição não enuncia nenhum critério ou regra sobre a maneira de distribuir a água ou seu uso e não busca evitar que uma parte da população seja privada do acesso à água. Em última instância, quem tem dinheiro (para comprar direitos sobre a água) tem acesso, e quem não tem não possui direito algum. O Estado concede esses direitos gratuitamente, por duração ilimitada e sem restringir o tipo de uso. Esses direitos podem, em seguida, fazer-se objeto de livre-transferência, o que favorece a formação de um verdadeiro mercado da água. Tal quadro jurídico tem o efeito de privilegiar as empresas agrícolas ou mineradoras, com enormes necessidades de água, que concentram os direitos sobre ela em detrimento dos habitantes mais pobres, aumentando, então, as desigualdades de acesso. Nessas condições, compreende-se que a questão hídrica tenha ocupado lugar central nos movimentos do *estallido* social chileno.[48]

## Singularidade e lições da experiência chilena

Se tentarmos tomar a visão de conjunto que se impõe, percebemos que a experiência do neoliberalismo no Chile sugere, a quem o estuda, grande prudência ao se fazer generalizações. Embora para alguns traços estas sejam possíveis, outros se revelam muito ligados a especificidades nacionais para autorizar qualquer extrapolação.

Podemos apontar três características observadas no Chile entre as que revelam a lógica profunda do neoliberalismo. Primeiramente, a construção social neoliberal reestrutura as relações Estado/sociedade, não com o objetivo de enfraquecer o Estado, mas de fortalecer as instituições estatais que criam e fortalecem o poder disciplinar dos mercados. Por conse-

---

48 | Uma pichação de novembro de 2019, "Liberen el agua" [Libertem a água], diz o bastante sobre a importância dessa questão aos olhos dos manifestantes.

quência, o Estado neoliberal não é, em caso algum, um "Estado fraco", e sim um "Estado ativista e eficaz" (Taylor, 2006, p. 43). Em segundo lugar, o objetivo não é simplesmente implementar uma política econômica, mas operar uma transformação profunda de todas as relações sociais pela disciplina impiedosa do mercado. Em sua declaração de princípios de 1974, o regime proclama a vontade de dar ao Chile uma "nova base institucional" para "reconstruir moralmente, institucionalmente e materialmente o país" (Taylor, 2006, p. 31). Em terceiro lugar, a "despolitização" da economia e a constitucionalização do direito privado caminham juntas. É essa articulação que requer reavaliar a contribuição de Hayek à experiência chilena, mais do que se satisfazer com a promoção de Friedman ao posto de demiurgo. Tratou-se de estabelecer uma "democracia protegida", quer dizer, isolar a democracia da política (Klein, 2008, p. 249), ou, para retomar a expressão de José Piñera, que ecoa diretamente a palavra de ordem de Hayek: "destronar a política".

Em contrapartida, a noção de "laboratório", de que se usou e abusou a respeito da experiência chilena, deve ser utilizada com circunspecção. A suposição de um "doutor-choque" (Milton Friedman) à procura de um "laboratório do laisser-faire" para testar suas hipóteses científicas em diferentes latitudes ao sabor de ocasiões favoráveis (Chile, Brasil, Uruguai, depois Argentina, em um movimento de expansão da contrarrevolução)[49] não resiste à análise. Uma sociedade não é um laboratório, mesmo em "tamanho natural", dado que as condições não podem ser artificialmente recriadas mediante alguns ajustes de parâmetros. Contudo, é verdade que certa lógica experimental impregna as políticas dos governos, lógica que é o corolário da despolitização da economia, exprimindo-se pela "redução dos cidadãos a *homo œconomicus* — guiado exclusivamente por uma racionalidade instrumental —, de sociedades

---

**49** | É a tentação a que cede Naomi Klein (2008, p. 111), para quem "a contrarrevolução da Escola de Chicago rapidamente se espalhou".

a laboratórios de experimentação em tamanho natural e da política ao ajustamento, ao lançamento e à condução de ensaios experimentais".[50] Mas isso não significa, e está longe de significar, que a lógica da experimentação assumida pelos governos tenha se conformado à lógica da ciência experimental.

É preciso, enfim, evitar seduções fáceis da noção de modelo. O Chile não é um "modelo" que diferentes países da América Latina teriam seguido, exceto na propaganda neoliberal que faz dele o "jaguar" latino-americano para melhor celebrar o "milagre chileno"; ele é um caso único que deve ser analisado como tal. A via chilena do neoliberalismo segue condições nacionais específicas, como mostra, notadamente, a diferença entre Chile e Argentina. Na realidade, nos dois casos, as políticas governamentais foram inspiradas pelas teorias da Escola de Chicago. Em ambos os países, pode-se observar traços comuns que contradizem "a hipótese de um projeto econômico claro e premeditado antes da tomada do poder pelos militares": "Tanto no Chile quanto na Argentina, a doutrina de Chicago não é perceptível nas primeiras escolhas econômicas dos governos, e eles quase não se diferenciam de planos de ajuste tradicionais experimentados no passado",[51] a não ser pela forte queda dos salários reais. Devemos levantar, no entanto, "diferenças de temporalidade e de amplitude na aplicação das medidas neoliberais": diferentemente do Chile, "na Argentina as transformações são mais limitadas, contraditórias e informais na medida em que não se inscrevem todas em um novo quadro institucional".[52] No Chile, a centralização mais excessiva em torno do "chefe tutelar" põe fim às tensões internas da equipe governamental, ao passo que a fragmentação e as dissensões se mantêm por muito tempo na Argentina,

---

**50** | BOISARD & HEREDIA, *op. cit.*, p. 123.

**51** | *Idem*, p. 118.

**52** | *Idem*, p. 120.

tanto entre militares quanto entre civis.[53] Assim, é preciso ter cuidado para não fazer do neoliberalismo um modelo econômico "desprovido de toda singularidade nacional", como se esse modelo pudesse ser galvanizado independentemente de toda adaptação às condições dadas em cada país.

A mesma observação vale para os países do centro que aclimataram posteriormente o modelo neoliberal. É certo que a experimentação chilena pode aparecer retrospectivamente como uma "antecipação" da globalização econômica, mas ela se realiza nas formas políticas muito particulares de uma ditadura nascida de um golpe militar e fortemente presidencialista. Nesse caso, ao contrário da França, da Grã-Bretanha ou da Alemanha, os políticos neoliberais não optaram, de início, pela forma clássica da governamentalidade analisada por Foucault, aquela de uma condução indireta dos indivíduos feita de incitações e estímulos. De fato, o autoritarismo de Margaret Thatcher ou de Tony Blair[54] se fez acompanhar de uma governamentalização maior. No Chile, a instauração de elementos convergentes de governamentalidade precedeu a governamentalização do Estado, a qual só se estabelece propriamente com a saída de Pinochet e o início da transição. O caso da universidade é esclarecedor nesse aspecto. A privatização da educação superior é pretendida e realizada por Pinochet. Hoje, apenas catorze universidades são públicas, ou seja, 17% das universidades do Chile. Tanto por seus efeitos quanto pelo projeto que a anima, essa privatização não é redutível a uma medida de política econômica; ela implantou um quadro jurídico e institucional, o de uma concorrência aberta e generalizada, em favor do qual a conduta dos indivíduos será

---

**53** | BOISARD & HEREDIA, *op. cit.*, p. 124. O general Pinochet podia, assim, afirmar, depois de apenas alguns anos no exercício do poder, que, "no Chile, nem uma folha se move sem que eu fique sabendo".

**54** | Ali (2006, p. 23) nota que "a Constituição britânica, não escrita, confere ao primeiro-ministro poderes de nomeação sem limites", o que Blair usou amplamente para desenvolver um modo de governo presidencial ainda mais autoritário que o de Thatcher.

profunda e permanentemente transformada. Na experiência chilena, a lógica dominante foi a de uma *disciplinarização* dos indivíduos pelo mercado. Pode-se, com bons motivos, lamentar que a noção de neoliberalismo tenha dado e dê lugar, com frequência, a um deslizamento que o extrai da história para fazer dele um "projeto premeditado e conspiratório".[55] A experiência chilena convida, ao contrário, a reinscrevê-la na história e, em primeiro lugar, na história do Chile.

Somente à luz dessa história é possível apreciar todo o alcance da vitória popular de 25 de outubro de 2020. O movimento resultante do *estallido* de outubro apresentou a reivindicação de um novo texto constitucional e foi animado pela consciência aguda de que a Constituição de Pinochet bloqueava toda possibilidade de uma verdadeira alternativa política. Os partidos, por sua vez, fizeram de tudo para canalizar o movimento a seu favor. Em 15 de novembro de 2019, concluíram um "acordo nacional pela paz" que previa a organização da consulta popular em duas etapas: em um primeiro momento, um plebiscito sobre a nova Constituição, e, posteriormente, outro plebiscito sobre a composição da convenção responsável por elaborar a nova Constituição (uma "Convenção Mista", na qual 50% dos lugares seriam reservados aos representantes dos partidos, ou uma "Convenção Constituinte", integralmente eleita pelos cidadãos). Segundo os termos de um novo acordo concluído em dezembro de 2019, decidiu-se unificar as duas votações, pedindo aos chilenos que se manifestassem, em um único pleito, contra ou a favor da nova Constituição e sobre a composição da Convenção que a escreveria. O sentido manifesto dessa operação era levar os chilenos a votarem pela Convenção Mista ao mesmo tempo que votavam por uma nova Constituição. A despeito dessas manobras, a despeito da duração do confinamento imposto por Sebastián Piñera, que penalizou sobretudo os mais pobres, privados de toda proteção social, a despeito do adiamento da data do plebiscito (previsto

---

**55** | BOISARD & HEREDIA, *op. cit.*, p. 110.

inicialmente para 27 de abril de 2020), a votação de 25 de outubro de 2020 confirmou a reprovação massiva e contundente dos partidos e de seus representantes. Porque o que distingue a Convenção Constituinte dos outros tipos de convenção (Convenção Mista, Assembleia Legislativa "ordinária" exercendo um poder constituinte etc.) não é apenas sua composição, é o poder específico que lhe é conferido: criada expressamente para elaborar uma nova Constituição, ela não tem por vocação adotá-la em lugar dos cidadãos. O ponto é essencial: somente tal Convenção pode revogar em ato o "poder constituinte originário" que a junta militar se atribuiu por meio do golpe de Estado de 1973. Por trás de 1980, é 1973 que está em questão.

# 2

Demofobia neoliberal

Entre 15 e 19 de novembro de 1981, realizou-se, na cidade chilena de Viña del Mar, a menos de dez quilômetros de Valparaíso, um congresso regional da Sociedade Mont-Pèlerin. Os representantes das principais correntes do neoliberalismo mundial estavam presentes para denunciar em coro o "perigo democrático" e saldar a nova ordem chilena instaurada por Pinochet. Não encontraríamos melhor indicação da concordância fundamental entre hayekianos, friedmanianos, ordoliberais e partidários da teoria da escolha pública (*Public Choice*) sobre a ideia de que a democracia é uma ameaça potencial para a liberdade e a civilização.[56] Nessa reunião, todos se diziam convencidos de que as reformas mais fundamentais só podem ser implementadas no quadro de regimes autoritários. O ordoliberal alemão Wolfgang Frickhöffer fez questão de recordar que, na Alemanha ocupada, a famosa reforma de Ludwig Erhard não teria podido se realizar senão no quadro do poder não democrático das autoridades da ocupação, e que certamente não teria sido possível "por intermédio do processo parlamentar regular de nosso Bundestag [parlamento federal]". A comparação com o golpe de 1973 o levava, assim, a concluir que a tomada do poder pelos militares chilenos era "justificada e inevitável".[57]

Nesse mesmo colóquio, Carlos Francisco Cáceres, também

---

56 | Ver SOLCHANY, Jean. "Le problème plus que la solution: la démocratie dans la vision du monde néolibérale" [O problema mais que a solução: a democracia na visão do mundo neoliberal], *Revue de philosophie économique*, v. 17, n. 1, jan. 2016, p. 155 ss.

57 | *Idem*, p. 159-60.

membro da Sociedade Mont-Pèlerin, futuro presidente do Banco Central do Chile (1982-1983) e futuro ministro da Fazenda (1983-1984), explicou que, depois de 1973, nem por um instante se questionara o retorno a um "regime democrático ilimitado", que, cedo ou tarde, teria reconduzido à "demagogia e à decomposição moral". Ao contrário, havia se tratado de "estabelecer um regime que, fundado sobre os direitos essenciais que emanam da natureza humana, fizesse do Estado uma instituição cuja função primeira é a salvaguarda do bem comum".[58] Cáceres, que pouco antes havia participado da elaboração da Constituição de 1980, inspirado pelas ideias de Hayek, sabia do que estava falando. Para todos os membros da Sociedade Mont-Pèlerin, o Chile então constituía um modelo e, sobretudo, um paradigma histórico: depois de décadas como vítima de um parlamentarismo que o levara à beira do coletivismo, o país tinha sido salvo por um feliz golpe de força que permitiu estabelecer as condições políticas e constitucionais da liberdade. A recepção que os membros da Mont-Pèlerin dedicaram ao golpe de Estado de Pinochet exprime ao máximo essa desconfiança — se não um ódio — à democracia, ao traduzir uma exigência de igualdade e de justiça social. Aliás, essa não era a primeira vez que o "Gotha do neoliberalismo" festejava um golpe de Estado. Röpke não disfarçou a alegria na ocasião do golpe que, em 1964, com ajuda da CIA, permitiu a derrubada do presidente brasileiro João Goulart, substituindo-o por uma ditadura militar; como Hayek, Röpke sempre manifestara muita simpatia pelas "ditaduras liberais", como a de António de Oliveira Salazar em Portugal. A lenda política queria que o neoliberalismo fosse a doutrina que, contra todos os intervencionismos estatais potencialmente liberticidas, fizesse plena justiça à democracia e ao livre-mercado. Essa leitura heroica de um neoliberalismo ao qual se atribui, por vezes, um papel-chave no triunfo sobre o totalitarismo é uma reconstrução falaciosa da história. Ela esquece que o

**58** | SOLCHANY, *op. cit.*, p. 161.

neoliberalismo doutrinal é, desde o início, fundamentalmente impregnado de *antidemocratismo*, que ele constitui uma refutação radical do ideal de soberania do povo na época moderna, ainda que, por razões táticas evidentes, essa dimensão se encontre, hoje, com frequência, relegada a segundo plano. Essa crítica à democracia não é um tema secundário nas diferentes versões do neoliberalismo teórico; é uma questão central na medida em que a democracia é considerada como a matriz do pior perigo para as sociedades, o que os neoliberais chamam de "coletivismo". Essa já era a conclusão que tiravam da crise da República de Weimar, nos anos 1930, e ainda é a constatação que fazem acerca da progressão do Estado-providência depois de 1945. Sem nunca se preocupar muito com matizes, a retórica denunciadora de Hayek ou de Röpke sempre estabelece relação direta entre proteção social e pleno emprego, de um lado, e nazismo ou gulag, de outro. Sobre esse ponto, a despeito da mudança de época, existe forte continuidade entre o pré-guerra e o longo pós-guerra. A empresa teórica do neoliberalismo se construiu em torno de uma deslegitimação constante da "democracia de massa", concebida como um obstáculo a ser superado. Considerado como prática política, consistiu em testar ampla gama de meios visando neutralizá-la. Perscrutando mais de perto a *demofobia* neoliberal nos planos teórico e governamental, podemos apreender melhor a violência que ela carrega e sustenta como altamente legítima, se exercida com fins de salvar a ordem concorrencial. A doutrina neoliberal se apresenta como uma teoria dos *limites institucionais* à lógica da soberania popular, na medida em que essa lógica, quando não controlada, é plena do perigo do "Estado total", isto é, desse Estado que estende sua intervenção a todos os domínios da existência para satisfazer os grupos de interesse que dele dependem.[59] No entanto, precisamente porque

---

**59** | De acordo com o sentido que Carl Schmitt atribui a essa expressão, em 1932, retomado por Hayek e Röpke às suas maneiras (nos capítulos 3 e 12 voltaremos à relação entre neoliberalismo e o filósofo e jurista alemão).

esse perigo é concebido como inerente à modernidade democrática, o neoliberalismo se apresenta como uma ideologia de guerra contra a democracia efetiva, quando os resultados eleitorais ou as mobilizações populares colocam as regras do mercado em risco.

As duas formas
da democracia

A corrente neoliberal, em todas as suas versões, desenvolveu uma crítica constante a uma democracia fundada sobre o "mito da soberania do povo". Os pioneiros da refundação política do liberalismo — Louis Rougier, Walter Lippmann, Ludwig von Mises, Friedrich von Hayek, Wilhelm Röpke — defendem, em seus escritos, que a "mística democrática", o reino da opinião ou a estupidez da massa representam o verdadeiro perigo para o liberalismo e que, portanto, é importante criar dispositivos institucionais suscetíveis de conter os efeitos perniciosos do dogma da soberania popular. Eles certamente aceitam uma forma limitada de democracia que, se permanecer elitista e respeitosa dos mais altos princípios da livre-escolha individual e da propriedade privada, é, antes, um bem. É o que entendem por "democracia liberal". Entretanto, quando a democracia pretende exprimir a soberania popular, passa a representar o pior veneno para as "sociedades livres", o que demanda medidas draconianas para "restabelecer a liberdade". Essa ideia não significa, de modo algum, uma radicalização tardia do neoliberalismo. Desde o início, a questão da democracia está ligada a uma temática central do pensamento conservador do fim do século XIX: o crescente poder das massas. Elas não têm meios intelectuais para rejeitar os demagogos que lhes prometem maior prosperidade se aceitarem a direção de um Estado economicamente dirigista. Em poucas palavras, a democracia, se não for seriamente limitada, é a precursora do coletivismo destruidor de todas as liberdades e individualidades.

Em uma intervenção feita no Colóquio Lippmann, em

1938, Louis Rougier resumiu perfeitamente essa distinção entre uma "democracia liberal" e uma democracia fundada na soberania popular, que ele chama de "socializante" e que leva "inevitavelmente" ao "Estado totalitário":

> A palavra democracia contém um terrível equívoco. Há duas concepções de democracia. A primeira é a ideia de *democracia liberal*, fundada sobre a limitação dos poderes do Estado, o respeito aos direitos dos indivíduos e do cidadão, a subordinação do Poder Legislativo e do Executivo a uma instância jurídica superior. A segunda é a ideia de *democracia socializante*, fundada sobre a noção de soberania popular. A primeira procede de teóricos dos direitos das pessoas, de publicistas protestantes, de declarações estadunidenses e francesas, e afirma o princípio da soberania do indivíduo; a segunda procede de Rousseau e afirma o princípio da soberania da massa. A segunda é a negação da primeira. Ela leva, fatalmente, à demagogia e, pela demagogia, ao Estado totalitário. Quando as massas, graças à instrução obrigatória, compreenderam que, pelo mecanismo do sufrágio universal, fundado sobre a lei dos números, podem, sendo número, apropriar-se do poder do Estado, elas se entregam ao partido que as leva ao assalto dos poderes públicos e substituem o problema da produção da riqueza pela exigência de sua imediata distribuição entre as classes menos favorecidas. O Estado cai no empobrecimento e na anarquia e, aparentemente, só se pode tirá-lo disso recorrendo a um governo ditatorial. Os melhores provedores de Estados totalitários são os demagogos socialistas. (Audier, 2012a, p. 481-2)

Não poderíamos ser mais explícitos sobre a rejeição ao povo, ao sufrágio universal, à lei da maioria, ao pluralismo político, à justiça distributiva, ao ensino público e aos mais desprotegidos. Assim, os neoliberais nunca aderem plenamente à democracia; eles sempre fazem a distinção entre uma "democracia liberal", por essência demofóbica, e uma "democracia ilimitada" ou "totalitária", em uma operação teórica que faz da primeira um meio para neutralizar a segunda.

É assim que Hayek (2013, p. 848) atribui à democracia liberal uma função preciosa, mas limitada, considerando que:

> O verdadeiro valor da democracia é constituir uma precaução sanitária contra o abuso do poder. Ela nos fornece o meio para descartar uma equipe de governantes e tentar encontrar outra melhor. [...] Mas não é esse, de longe, o valor político mais alto de todos, porque uma democracia sem limites poderia ser pior que governos limitados não democráticos.

A concepção neoliberal de democracia é tomada por simples procedimento de escolha de dirigentes — o melhor, sem dúvida, mas que exclui o dogma da soberania do povo e a implementação de uma "perniciosa soberania parlamentar" que dela resulta. Essa soberania popular tão frequentemente invocada, na realidade, só pode ser exercida pela maioria eleita no Parlamento, de forma que, para permanecer majoritária, esta última se vê impelida a conceder vantagens a grupos particulares, em detrimento das regras gerais de justa conduta (Hayek, 2013, p. 620 ss.). Assim, essa soberania do Parlamento se estabelece à custa da soberania do direito. Ao contrário, a democracia estritamente procedimental, que tem a preferência de Hayek, deve ser exclusivamente julgada por seu resultado prático, e não pelos valores que pretensamente a fundamentam. Ora, o que ela permite é a prevenção da arbitrariedade e a proteção da liberdade individual, que deve vir antes da liberdade política, quer dizer, antes da participação dos homens na escolha de seus dirigentes. Dizer que um povo é livre, para Hayek (1994, p. 13), significa uma "transposição do conceito de liberdade individual a grupos de homens considerados como um todo". Aí está uma fonte de confusão historicamente grave porque, como ele observa em seguida, "um povo livre nesse sentido não é, necessariamente, um povo de homens livres". Um indivíduo pode ser oprimido em um sistema democrático e pode ser livre em um sistema ditatorial. Sobre esse ponto, há uma divergência radical entre Raymond Aron e Hayek. Para Aron, todas as liberdades são dignas de serem defendidas, e a oposição entre democracia e totalitarismo é a oposição fundamental.[60] Para Hayek, o fundamental é a liberdade de escolha dos indivíduos no "jogo catalático", cuja consequência é a possibilidade de se admitir perfeitamente uma diminuição, até uma supressão, da liberdade política e intelectual para defender a ordem espontânea do mercado. Ele também considera a oposição entre democracia e totalitarismo um erro profundo. É o liberalismo que se opõe a este último, já que a democracia diz respeito à maneira de escolher os dirigentes, e não à maneira pela qual eles exercem o poder:

> O liberalismo é afetado pelas funções do governo e, mais particularmente, pela limitação de todos os seus poderes. A democracia refere-se à questão de saber quem dirigirá o governo. O liberalismo exige que todo poder e, consequentemente, mesmo aquele da maioria, seja limitado. (Hayek, 1978, p. 142-3 *apud* Houle, 1989, p. 216)

O perigo da ilimitação
e o nascimento do
Estado social

Essa disjunção pôde se apoiar no trabalho de historiadores que acreditaram ter identificado as raízes da "democracia totalitária" no século XVIII e, mais especialmente, na filosofia da Revolução Francesa. Em *As origens da democracia totalitária*, Jacob Laib Talmon sustenta que o Ocidente elaborou e seguiu duas vias distintas de democracia: a via *liberal*, que colocou a

---

**60** | Não é por menos que, em uma comunicação de 17 de junho de 1939, na Sociedade Francesa de Filosofia, Aron afirme que a ideia de soberania popular não é essencial à ideia de democracia, uma vez que "ela pode levar tanto ao despotismo quanto à liberdade". "Depois de tudo", ele acrescenta, "foram, em grande medida, as maiorias populares que abusaram de seu poder." Ver Traverso (2001, p. 200).

liberdade do indivíduo à frente de todos os outros valores, ou seja, a ausência de coerção, e a via *totalitária*, de proveniência rousseauniana e jacobina, que dá à soberania popular um poder absoluto para realizar uma ordem natural supostamente harmoniosa, o que, a seus olhos, levaria, consequentemente, direto ao stalinismo. Toda a história das sociedades ocidentais, de Rousseau e da Revolução Francesa até o fascismo e o comunismo, encontra-se assim concebida como o conflito entre duas vias de democracia (Talmon, 1966, p. 314).[61] A esse respeito, Hayek segue Rougier e Lippmann, e está convencido de que a "democracia jacobina" leva ao socialismo por causa da dupla crença na soberania popular e na justiça social, dois mitos que progressivamente desenfrearam o poder público e colocaram em grave perigo a ordem espontânea da sociedade. Para Hayek, essa deriva da democracia se deveu à ilimitação das assembleias representativas, que pretendiam encarnar a vontade do povo e realizar a justiça social. A ideia de soberania popular conjugada à justiça social está no fundamento da concepção construtivista, que confunde a *origem* da escolha dos representantes e o *campo* legítimo de exercício do poder, como confunde, segundo os preceitos do positivismo jurídico, o que é justo e o que é majoritário. Não basta a maioria para constituir o que é justo: ela não leva a realizar um "bem comum". O inverso é mais frequente: para ser reeleita, a maioria deve infringir todos os limites, mesmo aqueles que ela pode, por outro lado, endossar, em particular com relação ao respeito à liberdade individual. A história política mostra bem: para se manterem a qualquer preço no poder, as maiorias "liberais" conduziram, no pós-guerra, políticas de esquerda, redistributivas e keynesianas. Na realidade, a "tirania da maioria" é, na maior parte das vezes, uma coalizão de interesses no "mercado político", cujo efeito é a distribuição de privilégios a certos grupos poderosos ou ameaçadores em detrimento de outros grupos.

Ora, para Hayek, uma sociedade de mercado só é viável se a

---

61 | Ver também Palmer (1959), outra fonte de inspiração de Hayek.

política *não for* um mercado. A soberania do povo é, na verdade, uma máscara para a negociação de interesses particulares de grupos organizados. A democracia, tomada nesse sentido, transforma-se em um "fetiche verbal disfarçado de reflexo de legitimidade de qualquer exigência de um grupo desejoso de desviar certos traços da sociedade em uma direção que lhe seja vantajosa", afirma ainda Hayek (2013, p. 683). Aquilo que hoje se chama "democracia" parece-lhe, assim, uma espécie de violação permanente do direito, ou seja, do direito privado, pelo fato de um grupo impor seus interesses coletivos à custa dos interesses reais dos indivíduos: "Parece que, por todos os lados em que as instituições democráticas deixaram de ser sustentadas pela tradição da supremacia do direito, elas conduziram não apenas à 'democracia totalitária' mas, com o tempo, a uma 'ditadura plebiscitária'" (Hayek, 2013, p. 623). Essa ditadura dos grupos de pressão e, sobretudo, dos sindicatos — cuja ação é denunciada como perigosamente destruidora do espírito da empresa e da ordem do mercado — traduz-se por decretos que, mesmo com nome e aparência de leis, são regras de organização visando a resultados particulares (enquanto uma lei é, por essência, uma regra geral abstrata, quer dizer, independente de suas múltiplas aplicações particulares imprevisíveis *a priori*).[62] Esse regime de corrupção generalizada e barganha produz vantagens particulares a cada grupo de eleitores na medida das vantagens particulares que ele concede a outros (Hayek, 2013, p. 632).

Essa tendência à negociação generalizada e à intervenção governamental sobre objetivos particulares foi favorecida pela "miragem da justiça social": "A partir do momento em que a crença na 'justiça social' passa a reger a ação política, o processo deve se aproximar cada vez mais de um sistema totalitário" (Hayek, 2013, p. 457-8). É esse mito que estimula a fé na ideia de que cada um deveria receber o que lhe é devido em

---

**62** | As características da lei são enumeradas exaustivamente em Hayek (2013, p. 800).

função de seu mérito, já que, na verdade, a ordem do mercado não pode, em caso algum, garantir que o mais merecedor terá mais do que aquele que merece menos. A ideia de justiça distributiva deve, por isso, ser colocada em questão; caso contrário, será demandado, à sociedade ou ao poder instituído, chegar a uma repartição "justa". Hayek, como sabemos, está entre os que não pretendem misturar o resultado da competição e a moral. A seus olhos, o mercado não tem precisamente nada a ver com a moral; ele diz respeito à liberdade individual, valor supremo que não poderia ser contestado por nenhum princípio coletivo:

> Em uma sociedade de homens livres, não podem existir princípios de conduta coletiva obrigatórios para o indivíduo. O que pudemos realizar, nós o devemos ao que os indivíduos viram garantir-lhes: a faculdade de criar para eles mesmos um domínio protegido (sua "propriedade"), no interior do qual possam aplicar suas aptidões aos fins que escolheram. (Hayek, 2013, p. 872)

Essas práticas de negociação e essas "superstições" da soberania e da justiça deram origem às políticas econômicas e sociais ativas, à administração do Estado-providência, ao monopólio estatal sobre certos serviços, como os correios ou os transportes, à expansão de "exploradores", que são os sindicatos, às políticas de pleno emprego. O poder político, não resistindo a essa chantagem permanente, torna-se um escravo que não deixa de ser, por sua vez, opressivo. Ele é como um "rolo compressor conduzido por um bêbado" (Hayek, 2013, p. 636).

Essa deriva resulta da ilusão racionalista segundo a qual o Estado é capaz de definir *a priori* a melhor ordem social, o que Hayek (1993) acabou chamando de "presunção fatal". É o que ocorreu desde o fim do XIX com as reformas sociais que fizeram nascer o Estado-providência. Existe, desde 1932, uma crítica conceitualmente muito articulada do curso intervencionista do Estado em Walter Eucken. Em um texto intitulado "Staatliche Strukturwandlungen und die Krisis des

Kapitalismus" [Transformações estatais estruturais e a crise do capitalismo], Eucken explica que o Estado liberal, que deixava aos empreendedores o cuidado de orientar a esfera econômica, viu-se progressivamente substituído pelo "Estado econômico intervencionista" (*interventionistischer Wirtschaftsstaat*), dividido entre os interesses de grupos de pressão e, então, fragilizado.[63] Em um mundo sem Deus, marcado pelo vazio espiritual, as massas esperam que a salvação venha do Estado total, investido da crença em sua onipotência, embora realmente impotente. E, quanto mais as massas obtêm satisfação, mais incentivam e exigem outras reivindicações em nome da igualdade, e mais o Estado se enfraquece. O mal não vem apenas de excessos reivindicativos das massas. Os neoliberais sempre insistiram no papel nefasto desempenhado pelos intelectuais tomados pelo racionalismo e que pensam poder governar, até o detalhe, a sociedade e a economia, o que alimenta suas ilusões sobre o planismo (*planisme*), o centralismo e o socialismo — em suma, sobre tudo aquilo que recobre a palavra "coletivismo". Nesse ponto do raciocínio, encontramos o grande argumento de Carl Schmitt contra o "pluralismo dos interesses particulares" que desfez a unidade do Reich no entreguerras. O que Röpke chama de "democracia de massa jacobino-centralista" é, precisamente, a situação do Estado no confronto com esse "pluralismo" que tanto mal fez à República de Weimar, quando grupos de interesse, lobbies, partidos e sindicatos se dilaceraram para ter uma fatia maior do bolo. Por esse ângulo, os neoliberais concordam, e muito explicitamente, aliás, com a crítica elaborada por Schmitt ao "Estado de partidos pluralista", que se dirige no sentido do Estado total.[64]

---

63 | EUCKEN, Walter. "Staatliche Strukturwandlungen und die Krisis des Kapitalismus" [Mudanças estruturais do Estado e a crise do capitalismo], *Weltwirtschaftliches Archiv*, v. 36, 1932.

64 | Sobre isso, ver Dardot & Laval (2020, p. 632 ss.). Ver também o capítulo 12 deste livro.

O medo das massas
e o poder das elites

Essa deriva da democracia não surge em um momento qualquer da história universal. Ela está ligada àquilo que os neoliberais chamam, segundo uma fórmula em uso nos meios conservadores europeus e estadunidenses, de "era das massas". Principal causa do coletivismo e do totalitarismo, esse reinado das massas reúne homens atomizados, invejosos, incultos, conformistas e convencidos de que devem dirigir os negócios públicos simplesmente por serem mais numerosos. Röpke resume bem essa ideia amplamente partilhada em *Die Gesellschaftskrisis der Gegenwart* [A crise social de nosso tempo]:

> O Estado coletivista se enraíza na massa [...] e só é possível em um contexto sociológico que se designa sob o nome de massificação, em uma configuração da sociedade que foi precisamente preparada por uma evolução democrática extrema, mas contra o ideal liberal tanto quanto o ideal aristocrático-conservador.[65]

Ele retomava uma famosa expressão de Walter Eucken, que explicava que os fatores mais nocivos, na modernidade, eram a "democratização do mundo e a liberação de forças demoníacas no seio dos povos que ela, assim, arrebatou".[66] Um dos livros europeus mais sintomáticos do contexto intelectual e político do nascimento do neoliberalismo é *A rebelião das massas*, de José Ortega y Gasset, publicado em espanhol em 1930. Essa obra alcançou um sucesso considerável na década de seu lançamento e inspirou diversas reflexões sobre o tema da opressão das elites e das fortes individualidades pelo homem-massa, pelo homem médio, pela embrutecida multidão submissa às modas e aos humores. Ortega

---

65 | Wilhelm Röpke (1945) *apud* SOLCHANY, *op. cit.*, p. 145.

66 | Walter Eucken *apud* SOLCHANY, *op. cit.*, p. 139.

y Gasset manifesta, ao longo do livro, toda sua nostalgia do velho liberalismo em que as minorias políticas e culturais dirigiam a sociedade:

> Hoje, ao contrário, as massas acreditam que têm o direito de impor e dar força de lei a seus lugares-comuns de café e de reuniões públicas. Duvido que tenha havido outras épocas na história em que a massa chegou a governar tão diretamente quanto em nossos dias. É por isso que eu posso falar de uma hiperdemocracia. (Ortega y Gasset, 1986, p. 55)

E essa dominação "hiperdemocrática" das massas se traduz diretamente no Estado onipotente e universal.

Ortega y Gasset é um autor conservador entre outros que também exprimem esse medo das massas, tão disseminado nos meios que reivindicam o liberalismo durante o entreguerras. É um "espírito do tempo" que reativa os clichês já antigos da "psicologia das massas" de Gustave Le Bon. Louis Rougier, um dos principais organizadores e entusiastas do nascente neoliberalismo, também participa dessa atmosfera elitista que o conduz à demofobia evocada há pouco. Ela se encontra em duas de suas obras anteriores à Segunda Guerra Mundial, que constituem as vertentes de um mesmo e único tema: *La mystique démocratique* [A mística democrática], de 1929, e *Les mystiques économiques* [As místicas econômicas], publicado em 1938. O primeiro livro é uma crítica acerba do mundo democrático baseada em temas muito semelhantes àqueles que Ortega y Gasset desenvolveu: a irracionalidade das massas, o peso da cultura utilitarista, a dominação plutocrática, o chamado salvador a uma elite desinteressada. A proposta da segunda obra consiste em mostrar como as democracias liberais se transformam em regimes totalitários "por reformas sociais imprudentes e intervenções abusivas dos poderes públicos", encorajadas pelos teóricos da planificação e do dirigismo, e que levam ao estabelecimento de ditaduras fascistas ou comunistas.

Rougier parte da ideia de que os dois componentes dos regimes políticos modernos — de um lado, os direitos naturais imprescritíveis do indivíduo, que limitam o poder do Estado, e, de outro, a soberania popular, no princípio da legitimidade desse mesmo poder — não se combinam e, na verdade, entram cada vez mais em contradição. Se o primeiro componente pode remeter a Locke e o segundo a Rousseau, é Rousseau quem ganha na época contemporânea, porque as massas não pretendem limitar o poder popular e pressionam, ao contrário, pelo estatismo contra o individualismo.

Essas massas impacientes e brutais, primitivas e gregárias, materialistas e nacionalistas danificaram, desse modo, "o mecanismo de preços, essa maravilhosa máquina de calcular que resolve automaticamente o sistema de equações do qual depende o equilíbrio econômico" (Rougier, 1938, p. 14). Para Rougier, único membro francês do círculo de Viena, existe, portanto, uma contradição insuperável entre esse mecanismo e a mentalidade mágica das massas, que querem controlar, dominar, subjugar a economia como se fosse uma coisa da qual pudessem dispor, a seu bel-prazer e para sua satisfação, por meio da planificação, da nacionalização e da redistribuição das rendas:

> À compreensão das leis do equilíbrio econômico, as massas parecem particularmente rebeldes, e é por esse motivo que o conflito entre a política econômica, orçamentária e monetária dos Estados nunca foi tão grande quanto em nossos dias, sob a pressão das massas eleitorais e reiteradas advertências dos professores de economia política e de ciência financeira. (Rougier, 1938, p. 15)

É possível identificar, certamente, uma quantidade de matizes com base nesse fundo comum que é o medo das massas, uma vez que alguns autores se revelam muito mais antimodernos que outros. Röpke e Rüstow, erroneamente qualificados como "progressistas" por alguns comentadores, estão entre os mais conservadores e não deixam de denunciar a destruição sistemática da moral, das instituições e dos quadros da vida pela "massificação" das sociedades. As grandes organizações de massa mergulham os trabalhadores em uma situação de "proletarização" da qual apenas uma "política da vitalidade" (*Vitalpolitik*) pode tirá-los, mediante a adoção de uma moralidade empreendedora que os torna "autorresponsáveis e capazes de subsistir por meio de seu próprio trabalho" (Röpke, 1950, p. 182). Outros, como Lippmann (e, em certa medida, Hayek), vão enfatizar o caráter retrógrado das massas e seu papel de freio na marcha do progresso. Isso se relaciona às diferentes maneiras de ver a existência das massas como perigo: para uns, elas têm, antes de tudo, um papel destruidor por sua sede de consumo, sua propensão a lazeres idiotas, seu egoísmo; para outros, são conservadoras por natureza, já que preferem a segurança à liberdade, querem parar o progresso e recusam uma sociedade que avança por tentativa e erro e, necessariamente, faz vítimas no processo de seleção que opera.

Todavia, a questão fundamental para todos os neoliberais é: como limitar o poder do povo entendido como "massa"? A resposta de Rougier não deixa espaço para ambiguidades: é preciso confiar o poder a uma nova "aristocracia" e definir uma "arte de governar" capaz de salvaguardar das massas a autoridade política.

> A arte de governar implica uma sabedoria, uma técnica e uma nobreza. Implica o conhecimento do passado, a preocupação com o futuro, o sentido de possibilidade, o conhecimento dos meios próprios a realizá-los, o sentimento das responsabilidades e o cuidado das competências. A arte de governar é, por consequência, eminentemente aristocrática e só pode ser exercida pelas elites. Ora, a massa entregue a ela mesma é em tudo o contrário. Ela não tem o sentido das possibilidades, já que possui uma mentalidade mágica: acredita que apenas a traição ou a má vontade dos dirigentes os impede de realizar os milagres que ela exige deles. A massa é ignorante e presunçosa: ela se acredita onicompetente, desconfia das capacidades técnicas, da intel-

ligentsia e, de bom grado, faz sua a terrível palavra do tribunal revolucionário pedindo a cabeça de Lavoisier: "A República não precisa de sábios". (Rougier, 1938, p. 11)

A ideia de que somente uma elite esclarecida tem capacidade para dirigir racionalmente as economias e sociedades era corrente nos meios intelectuais liberais, entre filósofos e economistas. Em sua última obra, *Jenseits von Angebot und Nachfrage* [Para além da oferta e da demanda] (1958), Röpke conclama, assim, um "levante da elite" para enfrentar o "levante das massas" — segundo ele, nenhuma sociedade sã pode sobreviver sem ser dominada por uma "verdadeira *nobilitas naturalis*".[67] O estadunidense Walter Lippmann é menos entusiasta da ideia de uma nova aristocracia, mas defende, a partir dos anos 1920, dar o poder às pessoas verdadeiramente responsáveis e aos experts contra uma opinião pública inconstante, manipulável e fundamentalmente ignorante das realidades sobre as quais se demandam decisões. Em Lippmann, há um nominalismo radical que faz com que o interesse público não tenha objeto e que a vontade geral seja inexistente e insondável: existem apenas problemas e saberes particulares de ordem técnica.[68] Figura eminente do neoliberalismo desde o lançamento de *The Good Society* [A boa sociedade], ele foi, primeiramente, um analista crítico da mutação política e intelectual que os países ocidentais, sobretudo os Estados Unidos, conheceram e que atribuía à opinião pública um papel dirigente na definição das políticas que seriam conduzidas (Lippmann, 2010). Essas reflexões dos anos 1920 vão inspirar seu "liberalismo construtor" na década seguinte e suas conclusões, no pós-guerra, sobre o caráter potencialmente ingovernável das democracias.

Esse antidemocratismo neoliberal repousa, na maior parte do tempo, sobre a constatação da desigual faculdade de aces-

---

67 | Wilhelm Röpke, citado em SOLCHANY, *op. cit.*, p. 147.

68 | Sobre o governo dos experts em Lippmann, ver Stiegler (2019, p. 35 ss.).

so das massas às competências política e intelectual, que não dispõem de meios morais, estéticos e intelectuais para se autodirigir. Por vezes, no entanto, ele se apoia em uma nostalgia reacionária da ordem imperial ou elitista anterior à Primeira Guerra Mundial. Mises escrevia em seu *Liberalismo*: "Nada, entretanto, é tão mal fundamentado quanto a afirmação da pretendida igualdade de todos os membros da raça humana. Os homens são completamente diferentes" (Mises, 2018, p. 28). Qualquer que seja o fundo filosófico da demofobia neoliberal, os renovadores do liberalismo — bem antes dos anos 1970 — fizeram da "ingovernabilidade" da sociedade de massas o problema fundador do neoliberalismo. Sua inteligência estratégica foi perceber o seguinte: se, de seu ponto de vista, era preciso agir *contra* as massas, necessariamente era preciso, no entanto, também fazê-lo *com* as massas e, consequentemente, voltar as massas contra elas mesmas. Aliás, foi o que o próprio Mises reconheceu e o que o levou a estimular seus discípulos a fazerem a guerra das ideias:

[As] massas não pensam. [...] A direção espiritual da humanidade pertence ao pequeno número de homens que pensam por eles mesmos; esses homens exercem, primeiramente, sua ação sobre o círculo capaz de acolher e compreender o pensamento elaborado por outros; por essa via, as ideias se disseminam pelas massas e se condensam pouco a pouco para formar a opinião pública do período. (Mises, 1938, p. 589 *apud* Denord, 2007, p. 132)

# 3

## Apologia do Estado forte

É com base no problema que as massas democráticas representam para uma "economia livre" que os renovadores do liberalismo vão, no entreguerras, reimaginar profundamente o papel do Estado. Para eles, é absolutamente necessário que o mercado possa distribuir suas bênçãos sobre a prosperidade e a civilização, tendo a garantia de poder funcionar livremente. Em matizes variados, todos teorizarão a necessidade de um "Estado forte" para proteger o mercado das reivindicações democráticas, selando, desde o início, a aliança entre neoliberalismo e autoritarismo. Mas, o que é precisamente um Estado forte e quais caracterizações diversas lhe foram dadas?

Para os neoliberais, o importante, antes de tudo, é aperfeiçoar um tipo de Estado que permita romper radicalmente com a tendência intervencionista a serviço dos interesses sociais que controlava o Estado desde o fim do XIX. Para isso, era preciso colocar em questão o Estado representativo democrático nascido com a Revolução Francesa, que, pela generalização do sufrágio universal, permitia às maiorias parlamentares "politizar a economia". Isso era ainda mais necessário, uma vez que a ideologia liberal clássica do laisser-faire não tinha conseguido imunizar a economia contra tal risco de democratização.

O objetivo geral de um Estado forte é, portanto, antes de tudo, impedir que a política afete o livre-funcionamento do mercado. Seguem-se várias tarefas que são, primeiramente, negativas: desmantelar o Estado social, não ceder diante da pressão dos interesses sociais e, se necessário, reprimir pela violência todos os que possam prejudicar o funcionamento eficaz do mercado. Mas há também uma tarefa positiva central, que redefine profundamente a relação entre Estado e economia com respeito ao laisser-faire: aquela de um intervencionismo estatal para garantir a norma do bom funcionamento do mercado e sancionar o desvio, o que Rüstow chama de "a polícia do mercado". "Desde o início, atribuíamos ao Estado forte e independente a tarefa fundamental da polícia do mercado para assegurar a liberdade econômica e a concorrência total".[69] Esse intervencionismo consistirá, em particular, em um enquadramento jurídico do mercado, já que, como diz Hayek, "um mercado eficaz requer um quadro de regras apropriadas no qual funcionará sem sobressaltos".[70]

Existem nuances, em particular nas formas de autoritarismo ou no grau de violência a ser empregado, mas não há uma divergência de fundo entre os neoliberais. Entre os pontos de vista sobre o Estado forte, há uma diferença não de natureza, mas de grau ou "intensidade", como diz Carl Schmitt, cujo limiar não é intencionalmente fixado, mas proporcional à ameaça que o inimigo faz pesar sobre o livre-mercado. É uma das razões pelas quais a fórmula "liberalismo autoritário" não é pertinente se a pretensão for distinguir uma versão do neoliberalismo de outra que não o seria.[71] O neoliberalismo é intrinsecamente autoritário no combate a toda vontade democrática de regular a economia de mercado; ele varia apenas nas formas do uso estatal da força. Os neoliberais repetiram com frequência: a ditadura e a democracia não têm valor em si mesmas; são instrumentos necessários ou não à garantia de uma economia livre. É por essa razão que o Estado forte

---

69 | RÜSTOW, Alexander. "Vom Sinn der Wirtschaftsfreiheit" [Do significado da liberdade econômica], *Blätter der Freiheit*, v. 6, n. 6, p. 217-22, jun. 1954 *apud* Bonefeld (2017, p. 3).

70 | HAYEK, Friedrich von. "Socialism and Science" [Socialismo e ciência], conferência na Economic Society of Australia and New Zealand, 19 out. 1976 *apud* Bonefeld (2017, p. 43).

71 | Para uma crítica da noção de "liberalismo autoritário" aplicada ao neoliberalismo, ver o capítulo 12.

se diferencia do Estado fascista: a violência aberta contra os opositores não é uma questão de princípio, mas de contexto. Isso não impede que o Estado neoliberal, como explicará Mises, se apoie na violência fascista para esmagar os inimigos do mercado, se as circunstâncias assim exigirem.

## Estado forte e Estado fraco

Incontestavelmente, é o jurista e filósofo do direito Carl Schmitt quem vai alimentar a defesa neoliberal do Estado forte. Para Schmitt, o "Estado forte" deve dispor de uma vontade política de direção fundamental, absolutamente independente da sociedade, a fim de "despolitizar a economia", isto é, colocar a economia de mercado a salvo das demandas de justiça social e das medidas tomadas pelos governos para satisfazê--las. Em julho de 1932, ele critica a República de Weimar como um "Estado fraco" por ceder às reivindicações democráticas das massas. Ao fazer isso, esse "Estado fraco" é um "Estado total" — o adjetivo "total" designa aqui a "pura quantidade" e o "volume" de suas intervenções, indicando que o Estado penetra todos os domínios da vida humana:

> Um Estado de partidos pluralista não se torna "total" por vigor e poder, mas por fragilidade; ele intervém em todos os domínios da vida porque deve satisfazer as pretensões de todos os interessados. Notadamente, ele deve ir ao âmbito da economia, até então livre do Estado, mesmo se for para renunciar a toda direção e influência política. (Schmitt, 2015, p. 71)

Só um Estado forte ou autoritário, centrado sobre os poderes extraordinários do presidente da República, pode impor as "despolitizações necessárias" — em primeiro lugar, a da economia. Em poucas palavras: é preciso um Estado autoritário para conter a tendência ao Estado total. Em sua conferência de 23 de novembro de 1932, Schmitt (2020, p. 97) inova ao distinguir dois tipos de Estado total: ao Estado total quantitativo, ele opõe, de agora em diante, um Estado total qualitativo, ou seja, "total no sentido da qualidade e da energia, tal como o Estado fascista se faz chamar *stato totalitario*". Esse Estado se apropria exclusivamente de todos os meios de poder, particularmente os militares e as novas tecnologias (rádio, cinema), permitindo exercer influência de massa, para colocá-los a serviço do aumento do próprio poder. Schmitt (2020, p. 97) especifica ainda:

> Esse Estado sufoca, em seu seio, toda força hostil ao Estado, toda força suscetível de entravá-lo ou de dissolvê-lo. Não lhe ocorre a ideia de ceder os novos meios de poder a seus próprios inimigos, a seus próprios sabotadores e, assim, deixar minar seu poder sob a cobertura de não sei que fórmula em voga, liberalismo, Estado de direito ou qualquer outra denominação.

Entretanto, é preciso não se enganar: a referência ao *stato totalitario* do Duce não significa, nesse contexto, que Schmitt identifique o Estado total qualitativo com o Estado fascista, nem *a fortiori* que ele seja partidário de uma solução fascista. Como observa com justiça Olivier Beaud (1997, p. 71), está claro que a oposição entre os dois tipos de Estado total "não faz senão repetir aquela entre Estado forte e Estado fraco, isto é, o Estado ideal futuro e o Estado real (o atual Estado de Weimar)". Esse Estado total qualitativo é um "Estado muito forte", o único capaz de libertar o Estado da influência dos partidos ao dar fim àquilo que Schmitt chama de "Estado de partidos" (*Parteienstaat*).[72] Mas o Estado almejado por Schmitt não é nazista ou fascista, nem mesmo inspirado em corporações medievais; é um Estado de tipo presidencialista, o único capaz de salvar a Alemanha do duplo perigo nazista e comunista.

Sem utilizar, de início, o termo "Estado forte", os principais fundadores do ordoliberalismo alemão haviam precedi-

---

72 | Aqui seguimos a tradução de Olivier Beaud (1997, p. 70).

do Schmitt na ideia de que a sobrevivência do liberalismo econômico demandava um Estado autoritário. Desde 1923, Röpke afirmava que o liberalismo econômico deveria se colocar "na primeira fileira da luta pelo Estado".[73] Em 1932, todos adotam a tese schmittiana do Estado forte para desmantelar o Estado social-democrático — isto é, em seu vocabulário, o "Estado fraco". Para Walter Eucken, "o poder do Estado não serve mais à própria vontade" porque "a democratização dá aos partidos políticos, assim como às massas e aos grupos de interesses que eles organizam, uma influência enorme sobre o governo do Estado e, então, também sobre a política econômica".[74] Rüstow também apelava a uma "política do Estado" (*Staatspolitik*) capaz de impôr respeito à "política dos interesses" (*Interessenpolitik*), ou seja, o "assalto das multidões gananciosas" à democracia parlamentar.[75] O mais notável é que a tomada de posição de Schmitt, em 1932, continuará a fascinar os mais diversos pensadores neoliberais, para além do único círculo de alemães que o cortejou desde então. Em uma nota de *Direito, legislação e liberdade*, o próprio Hayek (2013, p. 849) falará, em termos inequívocos, de sua dívida com Schmitt:

> A fraqueza de um governo onipotente democrático foi claramente distinguida por Carl Schmitt, o extraordinário analista alemão da política que, nos anos 1920, provavelmente compreendeu o caráter da forma de governo, então em desenvolvimento, melhor que a maioria das pessoas.

---

73 | RÖPKE, Wilhelm. "Wirtschaftlicher Liberalismus und Staatsgedanke" [Liberalismo econômico e pensamento estatal], *Hamburger Fremdenblatt*, n. 314, 13 nov. 1923 *apud* Bonefeld (2017, p. 37).

74 | EUCKEN, *op. cit.*, p. 297-323.

75 | RÜSTOW, Alexander. "Interessenpolitik oder Staatspolitik" [Política de interesses ou política de Estado], *Der deutsche Volkswirt*, v. 7, n. 6, 1932 *apud* Ralf Ptak (2009, p. 111).

## O Estado forte acima das reivindicações democráticas

O ponto de partida é o seguinte: para barrar o governo ilimitado das massas e o Estado social intervencionista, é preciso, primeiramente, confiar a realidade do poder a uma oligarquia zelosa do respeito à tradição, aos costumes e às "regras gerais" as mais permanentes possíveis. Ainda assim, esse chamado para que as elites assumam toda sua responsabilidade na defesa da ordem concorrencial não é suficiente; ele deve ser acompanhado da criação de sólidas salvaguardas institucionais a fim de proteger, ao mesmo tempo, a unidade do Estado e as leis fundamentais da economia de mercado. A democracia mostra-se viável de forma permanente apenas se os quadros jurídicos e políticos limitarem efetivamente o poder eleitoral das massas. É o que Röpke explica:

> [A] democracia e a liberdade só são compatíveis ao longo do tempo se todos aqueles que exercem o direito de voto, ou pelo menos a maioria entre eles, tiverem consciência de que há certos princípios e normas mais elevados da vida estatal e da constituição econômica, que se situam para além do processo de decisão democrática.[76]

Essa limitação institucional deve ser inscrita na Constituição, ou seja, colocada fora do alcance das maiorias eleitorais e de grupos de pressão.

Para os neoliberais, é preciso, sobretudo, não confundir o Estado democrático originado na Revolução Francesa com o Estado forte, que não é o Estado social, planejador, intervencionista. Ao contrário, ele é o Estado "acima dos conflitos", e só é poderoso caso se abstenha de dar, tanto a uns quanto a

76 | Röpke (2009) *apud* SOLCHANY, *op. cit.*, p. 148.

outros, o que eles reclamam. Para alguns, como Röpke, a única coisa que ele tem a fazer é definir e manter as regras da sociedade das trocas e proteger os modos e os quadros da vida tradicional. Para outros, como Lippmann, o Estado deve retomar uma empreitada construtiva de criação e manutenção de mercado, assim como de adaptação da sociedade ao novo mundo industrial, baseado na divisão do trabalho: "[N]a época de Adam Smith e Jeremy Bentham, de 1776 a 1832, aproximadamente, a filosofia liberal havia mostrado o caminho buscando adaptar a ordem social às necessidades da nova economia industrial" (Lippmann, 2011, p. 262). Os mercados ideais que seriam organizados sozinhos não existem: "Em uma sociedade liberal, o aperfeiçoamento dos mercados deve ser objeto de estudo incessante. É um vasto domínio de reformas necessárias" (Lippmann, 2011, p. 275).

Rougier foi dos primeiros entre os neoliberais franceses a argumentar em favor de um Estado forte que não se curva diante de reivindicações sociais, de um sistema político que não deixa às massas nenhuma possibilidade de desregular a ordem da concorrência. Para ele, a solução está na reconstrução das instituições políticas, de tal maneira que o governo e o legislador sejam obrigados a respeitar um código de boa conduta econômica, sem jamais poder abandoná-lo. A estratégia neoliberal desenvolvida em suas duas obras, *La mystique démocratique* e *Les mystiques économiques*, visa construir uma ordem política fora do alcance da "soberania popular", na qual a autoridade política vai se impor a todos os interesses particulares que gostariam de "desregular a máquina":

Quem quiser voltar ao liberalismo deverá restituir aos governos autoridade suficiente para que resistam à pressão dos interesses privados sindicalizados. E essa autoridade será restituída por reformas constitucionais, uma vez restabelecido o espírito público, denunciando os danos do intervencionismo, do dirigismo e do planismo que, com frequência, não são mais que a arte de desregular sistematicamente o equilíbrio econômico, em detrimento da grande massa de cidadãos-consumidores, para o benefício muito momentâneo de um pequeno número de privilegiados, como vimos mais que suficientemente pela experiência russa. (Rougier, 1929, p. 10)

Rougier colocou os fins políticos do neoliberalismo, que outros desenvolverão, na teoria e na prática, depois dele:

> É preciso que as democracias se reformem constitucionalmente, de maneira que aqueles aos quais elas confiam as responsabilidades do poder não se considerem como os representantes dos interesses econômicos e apetites populares, mas como os garantidores do interesse geral contra os interesses particulares; não como os instigadores de excessos eleitorais, mas como os moderadores das reivindicações sindicais; dando-se a tarefa de fazer respeitar, todos, as regras comuns das competições individuais e dos acordos coletivos; impedindo que minorias ativas ou maiorias iluminadas falseiem, a seu favor, a lealdade da luta que deve assegurar, para o benefício de todos, a seleção das elites. (Rougier, 1929, p. 18-9)

Essa exigência de um Estado forte acima dos interesses particulares será a marca de fábrica do neoliberalismo até hoje. É isso que o caracteriza desde o início e o que está no princípio de suas modalidades de aplicação prática. Para Lippmann, como para os outros neoliberais, um Estado muito intervencionista é um Estado fraco. O *Big Government* [governo grande] não pode agir de forma eficaz, é um gigante amarrado pelos liliputianos. Se os interesses dos grupos particulares prevalecem, é porque têm muita influência pelo viés da opinião pública, que constitui não a força, mas a fraqueza congênita das democracias. Ora, importa deixar os governantes governarem no interesse geral, sobretudo quando se trata de decisões graves, como aquelas que dizem respeito à guerra e à paz. Querendo-se fiel a Thomas Jefferson, Lippmann gostaria de limitar o poder do povo à nomeação dos governantes: o povo deve nomear quem o dirigirá, e não dizer o que é preciso fazer a todo instante. É preciso recusar todas as teorias democráticas, em especial aquela de Jeremy Bentham, segundo a qual os governantes devem seguir a opinião da maioria, expressão dos interesses do maior número. É esse dogma da opinião majoritária que impede qualquer governo de tomar as medidas corajosas que se impõem (em especial aquelas que colidirão com os interesses da maioria) e que o faz ir mais prontamente no sentido do que é o mais agradável e o menos penoso para as massas.

A demarquia mais
que a democracia

A afirmação declamatória da necessidade de um poder forte perante os interesses organizados coloca sérios problemas quando se quer manter o procedimento democrático de indicação dos dirigentes. Como diz Hayek (2013, p. 832): "A limitação eficaz do poder é o mais importante dos problemas da ordem social". Os únicos interesses legítimos que o direito deve considerar são os do indivíduo, protegidos e limitados, ao mesmo tempo, pelas "regras universais de justa conduta". Essas regras formais constituem o limite absoluto, que não deve ser ultrapassado no exercício do Poder Legislativo e governamental pela instância política representativa. Toda definição substantiva da democracia, tal como "a maior felicidade para o maior número" ou mesmo "a melhoria do nível de vida da população", gera, necessariamente, coerção ilegítima.

Para evitar essa degenerescência da democracia real, Hayek empenhou-se na definição de um sistema político a que ele chama "demarquia" — termo fundado sobre um princípio de limitação da ação pública e que deveria, segundo ele, substituir a palavra "democracia", "manchada por prolongado abuso" (Hayek, 2013, p. 48).[77] Segundo Hayek, a palavra "de-

---

77 | Ver também Dardot & Laval (2016, p. 55 ss.).

mocracia" teria, na realidade e desde o início, o defeito de ser formada sobre a palavra grega *kratein*, que reenviaria ao exercício da "força bruta", enquanto *archein*, ao se combinar com *demos*, significaria, mais exatamente, "o governo pela regra" (Hayek, 2013, p. 684).[78] A "demarquia" tem por princípio não ceder à arbitrariedade das maiorias de momento, apoiando-se sobre regras gerais. Ela interdita toda medida que possa atribuir um "privilégio" a um grupo particular ou impor discriminação contra outro. A "isonomia" se encontra, então, compreendida simplesmente como "igualdade *diante* da lei", enquanto o termo *isonomia* significa, propriamente, em grego, a "igualdade *pela* lei", ou seja, igualdade de direitos políticos para todos os cidadãos, notadamente o direito de participar da tomada de decisão no conselho e na assembleia (Finley, 1985, p. 198). Essa reinterpretação é destinada a impedir tudo o que pretenda intencionalmente corrigir a distribuição de rendas e patrimônios. Aplicando taxas diferenciadas em função da renda, a progressividade do imposto é o exemplo mesmo da violação dessa igualdade perante a lei. Uma maioria se acredita autorizada a praticar uma "discriminação contra os ricos", já que ela não aplica taxas espoliadoras a si mesma (Hayek, 1994, p. 312).[79] Hayek explica que deve se remover, do governo submetido às exigências populares, os meios que colocam em questão a ordem livre do mercado:

---

**78** | Sem saber, mas de maneira muito sintomática, Hayek retoma uma deslegitimização muito antiga do *kratos* em favor da *archè*: a primeira palavra significa, sem adornos, a vitória do povo contra a oligarquia, ao passo que a segunda diz respeito à continuidade do poder institucional (Loraux, 2005a, p. 55).

**79** | Juntam-se a Hayek os teóricos da Escola da Virgínia que desenvolvem o mesmo argumento. Desde 1962, James Buchanan e Gordon Tullock, em *The Calculus of Consent* [O cálculo do consentimento], qualificavam medidas — por exemplo, a progressividade do imposto — como legislação "diferencial" ou "discriminatória", propondo que as decisões de política fiscal fossem tomadas com base em unanimidade e em um direito de veto acordado a cada contribuinte. Ver Buchanan & Tullock (1999, p. 77).

Uma vez claramente reconhecido que o socialismo, tanto quanto o fascismo ou o comunismo, conduz inevitavelmente ao Estado totalitário e à destruição da ordem democrática, é incontestavelmente legítimo precaver-se contra um deslize involuntário para um sistema socialista, fazendo uso de disposições constitucionais que privam o governo de poderes discriminatórios de restrição, mesmo quando se poderia acreditar, por um tempo e em geral, ser por uma boa causa. (Hayek, 2013, p. 872)

Se a democracia corre perigo devido aos excessos reivindicativos das massas, se as sociedades se tornaram ingovernáveis,[80] então toda ação com vistas a fazer respeitar os direitos privados dos indivíduos e a ordem do mercado se encontra concebida como legítima aos olhos dos neoliberais. E o próprio campo das opiniões aceitas se encontra, assim, limitado aos defensores desses valores fundamentais. Qualquer outra posição, sobretudo que reivindique igualdade ou justiça social, deve ser considerada a de um inimigo da liberdade e do mercado e, nesse sentido, deve ser banida do espaço da discussão razoável. Se pode existir na democracia elitista uma rivalidade para a conquista de lugares e, portanto, algum jogo de oposição entre grupos políticos, essa luta não pode ultrapassar os limites da ordem de mercado. Consequentemente, é preciso vislumbrar outras soluções para os oponentes que ameaçam essa ordem, incluindo a possibilidade de se questionar o próprio pluralismo democrático.

---

80 | Essa era a afirmação de Samuel Huntington em *The Crisis of Democracy* [A crise da democracia], o famoso relatório n. 8 da Comissão Trilateral, apresentado em Kyoto em maio de 1975: "Nós acabamos por reconhecer que há limites potencialmente desejáveis à extensão indefinida da democracia política" (Crozier, Huntington & Watanuki, 1975, p. 115).

# Quando a ditadura é necessária

Para os primeiros neoliberais que reagiam ao comunismo e à pressão da social-democracia nos anos 1920, a ditadura e o recurso à violência do Estado foram pensados como condições indispensáveis para restaurar o mercado contra seus inimigos. Desde 1929, em um texto intitulado "Diktatur innerhalb der Grenzen der Demokratie" [Ditadura nos limites da democracia], Rüstow advogava uma ditadura do chanceler, tendo a forma de uma "ditadura probatória", com a possibilidade de tomar certas medidas "que deveriam ser posteriormente submetidas à discussão, com o objetivo de manter a democracia".[81] Em 1942, Röpke defendeu, da mesma maneira, a necessidade de uma "ditadura autêntica" para combater os "governos coletivistas", quando, em "caso de extrema emergência, uma direção mais ou menos autoritária do Estado torna-se inevitável", buscando, como Rüstow, delimitá-lo em um "mandato temporário a restituir à autoridade legítima, uma vez passado o estado de emergência" (Röpke, 1942, p. 246-7). Ele fazia referência, assim, ao conceito schmittiano de "ditadura de comissário" (Röpke, 1942, p. 247, nota 3), isto é, um regime temporário logo após a declaração de um estado de emergência. Essa ditadura tem como finalidade restaurar o estado de direito, depois de ter livrado a sociedade civil de forças políticas ilegítimas que a colocaram sob seu domínio. Schmitt (2000) a distingue da "ditadura soberana", que se liberta de toda ordem constitucional existente. Dois anos antes, em uma carta a Marcel van Zeeland, de 20 de outubro de 1940, Röpke já tinha retomado a terminologia schmittiana, mas dessa vez para apoiar uma "democracia ditatorial" mais fascista, ignorando a limitação do exercício ditatorial no estado de direito.

---

81 | RÜSTOW, Alexander. "Diktatur innerhalb der Grenzen der Demokratie" [Ditadura dentro dos limites da democracia], *Vierteljahrshefte für Zeitgeschichte*, v. 7, 1929 *apud* Mirowski & Plehwe (2009, p. 111-2).

É possível que, em minha opinião sobre o "Estado forte" (*o governo que governa*), eu seja ainda "mais fascista" (*faschistischer*) que você, porque eu gostaria, com efeito, que todas as decisões de política econômica estivessem concentradas nas mãos de um Estado totalmente independente e vigoroso, que não fosse enfraquecido por autoridades pluralistas de tipo corporativista [...]. Eu busco a força do Estado na intensidade, e não na extensão, de suas políticas econômicas. [...] Compartilho de sua opinião de que os antigos métodos da democracia parlamentar se revelaram inúteis. As pessoas devem se habituar ao fato de que existe igualmente uma democracia presidencial, autoritária, até mesmo — *horribile dictum* — uma democracia ditatorial.[82]

Não há dúvida de que Hayek, que participaria, mais tarde, da edição das obras escolhidas de Röpke, conhecia seus antecedentes (Hayek *et al.*, 1993, p. V-XXXVI), assim como conhecia os argumentos com que Mises, de quem foi próximo em Viena, justificava a função temporária da violência fascista para proteger a propriedade privada, como veremos no fim deste capítulo.

Alfred Müller-Armack, por sua vez, assim como Schmitt, admirava o fascismo italiano desde os anos 1920 e via nele uma alternativa ao intervencionismo desenfreado do Estado parlamentar (Kowitz, 1998). Entretanto, seu ponto de vista se diferenciava, pois não fazia do "Estado total" apenas o meio de se desembaraçar da politização das relações socioeconômicas pelas massas democráticas, mas também de repolitizá-las no sentido de um Estado da empresa e da concorrência. Sua finalidade era a liberdade do "empreendedor" pelos meios da "completa integração da economia no Estado; o Estado dispondo de margens de manobra para favorecer a iniciativa privada, que não limita mais a esfera política, mas que coincide com a política" (Müller-Armack, 1932 *apud* Bonefeld, 2017, p. 38). Tra-

---

82 | Wilhelm Röpke, carta a Marcel van Zeeland, 20 out. 1940 *apud* Slobodian (2018, p. 116).

tava-se de um retorno ao reconhecimento de que o objetivo era menos o de um Estado acima de todos os interesses que o de um Estado *dos interesses privados*. Em 1933, Müller-Armack, que é conhecido, sobretudo, como o pai da "economia social de mercado" (Müller-Armack, 1960), tornou-se membro do partido nazista, começou a trabalhar como conselheiro do regime hitlerista e do Exército alemão, e publicou um livro elogiando o nazismo, intitulado *Staatsidea und Wirtschaftsordnung in neuen Reich* [Ideia de Estado e da ordem econômica no novo Reich], no qual reconhecia *Mein Kampf* [Minha luta] como um "bom livro" (Müller-Armack, 1933 *apud* Bonefeld, 2017, p. 38). Ele fazia do nacional-socialismo uma nova forma de democracia, a democracia plebiscitária do *Volk* [povo] e do *Führer* [líder], cuja liderança permitiria que as massas desvitalizadas se regenerassem, fundindo-se na vontade estatal de uma ordem empresarial. Para Müller-Armack (1933 *apud* Bonefeld, 2017, p. 38), o Estado total significava um Estado que age soberanamente pela liberdade empreendedora e, ao mesmo tempo, um Estado que "suprime a luta de classes". Aí está o que convém chamar *stricto sensu* de um "liberal-fascismo".

Certamente, como lembra Werner Bonefeld, a diferença entre o "Estado total" de politização empresarial da economia de Müller-Armack, de um lado, e o "Estado forte" de despolitização social da economia de Walter Eucken, Rüstow ou Röpke, de outro, é muito pequena:

> O primeiro exige a organização política de uma ordem econômica para assegurar a liberdade da decisão empresarial sobre a base de um movimento trabalhador domesticado, formando os trabalhadores como discípulos da ordem, e os outros se declaram a favor da despolitização forçada da sociedade, formando os trabalhadores como empresários autodisciplinados de sua força de trabalho. (Bonefeld, 2017, p. 39)

A política de ordenamento da economia pelo Estado (*Ordnungspolitik*) dos ordoliberais não será eclipsada durante o período nazista. Ela exerceu aí, ao contrário, "sem dúvida uma influência considerável sobre o ensino da economia".[83] Ordoliberais como Eucken, Franz Böhm ou Leonhard Miksch fizeram parte, no começo dos anos 1940, da Academia de Direito Alemão, encarregada, a partir de 1934, da "realização do programa nacional-socialista no campo geral do direito", e colaboraram com o sexto volume da Academia, intitulado *Der Wettbewerb als Mittel volkswirtschaftlicher Leistungssteigerung und Leistungsauslese* [A concorrência como meio de aumentar a produtividade e a qualidade na economia].[84] Foi ainda sob o Terceiro Reich, em 1937, que Eucken, Böhm e Hans Grossmann-Doerth lançaram sua coleção "Ordnung der Wirtschaft" [A ordem da economia], na qual definiam a economia de mercado como uma disciplina de obediência ao mercado, assegurada pela ordem política do Estado, que, por sua vez, disporia dos "meios de vigilância" próprios à garantia de "uma aplicação racional e disciplinada das ordens transmitidas pelo mercado".[85] Embora a visão econômica ordoliberal não tenha conseguido se encarnar na economia de guerra nazista, que se inclinou para o lado da planificação, ela era, em contrapartida, considerada pelo regime como o modelo que deveria se impor quando do retorno à paz. O jurista nazista Ernst Rudolf Huber tirava, assim, da concepção ordoliberal da "polícia do mercado"[86] uma definição, pertinente para os nazistas, da *liberdade obediente*:

---

83 | ABELSHAUSER, Werner. "Aux origines de l'économie sociale de marché. État, économie et conjoncture dans l'Allemagne du XXe siècle" [Nas origens da economia social de mercado: Estado, economia e conjuntura na Alemanha do século XX], *Vingtième siècle*, n. 34, abr.-jun. 1992, p. 188.

84 | *Ibidem.*

85 | Böhm (1937) *apud* ABELSHAUSER, *op. cit.*, p. 189.

86 | A fórmula foi utilizada pela primeira vez no texto "General Sociological Causes of Economic Disintegration and the Possibilities of Reconstruction" [Causas sociológicas gerais da desintegração econômica e as possibilidades de reconstrução], de Alexander Rüstow; ver Röpke (1942, p. 289).

Ela é uma economia responsável, já que reconhece que a lei que o Estado exerce sobre a vida é em si mesma uma norma vinculadora. Todavia, possui a liberdade no sentido mais elevado, porque não é pelo vínculo e coação mas pela obediência voluntária que ela se engaja *vis-à-vis* ao Estado em que está inserida.[87]

Como afirmou o historiador alemão da economia Werner Abelshauser, a "economia social de mercado" que se impôs depois da Segunda Guerra Mundial com Ludwig Erhard não caiu do céu: ela já estava implantada como sólida possibilidade institucional no seio do aparelho de Estado nazista.

### Ludwig von Mises: a utilidade da violência fascista para o liberalismo

Essa predileção pela ditadura implica, de saída, uma relação deliberada com a violência de Estado e com a repressão policial brutal à contestação? Ou, ao contrário, é uma deriva acidental de um neoliberalismo que se tornou monstruoso? Para responder a essa pergunta, é preciso retornar, uma vez mais, às origens do neoliberalismo e, mais precisamente, à figura de Ludwig von Mises na Áustria dos anos 1920, antes mesmo de Carl Schmitt afirmar a necessidade de um Estado forte para garantir a economia livre contra a execução de políticas sociais na República de Weimar.[88] Desde 1909, com 27 anos,

---

87 | Huber (1934) *apud* ABELSHAUSER, *op. cit.*, p. 189.

88 | A cena política austríaca no começo dos anos 1920 era fraturada entre o acentuado conservadorismo do Partido Social Cristão, do qual sairia o chanceler Ignaz Seipel, e o Partido Social-Democrata dos Trabalhadores (SDAP), de Otto Bauer. Inspirados pelo austro-marxismo, os social-democratas controlavam Viena, onde estabeleceram, entre 1918 e 1934, uma das mais inovadoras experiências de socialismo municipal no que diz respeito a habitações operárias, programas de proteção social às famílias e às crianças ou, ainda, ao desenvolvimento do ensino público, que valeu à cidade a alcunha de Viena Vermelha.

Mises assumiu funções na Câmara de Comércio de Viena, em um imóvel na Ringstrasse. Como funcionário, Hayek também teve aí seu primeiro cargo em 1921, trabalhando com Mises por dezoito meses. Depois, na segunda metade dos anos 1920, Hayek voltou a trabalhar no mesmo prédio, dessa vez para o Institut für Konjunkturforschung [Instituto austríaco de pesquisa sobre o ciclo econômico], órgão criado por Mises na companhia de outro protegido dele, Gottfried Haberler. Nesse instituto Mises manteve, durante catorze anos, de 1920 a 1934, seu seminário privado, do qual também participaram Fritz Machlup ou, ainda, de maneira episódica, Lionel Robbins e Frank Knight. Todos esses intelectuais, que então se encontravam ao redor de Mises, viriam a se tornar, depois da Segunda Guerra Mundial, membros-chave da Sociedade Mont-Pèlerin (Mirowski & Plehwe, 2009, p. 11). Os participantes do círculo Mises se reuniam à noite, no café Künstler, depois de suas discussões teóricas, e entoavam canções que inventavam em homenagem ao seminário, na tradição do estilo poético de Karl Kraus. Entre elas, uma revela que o problema da reinvenção profunda do liberalismo estava em jogo:

> Eu chamo a mim mesmo de liberal
> mas não à maneira de outrora.
> Eu vejo as coisas muito diferentemente
> daqueles que vieram antes.
> Qualquer um pode ser um liberal
> mas em Viena só a razão fala.
> Eu sei que é a utilidade marginal
> que joga sua luz sobre a economia.
> (Wassermann, 2019, p. 234)

Ao reivindicar o pertencimento à "tradição" do "liberalismo clássico", Mises realiza, antes de tudo, um ato retrospectivo de *invenção da tradição*, que faz dele o fundador de um novo liberalismo, bem mais que um simples continuador do liberalismo. Ele é, primeiramente, o autor de uma redefinição radical do liberalismo em torno do princípio da propriedade privada: "o programa do liberalismo, se podemos condensá-lo em apenas uma palavra, deve ser lido da seguinte maneira: 'propriedade', isto é, a propriedade privada dos meios de produção. [...] Todas as outras exigências do liberalismo decorrem dessa exigência fundamental" (Mises, 2018, p. 19). Além disso, não se sustenta a reprovação de "paleoliberalismo" que os ordoliberais lhe fizeram, remetendo-o ao "laisser-faire".[89] Ao contrário do que possa parecer em sua posteridade em meio aos libertarianos estadunidenses de hoje, Mises, na verdade, sempre insistiu sobre a "necessidade absoluta" do Estado, "porque as tarefas mais importantes cabem a ele: a proteção não apenas da propriedade privada mas também da paz, porque, em sua ausência, os benefícios da propriedade privada não podem ser garantidos" (Mises, 2018, p. 39). Ele vai ainda mais longe, afirmando que o Estado "deve não apenas proteger a propriedade privada; deve também ser constituído de tal forma que o curso harmonioso e pacífico de seu desenvolvimento nunca seja interrompido por guerras civis, revoluções ou insurreições" (Mises, 2018, p. 39).

Como secretário da Câmara de Comércio de Viena, a partir de 1918 Mises desempenhou importante papel no conselho econômico do governo conservador de Ignaz Seipel, após a crise de 1922-1923. Como resume Quinn Slobodian (2018, p. 43), "as prescrições econômicas de Mises nos anos 1920 sempre tiveram duas vertentes: a abertura ao mercado mundial e os necessários ajustes internos para serem competitivos no plano internacional". Assim, Mises preconiza, para a Áustria, o desenvolvimento da livre-troca mundial e o retorno ao padrão-ouro para conter a hiperinflação e estabilizar o schilling austríaco, o que implica, no plano interno, redução das despesas públicas e demissões massivas nos cargos públicos, privatização de empresas públicas e supressão de subsídios à alimentação (Hüllsmann, 2007, p. 458), além da queda dos

---

**89** | Ver, por exemplo, RÜSTOW, *op. cit.*, 1954, p. 221.

salários. Essas medidas deixarão centenas de milhares de austríacos desempregados (Wassermann, 2019, p. 250).

Em 1927, ano da publicação de *Liberalismo*, Mises pôde testar realmente suas proposições teóricas. Em julho, dois militantes de extrema direita das *Frontkämpfer* [Linhas de combate] foram absolvidos do crime que haviam cometido seis meses antes, quando assassinaram um trabalhador e uma criança em um bairro operário de Viena; em protesto, os trabalhadores dos serviços de eletricidade da cidade bloquearam a circulação e lançaram uma greve geral que ganhou conteúdo insurrecional, com os manifestantes ateando fogo ao Palácio de Justiça. A repressão policial foi esmagadora: o chefe da polícia ganhou poderes de exceção, suspendeu o estado de direito e deu ordem para atirar. A polícia abriu fogo contra o protesto em pleno centro da cidade e perseguiu alguns manifestantes até os bairros em que residiam, para matá-los: 89 pessoas perderam a vida e milhares foram feridas. Na ocasião, Mises escreve, em uma correspondência a um amigo: "O golpe de sexta-feira limpou a atmosfera como uma tempestade. O Partido Social-Democrata utilizou todos os meios do poder e, no entanto, perdeu a partida. O combate na rua terminou com a vitória completa da polícia. [...] Todas as tropas são fiéis ao governo" (Slobodian, 2018, p. 43). Essa reação satisfeita com a eficácia da repressão era coerente com seus argumentos teóricos. Acaso não escrevia ele, de fato, que "se homens sensatos veem sua nação [...] no caminho da destruição [...], eles podem se inclinar a pensar que nada é mais justo e adequado do que recorrer a todos os meios possíveis [...] a fim de salvar o mundo da destruição"? Logo acrescenta: "A ideia de uma ditadura de elite, de um governo da minoria mantida no poder pela força e governando no interesse de todos, pode surgir e encontrar partidários" (Mises, 2018, p. 45). Se ele avalia que tal governo da minoria não pode se manter indefinidamente pela força sem que receba o consentimento da maioria a fim de poder continuar a governar, dispensando a repressão, isso não significa a condenação desse procedimento, ao contrário. Mises insiste e teoriza explicitamente o que ele chama de "argumento do fascismo", que indica menos uma adesão sem reserva ao fascismo e mais um esclarecimento da função de *guardião da civilização*, que, segundo ele, o fascismo deve exercer em relação ao liberalismo.

Ainda de acordo com Mises, o liberalismo era a tal ponto hegemônico no século XIX que seus adversários não estavam em condições de contestar seus princípios. Apenas os "marxistas social-democratas", organizados nos partidos da Terceira Internacional, que, tomando o poder depois da Primeira Guerra Mundial na Europa Central e Oriental, abandonaram todas as referências aos princípios do liberalismo, não recuando, sempre segundo Mises, diante de qualquer meio violento para eliminar os dissidentes. Contra os liberais, esses "marxistas social-democratas" desencadearam um movimento de oposição conduzido por militaristas e nacionalistas, que, diferentemente dos marxistas, respeitavam antes de tudo os princípios do liberalismo, mas acabaram por perceber que esses princípios os enfraqueciam, já que foi a maior tolerância liberal que havia permitido as vitórias da Terceira Internacional desde 1917. O método desse movimento, "cujo nome do maior e mais disciplinado entre eles, o italiano, pode [...] ser designado como fascista", foi, então, lutar com os mesmos métodos de seus inimigos. Existe, entretanto, uma diferença insuperável entre fascistas e bolcheviques. Os fascistas não chegam a se livrar totalmente dos "ideais liberais e preceitos éticos tradicionais" porque pertencem a nações cuja "herança intelectual e moral de milhares de anos de civilização não pode ser destruída num piscar de olhos", ao passo que os "bolcheviques russos" pertencem aos "povos bárbaros dos dois lados dos Urais, cuja relação com a civilização nunca foi outra que a de saqueadores da floresta e do deserto, acostumados a se engajarem, de tempos em tempos, em ataques predadores a terras civilizadas em busca de pilhagem". Em razão dessa diferença antropológica, "o fascismo jamais terá um êxito tão completo como o bolchevismo russo em se livrar totalmente do poder das ideias liberais" (Mises, 2018, p. 48-9). Somente diante da indignação das atrocidades cometidas pelos bolcheviques que os fascistas, em um "reflexo emocional", a despeito de tudo, lançaram-se ao combate sangrento. Uma vez passada essa cólera, sua política deveria retomar um curso mais moderado, insiste Mises, pelo fato de que os "valores tradicionais do liberalismo continuam a ter influência inconsciente sobre os fascistas". Eles são, efetivamente, um "mal menor" e não se pode comparar suas ações com o "destrutivismo insensato e desenfreado que fez dos comunistas os inimigos jurados da civilização". Com tudo isso, Mises reabilita o fascismo e o justifica, assim como justifica o abandono temporário da moral liberal. E vai ainda mais longe:

> Hoje não se pode negar que a única forma de oferecer resistência eficaz às agressões violentas é a violência. [...] Jamais um liberal colocou isso em questão. O que distingue as táticas políticas liberais das táticas políticas fascistas não é uma diferença de opinião quanto à necessidade de utilizar a força armada para resistir aos agressores armados, mas uma diferença na avaliação fundamental do papel da violência em uma luta pelo poder. (Mises, 2018, p. 51)

O liberalismo tem legitimidade para fazer uso da força armada e da violência de Estado quando a civilização é colocada em perigo. Evidentemente, para apreciar essa legitimidade, é crucial se perguntar como Mises define a "civilização", cuja defesa está no coração do projeto do primeiro neoliberalismo da "economia austríaca" (Dekker, 2016). Vimos que, para ele, seu único fundamento verdadeiro é "a propriedade privada dos meios de produção" (Mises, 2018, p. 63). Esse postulado "não exige nenhuma defesa, justificativa, apoio ou explicação". De fato, "a sociedade só pode existir com base na propriedade privada". Quem defende a civilização, por consequência, "deve também desejar e defender o único meio que conduz a ela, a saber, a propriedade privada" (Mises, 2018, p. 87). Simetricamente, "qualquer um que deseje criticar a civilização moderna começa, então, pela propriedade privada" (Mises, 2018, p. 51), mas não há dúvida de que, ao fazê-lo, se exclui da civilização e se expõe aos meios que seus defensores serão obrigados a empregar.

A diferença entre o liberalismo e o fascismo não está, então, no necessário recurso à violência do Estado, mas na estratégia para conservar o poder no longo prazo. Enquanto o fascismo faz da violência o meio essencial e permanente de sua manutenção no poder, Mises considera que essa estratégia é fadada ao fracasso no longo prazo. Por consequência, o liberalismo se define por um uso *condicional* da violência no curto prazo e, no longo prazo, pela busca do apoio da maioria da opinião pública, obtida apenas pelas "armas do intelecto", e não pela força. Em suma, é preciso prestar uma homenagem ao fascismo:

> Não se pode negar que o fascismo e os movimentos similares, que visam ao estabelecimento de ditaduras, são cheios de boas intenções e que suas intervenções têm, até agora, salvado a civilização europeia. Assim, o mérito que o fascismo ganhou por si próprio será perpetuado na história. (Mises, 2018, p. 51)

É preciso reconhecer, por outro lado, que o fascismo é uma "intervenção de emergência" e que seria, então, um "erro fatal" vê-lo de outra forma.

Em 1933, Engelbert Dollfuss, que tinha se tornado chanceler da Áustria em 1932, decretou estado de emergência, aboliu a República parlamentar e instaurou um regime autoritário. Fez aliança, então, com a Itália fascista e fundou um movimento político fascista, o Vaterländische Front [Frente patriótica]. Mises aderiu à organização austrofascista em março de 1934 e, permanecendo como economista-chefe da Câmara de Comércio, tornou-se um dos conselheiros econômicos próximos de Dollfuss. Em sua grande obra, *Human Action* [Ação humana], publicada em 1949 e considerada um manifesto pela liberdade econômica, Mises declara:

> O Estado, aparelho social de restrição e coerção, não interfere no mercado e nas atividades dos cidadãos dirigidos pelo mercado. Ele utiliza seu poder de atingir as pessoas para levá-las à submissão com o único fim de impedir ações destrutivas para a preservação e o bom funcionamento da economia de mercado. [...] Assim, o Estado cria e preserva o ambiente no qual a economia de mercado pode funcionar com toda segurança. (Mises, 1998, p. 258)

A violência de que fala Mises não tem nada a ver com a violência física legítima de que o Estado, segundo Max Weber, tem monopólio. Trata-se de uma brutalidade e mesmo de um "brutalismo", no sentido de uma violência conscientemente utilizada pelo Estado para defender a ordem de mercado contra as demandas democráticas da sociedade.

# 4

## Constituição política e constitucionalismo de mercado

À primeira vista, essa predileção dos neoliberais pelo Estado forte em sua versão mais autoritária, e até pelo fascismo, indica uma conciliação difícil com sua insistência quase unânime na inviolabilidade das regras do direito. Como afirmar a necessidade de um Estado forte e, ao mesmo tempo e por essas mesmas regras, a limitação do poder governamental? Qual é a relação entre esse Estado forte e a soberania do Estado? Com frequência os neoliberais exprimiram forte desconfiança da própria noção de soberania. São atestado disso notadamente as linhas tiradas da segunda parte da obra de Hayek, *Direito, legislação e liberdade*: "[P]ara o exame do problema interno de uma ordem legal", os conceitos de soberania e de Estado "me parecem tão inúteis quanto enganadores" (Hayek, 2013, p. 443). Entretanto, em outro momento, Hayek define o Estado como "a organização do povo de um território sob um único governo", de forma a guardar um lugar importante como "condição indispensável do desenvolvimento de uma sociedade evoluída" (Hayek, 2013, p. 852). Na verdade, como vimos no capítulo 2, é a noção de soberania popular que concentra todas as críticas: ela é denunciada como uma "superstição construtivista", uma vez que é baseada na crença de que a maioria do povo, como única fonte de poder, não deveria ser limitada por nada (Hayek, 2013, p. 674).[90] Contrariamente à tradição clássica que eleva o soberano acima das leis, no pensamento hayekiano a maioria do povo ou de seus representantes eleitos não tem o

---

90 | Eis o erro, segundo Hayek: "Acreditar que essa fonte do poder não deva ser limitada por nada, em uma palavra, está na *própria ideia de soberania*" (grifo nosso).

direito de afetar as leis fundamentais do mercado, que protegem os direitos dos indivíduos. Dito de outra maneira, trata-se de fazer toda decisão legislativa e executiva depender do respeito absoluto às leis constitucionais, limitando estritamente as margens de manobra do poder político no que diz respeito à economia. Contudo, os poderes do Estado devem ter total flexibilidade para defender as leis fundamentais contra qualquer intromissão de interesses coletivos, uma vez que os primeiros são os únicos juízes do interesse geral. Atribuiu-se um pouco rapidamente a esse pensamento a tese de uma "soberania da Constituição", mas, como veremos, essa fórmula é enganosa por deixar de lado o essencial, dando a entender que a Constituição se escreveu sozinha e que ela não resulta da vontade de um sujeito existente. Ora, como Hayek aprendeu com Schmitt, toda Constituição requer, para sua elaboração e promulgação, um poder constituinte que lhe é superior.[91] Também a expressão utilizada por Hayek (2013, p. 622, 768) é aquela de "soberania do direito", explicitamente em oposição à de "soberania do Parlamento" e assimilada àquela de *rule of law*, em virtude de um deslizamento de "reino" para "império" e para "soberania", porque, se a Constituição é produzida, o próprio direito está aquém de toda fabricação. Esse direito que se forma espontaneamente não é outro senão o direito privado, que inclui o direito comercial e penal, e prevalece sobre os conteúdos da vontade coletiva em um sistema social no qual cada um persegue suas finalidades individuais, sem comparação ou combinação com as de outros, com exceção das transações contratuais que lhes servem. Os direitos individuais, no que diz respeito à economia, não devem mais servir apenas de referência abstrata e menos ainda serem excluídos da esfera do direito: eles devem ser objeto de regras positivas ou, melhor ainda, devem ser *constitucionalizados*.

---

91 | Para a crítica schmittiana da confusão inerente à noção de "soberania da Constituição", ver Schmitt (1993, p. 136, 187).

Constituição política e
"Constituição econômica"

O que se deve entender por "constitucionalização"? Qual é a relação entre constitucionalização e Constituição? E que sentido dar à ideia tão tipicamente neoliberal de "Constituição econômica"? Convém desfazer qualquer confusão. Nessa abordagem, não se trata de considerar esta ou aquela Constituição da história como um "documento econômico", no sentido em que Charles Beard qualificava, em 1913, a Constituição saída da Convenção da Filadélfia: seu propósito era, então, muito crítico, em particular com relação à democracia representativa, e buscava desconstruir o "mito fundador" de que essa Constituição teria sido escrita pelo povo "todo". Ele pretendia evidenciar, sob o texto da "lei fundamental", os interesses relativos à propriedade privada da maioria dos delegados presentes na Convenção: a maioria dos 55 constituintes, composta de industriais, comerciantes ou detentores de títulos do Estado, interessava-se pela instauração de um governo federal, ao contrário dos agricultores endividados.[92] Em sentido totalmente oposto, trata-se, para os neoliberais, de consagrar e legitimar o direito superior da propriedade privada como um direito em si mesmo constitucional. Como enfatizam Violaine Delteil e Lauréline Fontaine, "existe uma diferença de registro entre a 'Constituição econômica' e a 'Constituição como documento econômico'" (Delteil & Fontaine, 2021, p. 130): enquanto a organização da União Europeia de imediato conferiu ao aspecto econômico um alcance constitucional que importava formalizar politica-

---

92 | A obra de Charles Beard (1913), intitulada *An Economic Interpretation of the Constitution of the United States* [Uma interpretação econômica da Constituição dos Estados Unidos], foi objeto de notável apresentação feita por Violaine Delteil e Lauréline Fontaine, "Sur l'empreinte économique de la Constitution américaine, lecture croisée de Charles Beard" [Sobre a marca econômica da Constituição estadunidense, leitura cruzada de Charles Beard]; ver Delteil & Fontaine (2021, p. 87).

mente num segundo momento, na interpretação de Charles Beard, o direito da propriedade privada é dado instantaneamente, e só depois vem o "governo constitucional" para o sancionar com o selo da Constituição estatal, o que é, por si mesmo, desprovido de toda constitucionalidade. Vê-se que a originalidade do neoliberalismo é inscrever a Constituição na ordem da economia via mediação do direito, sem necessariamente pressupor sua incorporação a uma Constituição política estatal. Na origem, nos anos 1930, Eucken e Böhm, dois dos fundadores do ordoliberalismo alemão, conferiam à noção de "Constituição econômica" dois sentidos: um sentido descritivo, o de uma realidade sociológica dada, e um sentido normativo, de uma ordem jurídica desejada. Eles não entendiam a "Constituição econômica" em seu sentido literal nem afirmavam que essa Constituição devia ser incorporada em um documento jurídico fundador (Slobodian, 2018, p. 211). A rigor, pode-se ter, assim, a "Constituição econômica sem a Constituição" (Delteil & Fontaine, 2021, p. 126).

A história recente do neoliberalismo de governo nos leva, aliás, a considerar as múltiplas formas que esse processo de constitucionalização pode tomar. Na história da União Europeia, pode-se notar que o Tratado de Lisboa não tem, formalmente, o estatuto de uma Constituição; é antes um acordo entre Estados com valor constitucional, o que é muito diferente. Todavia, integra uma forma de "Constituição econômica europeia" (notadamente em sua terceira parte), consagrando as famosas "regras de ouro" (estabilidade monetária, equilíbrio orçamentário, concorrência livre e sem distorções). Desse modo, pôde-se dar a essas regras o selo da constitucionalidade sem esperar a criação hipotética de uma Constituição europeia no sentido estatal do termo. Melhor, essa constitucionalização permitiu fazer a economia de uma Constituição supranacional da ordem estatal, cuja adoção teria, com certeza, encontrado forte resistência. No Brasil, em 2016, o presidente conservador Michel Temer pavimentou o caminho de Bolsonaro, introduzindo modificações constitucionais com o objetivo de congelar as despesas públicas por vinte anos, e o próprio Bolsonaro modificou a Constituição para levar a cabo a reforma previdenciária. Nos dois casos, o mecanismo é o mesmo: a modificação foi realizada por meio de uma proposta de emenda constitucional. Vê-se que a "constitucionalização" não necessariamente toma a forma da criação de uma nova Constituição, como no Chile, nem de inscrição formal de uma Constituição econômica na Constituição política existente. O termo "constitucionalismo" parece impor-se aqui, desde que não se satisfaça com a definição hayekiana: "Constitucionalismo quer dizer governo dentro dos limites" (Hayek, 2013, p. 56). Essa definição omite o essencial: os limites que restrigem o governo são os do *direito privado*. Designaremos também por "constitucionalismo de mercado" a elevação das regras do direito privado (inclusive comercial e penal) ao nível das leis constitucionais, quer ela se prolongue, quer não, por sua inscrição em uma Constituição política. Essa dissociação da constitucionalização em relação à Constituição política aparece já explicitamente na obra teórica de Hayek.

Um "modelo de<br>Constituição ideal"

O capítulo 17 de *Direito, legislação e liberdade* imagina um "modelo de Constituição" próprio para garantir a separação efetiva dos poderes. Contudo, Hayek especifica que sua intenção não é "propor um plano de Constituição presentemente aplicável". Ele não pretende sugerir que todo país deva substituir sua Constituição por uma nova, conforme o seu modelo. Estão dispensadas todas as nações com "sólida tradição constitucional", como as do mundo anglo-saxão, a Suíça e os pequenos países do norte da Europa. Essa tradição é a do direito consuetudinário ou *common law*, cética em relação a qualquer imitação de um modelo jurídico artificial. Isso não impede que Hayek revisite a história da Grã-Bretanha desde o século XVII e lamente que ela não tenha dado a seu bicameralismo o sentido de uma clara separação entre o poder de modificar as leis, ou regras de justa conduta, e o do controle sobre o funcionamento do governo: à Câmara Alta, ou Câmara dos Lordes, seria reservada, assim, a última palavra sobre a evolução das leis civis da *common law*, ao passo que a Câmara Baixa, ou Câmara dos Comuns, teria pleno poder sobre o governo e os meios materiais colocados à sua disposição (Hayek, 2013, p. 795-6). Os países desprovidos de uma "tradição constitucional", por sua vez, são fortemente incitados a operar uma "transplantação", incorporando a suas novas Constituições escritas os princípios de base saídos dessa tradição (Hayek, 2013, p. 798-9). Como vimos no capítulo 2, Hayek enviou um exemplar de *A constituição da liberdade* a Salazar, ditador de Portugal. Ele tomou o cuidado de anexar uma carta, desejando que "esse esboço preliminar de novos princípios constitucionais possa ajudá-lo em seus esforços de conceber uma Constituição protegida dos abusos da democracia",[93] o que voltava a indicar, nas entrelinhas, que a Constituição portuguesa hiperpresidencialista de 1933 não era suficientemente "protegida" nesse sentido. Isso já dizia tudo sobre a função política desse "esboço preliminar".

Quais são os "princípios de base" de tal Constituição? Trata-se de algo próximo da Declaração dos Direitos Fundamentais, que serve de preâmbulo à maior parte das Constituições? De forma alguma. Na realidade, a Constituição deveria formular uma cláusula fundamental com a função essencial de limitar o campo da interdição e da obrigação impostas aos indivíduos: "Em tempos normais — e à parte certas *situações de exceção* claramente definidas — os homens não poderiam ser impedidos de fazer o que querem ou obrigados a fazer certas coisas, senão em conformidade com as regras reconhecidas de justa conduta" (Hayek, 2013, p. 800, grifo nosso). Veremos mais adiante a que Hayek se refere com "certas situações de exceção claramente definidas". De qualquer modo, a cláusula fundamental deve de-

---

93 | Friedrich Hayek, carta a António de Oliveira Salazar, 8 jul. 1962 *apud* SOLCHANY, *op. cit.*, p. 148.

finir os critérios lógicos enunciando as características formais exigíveis de toda lei. Ela não tem por objeto definir as funções do governo, mas unicamente precisar os limites de seus poderes de coerção. Para Hayek, o enunciado dessa cláusula tornará supérflua a tradicional listagem dos direitos fundamentais que se encontra no topo das declarações: esses direitos visam à proteção da liberdade individual no sentido da ausência de coerção arbitrária, justamente o que garantem as regras de justa conduta. Então, os direitos fundamentais são subordinados a essas regras gerais do direito. Ao torná-los absolutos, corremos o risco, segundo Hayek, de sugerir que esses são os únicos a proteger e que, nos outros âmbitos, o governo pode recorrer ao constrangimento sem obrigação de respeitar as regras do direito. Desta feita, chegamos a esquecer que os direitos ditos "sociais e econômicos"[94] são perfeitamente incompatíveis com as regras do direito ao autorizarem o governo a exercer coerção sobre indivíduos em nome da "justiça social", com o único fim de favorecer os interesses particulares de certos grupos.

## Uma singular separação dos poderes

Se compreendida com rigor, a cláusula traz essa consequência de que o governo não pode se atribuir o poder de elaborar ou modificar as regras do direito e que o Legislativo não pode intervir no campo próprio da ação governamental. Aos dois tipos de regras (do direito privado e de organização do direito público) devem corresponder dois tipos de organismos ou de assembleias (Assembleia Legislativa para as primeiras regras, Assembleia Governamental para as segundas). Apenas uma delimitação clara entre essas duas assembleias poderá garantir a efetividade da divisão dos poderes. Cabe exclusiva-

---

**94** | Hayek (2013, p. 522-3) visa explicitamente à Declaração Universal dos Direitos Humanos, adotada em 1948 pela Assembleia-Geral das Nações Unidas.

mente a uma Assembleia Legislativa promulgar novas regras de justa conduta ou modificar as antigas de maneira a evitar qualquer interferência nas tarefas específicas do governo. Hayek (2013, p. 804) aproxima o trabalho dos membros dessa assembleia daquele dos nomótetas da cidade grega,[95] sem se preocupar com uma grande diferença: os nomótetas formam um júri, sorteado entre os membros dos tribunais, que, a partir do século IV, é encarregado de renovar as leis constitucionais, enquanto a Assembleia Legislativa prevista por Hayek, composta de juízes e experts, não tem por tarefa modificar a Constituição *stricto sensu*, somente as regras abstratas do direito privado. Como veremos a seguir, é outro órgão que tem a responsabilidade pela Constituição, órgão sobre o qual Hayek fala pouco. Diferentemente de seus ilustres antecessores gregos, os "nomótetas" hayekianos modificam regras que não fazem parte da Constituição. A confusão, entretanto, revela muito bem o projeto de Hayek: ele assimila as regras do direito privado àquelas com validade constitucional, ou, dito de outra forma, às leis constitucionais. Há muita razão para se falar em *constitucionalização* do direito privado. Entretanto — e este ponto merece atenção —, essa constitucionalização não implica a inscrição do direito privado na própria Constituição, ao contrário do que os ordoliberais alemães puderam preconizar. Na verdade, esta última, tal como Hayek a compreende, reduz-se a uma "superestrutura protetora": ela "deveria consistir inteiramente em regras *organizacionais* e não deveria concernir ao próprio direito — a substância da lei no sentido das regras universais de justa conduta —, salvo pela enunciação dos atributos gerais que tais leis devem apresentar se o governo for habilitado a lhes fazer respeitar pela força" (Hayek, 2013, p. 821, grifo nosso).

95 | Hayek interpreta erroneamente a instituição dos nomótetas, entendendo-a como a passagem da soberania popular (no século V) ao "reino das leis" (depois de 403), supondo uma oposição entre os nomótetas moderados e sensatos e uma assembleia submissa aos demagogos que se baseia amplamente no preconceito (Azoulay & Ismard, 2020, p. 333).

Obtém-se, assim, uma Constituição bem singular: certamente, como toda Constituição, ela "diz respeito principalmente à organização do governo e à atribuição dos diversos poderes para diferentes partes dessa organização" (Hayek, 2013, p. 681), mas não enuncia "direitos fundamentais" oponíveis pelos indivíduos aos diferentes poderes que instaura, tampouco enuncia "leis fundamentais" na acepção geralmente dada a essa expressão. Define formalmente o que deve ser uma lei para valer efetivamente como lei, mas deixa ao Legislativo e ao Judiciário "a missão de elaborar o conteúdo do direito". O essencial é que as leis, no sentido das regras do direito privado, preexistem à Constituição, que, por sua vez, "implica a existência *preliminar* de um sistema de regras de justa conduta e procura simplesmente uma maquinaria para regularmente lhe dar força de execução" (Hayek, 2013, p. 681, grifo nosso).[96] Enquanto a Constituição é feita por um poder constituinte, as leis não são "feitas" pelo legislador: são regras de "uso sedimentado" que procedem de "concepções admitidas de justiça" e são ratificadas ou sancionadas pelo legislador. Chegamos, pois, ao paradoxo de que as leis não são feitas pelo legislador. A separação dos poderes, aqui, não significa que o Legislativo seja o único habilitado a fazer a lei, mas, ao contrário, que ele não deve "fazê-la", pelo menos se, por "lei", entende-se o direito, e não tudo o que emana de uma autoridade legislativa.[97] Resulta de toda essa construção que as *leis constitucionais não fazem parte da Constituição*.

### Um "construtivismo" institucional desenfreado

Podemos imaginar a armação hayekiana na forma de um "sistema de três níveis de organismos representativos". Cada

---

**96** | Ver também Hayek (2013, p. 304).

**97** | Em toda sua obra, Hayek insiste muito na distinção entre a "lei" e o "direito": o direito se impõe ao jurista (*légiste*), ao passo que a lei é criada por ele; ver Hayek (2013, p. 230).

nível corresponde a um tipo específico de tarefas, que devem ser cuidadosamente separadas umas das outras: em primeiro lugar, o *constituinte*; em segundo lugar, o *legislador*; em terceiro lugar, o *governante*. Ao constituinte, cabe "o quadro semipermanente elaborado pela Constituição, e normalmente só interviria de tempos em tempos, quando modificações nesse quadro fossem consideradas necessárias". O legislador tem "a tarefa permanente de melhorar gradualmente as regras da justa conduta". Enfim, o governante é responsável pela conduta cotidiana do governo, ou seja, pela administração dos recursos que lhe são confiados (Hayek, 2013, p. 682).

Cada nível seria delimitado pelas regras do nível precedente, com exceção do primeiro, o do constituinte, já que não é possível recuar na hierarquia. No segundo nível, a Assembleia Legislativa seria enquadrada pelas regras fixadas pelo constituinte. No último nível, finalmente, o governante, que compreende a Assembleia Governamental e o governo (ou o conselho de ministros), seria dupla e estritamente delimitado: pelas regras de *organização* enunciadas pela Constituição (primeiro nível) e pelas regras do *direito* dispostas pela Assembleia Legislativa ou por ela reconhecidas (segundo nível). A maquinaria governamental teria, assim, que "funcionar no quadro de um direito que ela não poderia modificar" (Hayek, 2013, p. 817). A esse governo, encerrado em um quadro irrevogável, ele opõe o soberano dos Estados contemporâneos, que não é mais "um ser humano", à imagem dos antigos monarcas, mas "uma maquinaria movida por 'necessidades políticas' que tem relação muito distante com as opiniões da maioria do povo" (Hayek, 2013, p. 868).[98]

---

[98] De fato, ele descreve um "mecanismo animado por uma dinâmica distinta" que leva, por si mesmo, o aparelho político a adotar medidas particulares destinadas a satisfazer certos grupos de interesse. Bem ao contrário, as regras de justa conduta encontrariam sua fonte nas "opiniões da maioria do povo".

É essa combinação singular entre poderes separados por suas atribuições que faz o "governo sujeito ao direito" ou o "estado de direito" (Hayek, 2013, p. 822). Como vimos antes, Hayek distingue "direito" (*Recht, nomos, jus*) e "lei" (*Gesetz, thesis, lex*). De fato, ele toma essa distinção de Schmitt, para quem a criação do direito por um governo democraticamente eleito só pode levar à degenerescência do estado de direito (*Rechtsstaat*) em estado legislativo (*Gesetzesstaat*), situação que corresponde ao triste espetáculo da República de Weimar.[99] Entretanto, a delimitação entre regras de justa conduta e regras de organização e de conduta particulares ao governo não é sempre fácil de operar. Os "conflitos de competência entre as duas assembleias" sempre podem se elevar, porque um dos dois contestaria a validade de uma resolução adotada pelo outro. Daí porque Hayek complete o dispositivo em três níveis com uma "corte especial" ou "corte de última instância", fundamentada em uma "corte constitucional distinta". Órgão criado pela Constituição, essa corte não disporia de poder constituinte. Composta por juízes profissionais e antigos membros da Assembleia Legislativa, seus acórdãos e decisões teriam conteúdo exclusivamente negativo: ela não prescreveria nenhuma linha de ação nem conferiria poder a uma ou outra das duas assembleias, para adotar uma; estaria limitada a proibir qualquer um de "tomar medidas prescritivas de certa natureza", isto é, de exercer coerção sobre indivíduos que não se justificasse pela necessidade de fazer respeitar as regras de justa conduta, mas unicamente pelo fato de obter deles resultados particulares. Ela exerceria uma espécie de di-

---

99 | Slobodian (2018, p. 205) remete a Friedrich Hayek (1969, p. 47). Em nota de um escrito de 1934, Schmitt (2019, p. 105) observa que todos os teóricos do estado de direito, por desconhecerem a distinção entre o direito e a lei, reduzem o estado de direito a um estado legislativo, o que leva alguns a reduzirem a lei a uma "simples decisão majoritária do Parlamento". Entretanto, como veremos mais adiante (capítulo 12), ele dá, então, ao direito o sentido de "conceito total do direito, englobando uma ordem concreta e uma comunidade concreta", sentido evidentemente estranho a Hayek.

reito de veto contra essas medidas.[100] Desprovida do poder de produzir regras de direito, sua função é, então, ser guardiã do primado dessas regras. Na verdade, sua verdadeira função é, antes de tudo, defender a Assembleia Legislativa contra as intromissões da Assembleia Governamental. Seu poder é negativo mais que positivo, algo como negativamente "soberano". Hayek (2013, p. 819), contudo, especifica de passagem que, apesar de estar vinculada pelo princípio da jurisprudência a suas decisões anteriores, essa instância não deveria impedir-se de inverter a jurisprudência quando a necessidade se fizesse sentir. O problema é que a corte teria, ela própria, competência para julgar essa necessidade. Livre de qualquer controle pelas duas outras assembleias, ela pode, ainda, invalidar seus próprios julgamentos passados. Nesse sentido, seu poder é superior à simples jurisprudência, sem ser, no entanto, um poder de fazer leis.

"Poderes de crise",
"situações de exceção" e
soberania do Estado

Tal plano, entretanto, não está condenado a permanecer letra morta em razão de sua própria idealidade? Ele não registra uma imaginação hiperconstrutivista em contradição com o anticonstrutivismo professado por Hayek? As questões políticas dessa arquitetura só aparecem no exame atento das "exceções" manejadas por seu autor, a fim de justificar uma torção em seus próprios princípios. Assim, feita expressamente para neutralizar ou até para excluir a soberania do Estado, a arquitetura termina por lhe dar lugar não negligenciável. Sem dúvida, Hayek defende que a soberania não tenha lugar no sistema de "governo limitado", oposto, por princípio, a todo "poder

---

100 | Como vimos no primeiro capítulo, no espírito da "transplantação" realizada pelo Chile de Pinochet, a Corte Constitucional pode apresentar seu veto a um projeto de lei aprovado pelas duas câmaras.

ilimitado". No entanto, ele indica a possibilidade de se admitir uma soberania que "reside temporariamente no âmbito do organismo encarregado de fabricar ou emendar a Constituição" (Hayek, 2013, p. 822). Esse organismo não é outro que o primeiro nível do edifício, o do poder constituinte. De fato, o constituinte é, por definição, superior a todos os poderes constituídos. Verifica-se aí que não se trata, de forma alguma, de uma questão de "soberania constitucional". Fiel, neste ponto, aos ensinamentos de Schmitt, Hayek sustenta que uma Constituição deve sua validade ao fato de que ela emana da vontade de um poder constituinte (ver capítulo 1). Logo, a única soberania reconhecida por Hayek é aquela do poder constituinte no interior dos limites de tempo nos quais ele é levado a se localizar.

Poderia-se argumentar que essa soberania não retornaria ao governo, uma vez que ele parece estar excluído de arrogar-se legitimamente um poder constituinte, à semelhança da junta chilena de 1973. A objeção parece opor-se a toda aproximação entre a tese defendida por Hayek no tomo 3 de *Direito, legislação e liberdade*, publicado em 1979, e o "exemplo" chileno, o qual ele estimulava que Thatcher seguisse em agosto do mesmo ano (Hayek, 2013, p. 822). Na realidade, uma leitura atenta da obra de Hayek convida a relativizar fortemente essa oposição. No começo deste capítulo, tratamos de uma formulação incidente, localizada entre parênteses, de caráter fortemente elíptico, sobre a possibilidade de derrogar a cláusula fundamental em "certas situações de exceção claramente definidas". A que situações Hayek se refere? Um desenvolvimento habitualmente negligenciado, intitulado "Poderes de crise", situado no fim do capítulo 17, dá-nos uma explicação muito esclarecedora. Hayek admite que se possa levar à suspensão temporária da aplicação do "princípio de base de uma sociedade livre" "quando há ameaça sobre a manutenção no longo prazo" do funcionamento normal de tal sociedade. Com efeito, em certos momentos, podem se apresentar "circunstâncias em que a salvação da ordem global torna-se o objetivo comum primordial" e que tornam necessário "que a ordem espontânea seja, por um tempo, transformada em uma organização" (Hayek, 2013, p. 823-4). É preciso deter-se nessa notável formulação, porque a distinção entre "ordem espontânea" e "organização" estrutura todo o pensamento hayekiano: a "ordem espontânea" procede da ação humana sem resultar, por isso, de um desígnio humano, enquanto a "organização" é uma ordem deliberada, construída, planejada, ordenada para um fim exterior. O mercado, com suas regras de justa conduta, é, segundo Hayek, essa ordem espontânea. As instituições públicas, entre as quais o governo, dizem respeito a uma organização deliberada. Então, o que significa a necessidade de transformar, "por um tempo", a ordem espontânea em organização? Que o governo estaria habilitado, em determinada situação de crise, a emitir "ordens específicas a pessoas privadas que, em tempos normais, ninguém teria o direito de emitir" (Hayek, 2013, p. 825). Realmente, em tempos normais, o governo não tem o direito de demandar, aos indivíduos, ações específicas que sairiam do quadro estrito das regras de direito. Em tempos de crise, ele disporia de tal direito de coerção sobre os indivíduos. É o que afirma uma frase perfeitamente explícita:

> Quando um inimigo externo ameaça, quando a revolta ou a violência anárquica estoura ou uma catástrofe natural requer remédio imediato por qualquer dos meios disponíveis, os poderes de uma organização coerciva, que *ninguém* possui em tempos normais, devem ser conferidos a *alguém*. (Hayek, 2013, p. 824, grifos nossos)

Convém observar a oposição entre "ninguém" e "alguém": os poderes devem ser conferidos a alguém. Estamos diante de uma figura fácil de identificar: a do ditador que concentra em suas mãos todo o poder, em especial o de fazer elaborar uma nova Constituição. O paralelo com a situação do Chile em 1973 impõe-se por si só, tamanha a exata correspondência com a retórica da junta: perante a ameaça existencial que faria pesar sobre a nação o inimigo externo (o comunismo) e seus representantes internos (a Unidade Popular e as instituições populares autônomas), seria legítimo derrubar a ordem constitucional existente e confiar todo o poder de decisão a um homem. Ao assumir difíceis desvios, a argumentação justifica o presidencialismo hiperautoritário de um Pinochet, assim como o poder constituinte de que a junta de governo se pretende depositária exclusiva no lugar do povo.

Nesse ponto, Hayek não pode evitar o choque causado pelo retorno da questão da soberania do Estado, que ele havia tomado cuidado em esconder antes, invocando a "soberania do direito". Reconhecendo a existência de um perigo na atribuição de "poderes ditatoriais" a "alguém", Hayek reenvia a Carl Schmitt: "Temos sustentado com alguma verossimilhança que quem quer que tenha poder de proclamar que há uma crise e, por esse motivo, de suspender a aplicação de uma parte qualquer da Constituição é o verdadeiro soberano" (Hayek, 2013, p. 824-5).[101] Hayek admite que esse seria o caso "se alguma pessoa ou algum corpo constituído pudesse atribuir-se, assim, poderes de exceção, declarando um estado de emergência". E como evitar tal abuso desses poderes de exceção? Dissociando a autoridade habilitada a declarar que há uma crise daquela que deveria assumir os poderes de exceção: caberia à Assembleia Legislativa declarar estado de emergência e delegar ao governo alguns de seus poderes, assim como poderes de exceção que ninguém detém em tempos normais. Mas o que fazer quando uma Assembleia Legislativa, à semelhança do modelo de Hayek, falha, e as câmaras existentes são dissolvidas? E o que dizer de uma situação em que os poderes de exceção se estendem até compreender o poder de suspender *toda* a Constituição, e não apenas "a aplicação de uma parte qualquer"? A necessidade obriga, então, a proclamar a soberania do poder constituinte sob a forma do governo, que é, na pessoa de seu chefe, o titular exclusivo. Recalcada em nome da sacrossanta "soberania do direito", a soberania do

---

**101** | Hayek refere-se aqui a Schmitt (1923, p. 5).

Estado retorna brutalmente sob a forma dos poderes de exceção atribuídos ao chefe do governo — entre eles, um poder constituinte de direito ilimitado. O Chile de Pinochet não é a regra na história do neoliberalismo. As experimentações políticas conduzidas sob a égide do neoliberalismo não o tomaram diretamente como modelo, mas ele tampouco figura como simples episódio, funcionando à maneira de um revelador. Ele nos ensina que o constitucionalismo de mercado requer certo *autoritarismo de Estado* como condição.

## Decisionismo constitucional e ditadura estatal

Vê-se que a posteridade política do pensamento de Hayek se situa deste lado mais que do lado do esboço de Constituição considerado no detalhe de sua carta. Nada de surpreendente: o principal limite desse pensamento reside na vontade de subordinar tudo à primazia da ordem espontânea em virtude da qual seriam geradas as regras de justa conduta, independentemente de toda vontade humana. Tal "evolucionismo cultural" parece pouco apto a fecundar uma elaboração constitucional que pressupõe necessariamente, como o próprio Hayek reconhece, um "fazer" ou um "fabricar" que resulte dessa vontade humana. Será essa a dificuldade a estimular muitos neoliberais, embora influenciados por Hayek, a mobilizarem o decisionismo schmittiano à guisa de reforço teórico. A bem da verdade, os pioneiros do ordoliberalismo alemão, Walter Eucken e Franz Böhm, já tinham aberto esse caminho, compreendendo a "Constituição econômica" como uma "decisão de base" ou "decisão fundamental", ou seja, segundo os próprios termos de Schmitt, como uma "decisão global sobre o gênero e a forma da unidade política".[102] Desde 1937, Böhm

---

**102** | Slobodian (2018, p. 115), que remete a Walter Eucken, Hans Grossmann-Doerth e também a Böhm (1937, p. XIX).

descrevia a Constituição econômica como uma "ordem normativa da economia nacional" que só poderia chegar a existir "pelo exercício de uma vontade política consciente e advertida, uma decisão autoritária de liderança" (Slobodian, 2018, p. 211).

Por meio dos trabalhos de Eucken e Böhm, e em um contexto no qual aconselharam economicamente o regime nazista sobre o financiamento do esforço de guerra,[103] os ordoliberais definiram a "Constituição econômica" como resultado de uma política de ordenação (*Ordnungspolitik*), através de um conjunto de princípios e regras jurídicas que determinam o campo de ação da política parlamentar assim como a conduta de atores econômicos, evitando toda forma discricionária de intervencionismo na economia. Na sequência, transpuseram essa concepção da Constituição econômica à escala supranacional da Europa. É assim que o antigo membro do partido nazista Müller-Armack, "provavelmente o alemão mais influente em Bruxelas" (Bonefeld, 2017, p. 119), agiu nos anos 1950, na qualidade de líder da delegação alemã, para a negociação do Tratado de Roma, que criou, em 1957, a Comunidade Econômica Europeia (CEE). Ele argumentaria, em 1971, que a CEE se fundamenta em uma economia de mercado e sobre uma "lei que está acima e além de suas entidades políticas constitutivas" (Müller-Armack, 1971 *apud* Bonefeld, 2017, p. 119). Segundo ele, trata-se de uma "comunidade de estabilidade" (*Stabilitätgemeinschaf*), na qual os governos e os parlamentos dos Estados-membros estão sujeitos ao quadro supranacional de uma lei sem Estado, garantindo direitos econômicos individuais e protegendo a concorrência.

Nessa interpretação neoliberal do Tratado de Roma, um lugar especial é conferido a Ernst-Joachim Mestmäcker, aluno de Böhm na Universidade de Freiburg e conselheiro especial da Comissão Europeia de 1960 a 1970. Desde o momento de sua assinatura, ficou claro que esse tratado, longe de ser uma

---

**103** | Apenas Böhm protestou contra a discriminação contra os judeus; ver Bonefeld (2017, p. 11).

cópia autenticada da doutrina neoliberal, era um quadro jurídico bastante geral, a ser formatado por uma direção política. Os artigos do tratado relativos à concorrência (artigos 85 e 86) eram bem amplos e não davam um papel claro à Corte de Justiça das Comunidades Europeias (CJCE). Sobre esses pontos, o tratado era provisório e tinha adiado por três anos o indispensável esclarecimento (artigo 87). Só mais tarde, em 1962, aditamentos atribuem uma "jurisdição ilimitada" à Corte a respeito de multas e sanções (Slobodian, 2018, p. 207). Exercendo suas funções de conselheiro especial, Mestmäcker considerou a integração europeia pelo prisma do "constitucionalismo econômico". Em sua elaboração teórica, fez valer dois princípios: o poder da Corte de ignorar o direito nacional e o poder reconhecido aos indivíduos de apelar diretamente à Corte. Assim, em 1965, ele escreveu que a CJCE era uma "nova entidade jurídica no direito internacional, cujos sujeitos não eram apenas os Estados-membros mas também os indivíduos" (Slobodian, 2018, p. 210). Consagrando essa dualidade de sujeitos jurídicos (Estados e indivíduos), o Tratado de Roma foi "autoexecutório" e diretamente aplicável. Uma tal bifurcação de poderes, para cima na direção da CJCE e para baixo na direção dos indivíduos, era essencial à leitura constitucionalista da construção europeia: a Europa era uma "ordem jurídica supranacional" garantidora dos direitos privados diretamente aplicáveis pela CJCE. No pensamento de Mestmäcker, preocupado em conciliar Hayek e Böhm, a ênfase deveria ser "menos nos direitos de vigilância da Comissão Europeia e mais na relação jurídica que localiza os cidadãos no interior das soberanias imbricadas da Europa e da nação": a relação jurídica vertical do indivíduo à CJCE oferece a possibilidade de neutralizar os exercícios desviantes da soberania nacional e de garantir o direito humano ao comércio (Slobodian, 2018, p. 210).

Todavia, o constitucionalismo neoliberal pôde tomar ainda outras formas. Sem se preocuparem com as sutilezas do ordoliberalismo nem se importarem de forma alguma em conciliar Hayek e Böhm, alguns doutrinários neoliberais não hesitaram em reivindicar abertamente uma "revolução constitucional". Líder da Constitutional Economics, corrente que se dedica a avaliar as instituições com base na sua capacidade em satisfazer os interesses econômicos, James Buchanan não hesitou em proclamar *we are all constitutionalists!*" [somos todos constitucionalistas] e apresentar Charles Beard como precursor da "economia institucional". Na realidade, as duas abordagens são completamente opostas: enquanto Beard se propôs relatar as origens da Constituição estadunidense, Buchanan se dedicou a celebrar os agenciamentos normativos mais eficientes no plano econômico, sob o risco de preconizar a eliminação de instituições políticas incapazes de satisfazer a essas normas (Delteil & Fontaine, 2021, p. 131). Assim, em *The Limits of Liberty* [Os limites da liberdade], Buchanan sustenta que o problema é "reduzir o apetite das coalizões majoritárias", e a solução é impor "restrições" à "regra da maioria": "A democracia pode se tornar seu próprio Leviatã a menos que sejam impostos e aplicados limites constitucionais" (Buchanan, 2000, p. 191, 209, 205). No encontro da Mont-Pèlerin em Viña del Mar, em novembro de 1981, em uma conferência intitulada "Democracy Limited or Unlimited?" [Democracia limitada ou ilimitada?], ele advertia seus colegas, aludindo às recentes vitórias de Thatcher e Reagan: é preciso não "se deixar adormecer pelas vitórias eleitorais temporárias de políticos e partidos que partilham de nossos engajamentos ideológicos", porque elas não deveriam distrair a atenção "do problema mais fundamental de impor novas regras para limitar os governos" (MacLean, 2018, p. 220). Depois de o regime chileno promover um número importante de privatizações, Carlos Francisco Cáceres (de quem já tratamos no capítulo 2) e o ministro da Fazenda Sergio de Castro organizaram para Buchanan, em maio de 1980, uma estadia de uma semana no Chile, para que desse cinco conferências a dignitários da junta militar e os ajudasse a elaborar a nova Constituição. Ele recomendou severas restrições ao governo e, em primeiro lugar, o rigor fiscal, a fim de evitar qualquer despesa excedente. Em uma entrevista ao *El Mercurio* de 9 de maio de 1980, concedida durante sua visita ao país, declarou: "Estamos em vias de formular meios constitucionais para limitar a intervenção do governo na economia e garantir que ele não ponha a mão no bolso dos contribuintes produtivos".[104] À luz dessas declarações, compreende-se que os neoliberais não repudiam o uso da forma bruta, não apenas para salvar a ordem do mercado, como pretende Hayek, mas para constitucionalizar tal ordem e até para criá-la pela constitucionalização. De maneira convergente, ainda que por caminhos diferentes, eles procuraram instalar o constitucionalismo de mercado por todos os meios, inclusive os da ditadura estatal.

---

**104** | BUCHANAN, James. "Government Interventionism is Simply Inefficient" [O intervencionismo do governo é simplesmente ineficiente], *El Mercurio*, 9 maio 1980 *apud* MacLean (2018, p. 199).

# 5

## O neoliberalismo e seus inimigos

O neoliberalismo, no singular, é uma estratégia política que visa inimigos perfeitamente identificáveis: o socialismo, o sindicalismo, o Estado-providência; tudo o que se assemelhe, de perto ou de longe, a dirigismo e coletivismo. Nós nos enganaríamos se acreditássemos que as tomadas de posição política, os conselhos dados aos governantes, os escritos de vulgarização e panfletos são emanações de um nó teórico "puro". Os neoliberais se distinguem dos economistas neoclássicos mais tradicionais quando buscam salvar a civilização ocidental de uma ameaça que pesa sobre ela. Em seus escritos, a ciência se torna um modo de legitimação de posições políticas a favor do livre-mercado e, por esse caminho, uma arma no combate ideológico. Essa ciência é, primeiramente, a que permite apresentar um diagnóstico sobre a crise e suas causas. Certamente o que os mobiliza não é o colapso do capitalismo, quer seja anunciado pelos marxistas, quer seja antecipado por Schumpeter, e sim a erosão da economia livre sob os efeitos do domínio socialista sobre as mentes, do monopólio sindical e do reformismo social. Desse ponto de vista, o enunciado de objetivos emitidos pela Sociedade Mont-Pèlerin, em 8 de abril de 1947, é particularmente eloquente: os intelectuais que formam a nova sociedade querem defender os ideais que são "a posse mais preciosa do homem ocidental": a liberdade intelectual, em primeiro lugar, mas também a propriedade privada, o mercado concorrencial e a "primazia do direito", conjunto que define a "sociedade livre".[105] Não é demais enfatizar a continuidade entre esse programa e a denúncia do socialismo feita por Hayek em *O caminho da servidão* (1944), panfleto que não hesitava em fazer do nazismo e do fascismo uma consequência direta da mentalidade socialista.

Para combater o perigo que recai sobre a civilização, a luta ideológica se impõe, e as diferentes correntes neoliberais jamais vão se furtar a intervir no espaço político para combater ameaças à economia livre. Mas não basta dizer que o neoliberalismo se opõe ao socialismo, de quem é o adversário mais enérgico. Essas diferentes correntes do neoliberalismo não se contentam em combater o socialismo nos terrenos ideológico e cultural. Elas pretendem tornar impossível, no futuro, qualquer política socialista pela implementação de leis, medidas e instituições que procuram barrá-lo. Desde o começo, o objetivo central dos neoliberais é a derrota do socialismo e, além disso, o enfraquecimento do sindicalismo e o recuo das proteções sociais do Estado.

Abolir o socialismo
pela planificação
da concorrência

Para Ludwig von Mises (1962, p. 51), "nossa civilização inteira se baseia no fato de que os homens sempre conseguiram repelir os ataques dos redistributivistas". Na virada dos anos 1920, o teórico inaugurou uma guerra ideológica contra o socialismo, acusado de ameaçar a civilização ocidental, definida, segundo ele, pelo capitalismo e pelo direito à propriedade privada (ver capítulo 3). "A tentativa de reformar o mundo de maneira socialista poderia destruir a civilização" (Mises, 1962, p. 137). Portanto, o inimigo radical, isto é, o socialismo, deveria ser eliminado: "Se queremos salvar o mundo da barbárie, devemos

---

**105** | "Statement of Aims" [Declaração de objetivos], Société du Mont-Pèlerin, 8 abr. 1947.

vencer o socialismo e não devemos, sobretudo, deixar de nos ocupar dele" (Mises, 1962, p. 52). Desde 1919, em *Nation, State and Economy* [Estado, nação e economia], Mises (1983, p. 205) define o socialismo como "a transferência dos meios de produção da propriedade privada dos indivíduos para a propriedade da sociedade" e o identifica com o coletivismo, acusando a planificação central, estabelecida durante o "socialismo de guerra", de conduzir ao socialismo integral, denunciando desordenadamente o centralismo socialista, o marxismo e o sindicalismo. Entretanto, Mises não se contentou com essa crítica histórica e desenvolveu, em 1920, em um artigo chamado "O cálculo econômico na comunidade socialista", um argumento teórico que devia invalidar definitivamente o socialismo: "Provar que o cálculo econômico é impossível em uma economia socialista é também provar que o socialismo é impraticável" (Mises, 1983, p. 135). Opondo-se diretamente, no contexto da Viena Vermelha, aos austro-marxistas, em particular a Otto Bauer e ao elaborador de um projeto de economia planificada que dispensava o uso da moeda, Otto Neurath (Neurath & Schumann, 1919), Mises concentrou seus esforços nesse argumento da impossibilidade do cálculo em uma economia socialista baseada na propriedade coletiva dos meios de produção. Na ausência de mecanismos de troca entre dois proprietários privados no mercado para estabelecer a comensurabilidade dos bens pela formação dos preços monetários, o cálculo econômico se torna impossível e a planificação socialista, irrealizável. "Sem cálculo econômico não pode haver economia. Por consequência, em um Estado socialista no qual a busca do cálculo econômico é impossível, não pode haver economia [...] qualquer que seja" (Mises, 1990, p. 18). Mises concluía pela ausência radical de racionalidade no socialismo e avançava, inversamente, a ideia de que os mecanismos do mercado eram os únicos capazes de garantir a racionalidade econômica em uma sociedade moderna. Em 1922, ele publicou um volume de mais de quinhentas páginas, intitulado *Socialism* [Socialismo], no qual atacava o socialismo de todos os pontos de vista e contra todos os pontos de vista socialistas. Afirmava que uma economia socialista, baseada na direção central da produção, era uma impossibilidade teórica e prática, contestava a ideia de que a evolução social levaria ao socialismo, argumentava que as justificativas éticas do socialismo não resistiam a nenhum exame racional e concluía qualificando o socialismo como "destrucionismo", ou seja, um agente destruidor da civilização ocidental capitalista:

> Na verdade, o socialismo não é nem ínfima parte do que ele pretende ser. Não é o pioneiro de um mundo melhor e mais refinado, mas o corruptor daquilo que milhares de anos de civilização criaram. Ele não constrói, ele destrói, porque a destruição é sua essência. Ele não produz nada, só consome o que foi criado pela ordem social alicerçada na propriedade privada dos meios de produção. (Mises, 1962, p. 458)

O livro *Socialism* "afasta toda uma geração de jovens intelectuais do marxismo para orientá-los no sentido do liberalismo clássico" (Hüllsmann, 2007, p. 406). Lionel Robbins, Friedrich von Hayek, Wilhelm Röpke e Eric Voegelin, entre outros, testemunharam o impacto decisivo desse livro sobre seus anos de formação.

A pedido de Lionel Robbins, que havia frequentado também o seminário de Mises e queria introduzir as ideias da Escola Austríaca de economia no debate britânico, Hayek aceitou, em 1933, um cargo na London School of Economics. Em 1935, ele organizou o livro *Collectivist Economic Planning* [Planejamento econômico coletivista], no qual figurava o artigo seminal de Mises sobre a impossibilidade do cálculo na economia socialista. Em sua própria intervenção, Hayek apresentava novos argumentos, notadamente o de que a planificação socialista implicava "a revogação da soberania do consumidor" (Hayek, 1963, p. 214), apropriando-se do conceito forjado por William H. Hutt.[106] Ele desloca a oposição central destacada pela Escola Austríaca de economia entre autorregulação do ciclo econômico e intervencionismo governamental, para insistir sobre a incompatibilidade entre a planificação socialista e a concorrência. E afirma que os governos planificadores socialistas sempre tiveram mais "recursos à 'solução da concorrência'" para resolver suas dificuldades, mas que "a planificação e a concorrência, não podendo ser racionalmente combinadas" (Hayek, 1963, p. 241), levariam-nos a escolher entre uma ou outra, o que era uma maneira sutil de deixar entender que a concorrência se impunha pela força das coisas e da razão. O argumento não tinha nada a ver com a carga furiosa de Mises contra tudo o que se parecesse, de longe ou de perto, com socialismo ou intervencionismo. Aliás, o contexto do Reino Unido por volta de 1935 era bem diferente do da Viena no começo dos anos 1920. Em sua conferência inaugural na London School of Economics, em 1933, Hayek tinha frisado que no Reino Unido "restam muito poucas pessoas que não sejam, hoje, socialistas".[107] O debate estava claramente dominado por Keynes, que havia lançado, em 1926, o livro *The End of Laissez-Faire* [O fim do laissez-faire], acomodando no passado o quietismo governamental. Por ter constatado uma integração cada vez maior da concorrência pelos planejadores socialistas, Hayek (1963, p. 218-9) estava bastante inclinado a antever um novo gênero de planificação: "Se pudesse ser realizada sob uma forma pura, na qual a orientação da atividade econômica seria inteiramente deixada à concorrência, a planificação seria igualmente limitada ao fornecimento de um quadro permanente em que a ação concreta seria deixada à iniciativa individual".

---

106 | A respeito da soberania do consumidor em Hutt, que Hayek conhecia da London School of Economics, ver Olsen (2019, p. 52-8).

107 | HAYEK, Friedrich von. "The Trend of Economic Thinking" [A tendência do pensamento econômico], *Economica*, n. 40, maio 1933, p. 135.

Uma resposta "socialista" a Mises e Hayek veio do economista polonês Oskar Lange e daqueles que mais tarde seriam chamados de "socialistas de mercado". Assumindo os princípios da economia neoclássica, Lange sustentava que a socialização da produção não era incompatível com os mecanismos do mercado e com a formação dos preços, os quais permitiam a uma agência central efetuar os cálculos necessários à planificação e chegar, assim, ao equilíbrio de mercado. O socialismo de mercado era um verdadeiro desafio à análise de Mises, que fizera da destruição socialista dos mecanismos de mercado a razão de sua impraticabilidade. Mas o debate entre Lange e Mises dava a Hayek a ocasião para elaborar seu argumento sobre o caráter disperso e evolutivo do conhecimento. Uma vez que esse saber é descoberto pelos atores econômicos engajados no processo de concorrência, um escritório baseado na centralização da informação para planificar é necessariamente falho em alcançar o equilíbrio, pois é incapaz de atualizar em tempo real as informações que apenas os agentes econômicos individuais podem coordenar no mercado.[108] A concorrência, assim, tornava-se a dinâmica endógena determinante que permite ao mercado satisfazer as demandas evolutivas dos consumidores, dispensando uma planificação econômica que só poderia ter um papel nefasto. Dito de outra forma, desenhava-se uma nova concepção do mercado, que não se limitava mais à coordenação da oferta e da demanda para alcançar o equilíbrio, mas tornava-se uma verdadeira ordem social funcional capaz de satisfazer a soberania da escolha de milhões de consumidores pela organização regulada da concorrência. Em 1937, Röpke também teorizava a "democracia dos consumidores" como um "plebiscito contínuo em que cada peça de moeda representa uma cédula de voto e no qual os consumidores, por suas demandas, votam constante-

---

108 | HAYEK, Friedrich von. "The Use of Knowledge in Society" [O uso do conhecimento na sociedade], *The American Economic Review*, v. 35, n. 4, p. 519-30, set. 1945.

mente para decidir quais tipos e quais quantidades de bens devem ser produzidos" (Röpke, 1993 *apud* Olsen, 2019, p. 49).

Com a publicação de *The Good Society*, em 1938, Walter Lippmann (2011, p. 106) desenvolvia um novo argumento contra o socialismo, no contexto de aumento de poder do fascismo, do nazismo e do comunismo soviético: o socialismo, enquanto coletivismo, levava diretamente ao totalitarismo, porque "não há nada no princípio coletivista que permita determinar o ponto de parada que não no Estado totalitário". Consequentemente, a defesa dos mecanismos de mercado era vista como o meio para escapar do totalitarismo. A novidade, entretanto, é que Lippmann não concluía, disso, um necessário retorno ao laisser-faire. Ao contrário, a crítica ao socialismo implicava também a crítica ao laisser-faire como algo que não opõe nenhuma resistência à destruição pelo socialismo da economia livre. Para Lippmann, o Estado devia intervir para proteger o mecanismo de formação de preços. Hayek e Robbins tinham lido os primeiros capítulos do livro de Lippmann, publicados em artigos do *The Atlantic Monthly* em 1936 e 1937, e mantiveram correspondência com ele. Lippmann reconhecia ser fortemente inspirado por Mises e Hayek, especialmente pelo volume *Collectivist Economic Planning*. Ao longo de sua correspondência, em 1937, Hayek também reconheceu que o Estado deveria transformar o quadro jurídico existente para se proteger contra "o erro fatal do liberalismo clássico" diante do socialismo: "Sempre considerei como o erro fatal do liberalismo clássico interpretar a regra de que o Estado deve fornecer apenas um quadro semipermanente, o mais propício para o funcionamento eficaz da economia privada, como sinônimo de que o quadro jurídico deve ser inalterável".[109]

Em *O caminho da servidão*, Hayek retomaria o argumento de Lippmann, fazendo do "parentesco entre os dois regimes" (o

---

**109** | HAYEK, Friedrich von. "Walter Lippmann Papers, Selected Correspondence 1931–1974–77, Box 10, Folder 11: Hayek", Yale University Archives *apud* Innset (2020, p. 51).

socialismo e o fascismo) o coração de seu argumento em favor do liberalismo. Buscando comunicar aos "socialistas de todos os partidos" que "o socialismo leva ao oposto da liberdade", argumentava que "a ascensão do fascismo e do nazismo não foi uma reação contra as tendências socialistas do período anterior, mas o resultado inevitável dessas tendências". Como Lippmann, sustentava que a oposição à planificação socialista não devia ser confundida com "uma atitude de laissez-faire dogmático". Para lutar contra o socialismo era preciso empreender uma renovação profunda do liberalismo, mantendo duas características, a saber, a introdução da concorrência como "princípio de organização social" e o papel fundamental do Estado em sua implementação: "[O] liberalismo quer que se faça o melhor uso possível das forças da concorrência como meio de coordenar os esforços humanos; ele não quer que deixemos as coisas no estado em que estão". Esse uso da concorrência como "princípio de organização social" não apenas admite "certos gêneros de ação governamental" (Hayek, 1944, p. 30, 33, 41-2) como necessita ainda mais da "existência de um sistema jurídico apropriado, concebido para preservar a concorrência e, ao mesmo tempo, fazê-la funcionar da maneira mais vantajosa possível", podendo ser ajustada constantemente. A criação das "condições em que a concorrência será a mais eficaz possível" define um "campo vasto e incontestável para a atividade do Estado" (Hayek, 1944, p. 43-4),[110] fornecendo "à atividade legislativa uma tarefa considerável" (Hayek, 1944, p. 45). A partir desse momento, Hayek deixa de considerar como incompatíveis a planificação e a concorrência: lamentando que o termo "planificação" tenha sido abandonado a seus adversários socialistas, já que "é um termo excelente que merece melhor sorte", ele define o novo liberalismo capaz de neutralizar o socialismo como a "planificação da concorrência" (Hayek, 1944, p. 48).[111]

110 | Tradução ligeiramente modificada.

111 | Tradução ligeiramente modificada.

## As duas frentes da luta

Como Lippmann e Hayek, inúmeros teóricos neoliberais tiveram, desde o início do movimento de refundação, a tendência de apresentar o combate neoliberal de forma dupla, falando, à maneira de Röpke, em "duas frentes" de luta. De longe, a mais importante é a do combate ao socialismo ou ao coletivismo em todas as suas formas; a segunda é o combate às formas antigas, ultrapassadas e perigosas do liberalismo, notadamente o laisser-faire naturalista do século XIX. Os dois combates estão evidentemente ligados, para Lippmann ou Röpke, à medida que o socialismo se nutre dos erros do liberalismo "manchesteriano". O que Röpke chama de "o programa da terceira via" retoma, de forma mais precisa, a "ordem do dia do liberalismo" que fechava o Colóquio Lippmann e se inspirava amplamente no livro *The Good Society*, de Lippmann, pretexto daquela reunião internacional de 1938. Röpke (1962, p. 38) o resume da forma mais clara: "superar a estéril alternativa entre laissez-faire e coletivismo". O teórico não ignorava a dificuldade disso que ele chama de "terceira via", e essa dificuldade se deve precisamente à dualidade das frentes:

> Evidentemente, tal campanha em duas frentes supõe um poder combativo espiritual e moral a toda prova; nenhuma o possui e sem dúvida haverá fases nessa batalha em que a resistência parecerá diminuir em uma das frentes, enquanto as provisões estarão integralmente engajadas na outra. Aliás, inevitavelmente, enquanto esse programa estiver em gestação, será exposto com frequência a confusões e mal-entendidos lamentáveis e, sem dúvida, a novidade e particularidade dessa nova via econômica e política serão incompreendidas. (Röpke, 1962, p. 37)

O ponto interessante dessa passagem, certamente, é o modo como o "programa" é tomado sob um ângulo estratégico. Poderíamos mostrar, assim, que algumas divisões internas ao neoliberalismo remetem à diferença de ênfase sobre a "revisão" do velho liberalismo. Röpke deseja uma revisão completa. Não obstante, toda uma linha de autores, de Mises a Israel Kirzner ou Murray Rothbard, buscam, antes, repensar de maneira renovada os fundamentos antropológicos do liberalismo "laisser-fairiano",[112] denunciando, na terceira via, um "terceiro caminho" entre o liberalismo e o socialismo (Mises, 1998, p. 183). Não deixa de ser verdade que existe uma unidade estratégica, no sentido de que o neoliberalismo que começa a se revelar como forma política original, desde o colóquio de 1938, não é um liberalismo misto — tal como existirá na realidade do pós-guerra na República Federal da Alemanha (RFA) ou em outros países europeus —, mas baseia-se, ao contrário, em estratégia que consiste em recusar radicalmente o "liberalismo social" ou o "socialismo real", fórmulas entendidas como tantos outros sintomas da doença que havia acometido o velho liberalismo. Seria, então, totalmente errôneo colocar sob a bandeira do neoliberalismo as múltiplas e diversas formas de compromisso entre o liberalismo e o socialismo, sob pretexto de que a maior parte dos neoliberais pode ser favorável a *algumas* intervenções do Estado. Isso que estava em gestação e que viraria o objetivo dos neoliberais no pós-guerra é um liberalismo autêntico, mas livre das ilusões naturalistas, espontaneístas, injurídicas e não estatais do século XIX. Essa refundação do liberalismo é, para alguns, uma forma de retornar a uma essência do liberalismo traído tanto pelo laisser-faire quanto pelos comprometimentos com o socialismo e o coletivismo, cujo símbolo permanecerá por muito tempo sendo Otto von Bismarck. Então, não podemos opor os alemães ou suíços "moderados" de tipo ordoliberal aos austro-americanos "radicais" mais do que os "utopistas" a supostos "realistas".[113] Röpke é muito claro sobre esse ponto:

---

112 | A esse respeito, ver Dardot & Laval (2010, p. 219 ss. [2016, p. 133 ss.]).

113 | É o erro de Serge Audier, por não ter compreendido a unidade estratégica do neoliberalismo para além das diferenças teóricas.

A energia que os defensores de nosso programa empregarão na oposição ao coletivismo provará que eles não tomaram nenhuma posição de princípio contra o liberalismo em si; eles não se limitam nem à forma particular do liberalismo do século XIX, nem à teoria e à prática que foram a causa de seu descrédito irremediável. O que lhes importa é, antes de tudo, um liberalismo muito mais geral, inviolável e se regenerando por milênios. (Röpke, 1962, p. 36)

"Coletivismo" e "socialismo" continuam a ser os alvos principais do neoliberalismo. E esses termos designam toda forma de dirigismo econômico — de que a economia planificada do comunismo constitui o ponto de concretização — visando consolidar, controlar e substituir uma economia sã, baseada em livre-fixação de preços no mercado, propriedade, iniciativa privada e concorrência. O ângulo de ataque se amplia. Não é mais somente a impossibilidade do socialismo que é preciso criticar: é a tirania que ele quer exercer sobre a economia e, pouco a pouco, sobre toda a sociedade por meio da politização de todas as atividades humanas. Depois da guerra, Hayek (1993, p. 13) verá no socialismo um erro fatal para a liberdade e o modo de vida ocidental, destruindo até as próprias bases da vida:

A querela entre a ordem do mercado e o socialismo não é, portanto, nada menos que uma questão de sobrevivência. Seguir a moralidade socialista equivaleria a aniquilar a maior parte dos homens que compõem a humanidade presente e a empobrecer a imensa maioria daqueles que sobreviveriam.

O erro diz respeito a um excesso de "racionalismo construtivista" que funda a crença na razão todo-poderosa em sua capacidade de moldar inteiramente a evolução social, e que conduz, dessa maneira, a um desejo de intervir nos "processos de adaptação naturais, espontâneos, auto-ordenados" que têm lógica e história próprias. Querer controlar e dirigir a economia é acreditar que se pode aplicar critérios morais ou políticos externos à ordem espontânea do mercado no lugar e contra a moralidade imanente a essa ordem. O socialismo é presunçoso quando acredita que pode impor regras externas às práticas econômicas, enquanto elas são o resultado não esperado e não deliberado de uma "experimentação" permanente de grupos humanos. Trata-se de ignorar os princípios da ordem existente:

> Nós nos localizamos em um grande quadro de instituições e tradições econômicas, legais e morais — no interior do qual submergimos, obedecendo a certas regras de conduta que jamais concebemos e que jamais compreendemos da mesma maneira que compreendemos como funcionam as coisas que fabricamos. (Hayek, 1993, p. 23)

Combater o socialismo será, até o fim, o leitmotiv dos neoliberais e notadamente de Hayek. Em 1979, em *Direito, legislação e liberdade*, ele vê no "combate ao socialismo" nada menos que "a última batalha contra o poder arbitrário", isto é, "o poder coercitivo que pretende dirigir os indivíduos e repartir deliberadamente o fruto de seus esforços" (Hayek, 2013, p. 872). Vendo o "coração do socialismo" no fato de que "o governo emprega a força para efetuar uma redistribuição das vantagens materiais", ele o associa à democracia ilimitada que permite ao governo adquirir tal força, e conclui que "é necessário, por consequência, restringir esses poderes [os do governo] a fim de proteger a democracia dela própria" (Hayek, 2013, p. 870). Quando "as ilusões tradicionais do socialismo forem reconhecidas como vãs, será necessário tomar todas as precauções contra os riscos endêmicos de recaída nessas superstições que engendram periodicamente involuntários deslizes para o coletivismo" (Hayek, 2013, p. 870). É a razão, aliás, pela qual ele vai concentrar seus ataques contra o Estado-providência e a "miragem da justiça social", quando terá constatado, em 1960, em *A constituição da liberdade*, "que o socialismo no sentido antigo e preciso da palavra está, a partir de agora, morto no mundo ocidental" (Hayek, 1994, p. 254). É que ele possui mil faces e se esconde tanto no sindicalismo quanto no Estado-providência.

## Domesticar o sindicalismo

Combater todo renascimento do socialismo passa pelo enfraquecimento e bloqueio do sindicalismo, possível precursor da transformação socialista da sociedade. Mises não tinha palavras suficientemente duras para denunciar o papel nefasto dos sindicatos na economia de mercado, na qual deve, segundo ele, reinar exclusivamente "a soberania do consumidor". Ora, o sindicalismo tem objetivo totalmente diferente, o de "impor a democracia dos produtores", de modo que o conflito entre patrões e empregados, na realidade, é apenas uma luta surda entre compradores e produtores assalariados. Em outras palavras, a luta sindical se faz *contra* os consumidores. Mas, para além dos interesses particulares que defendem, os sindicalistas não compreendem nada da função do empresário nem da necessidade de se adaptar permanentemente às mudanças econômicas e tecnológicas. São rotineiros, gente pequena de ideias curtas que se opõe às necessárias adaptações técnicas:

> Não é cometer uma injustiça chamar o sindicalismo de filosofia de gente de curta visão, de conservadores que desde sempre desconfiam de toda inovação e são a tal ponto cegos que amaldiçoam quem lhes fornece bens mais abundantes, melhores e mais acessíveis. São como doentes que culpam o médico mesmo quando ele consegue curá-los. (Mises, 1998, p. 810)

As condenações ultrajantes de Mises não poderiam deixar esquecer que o sindicalismo está no centro das preocupações do neoliberalismo doutrinal. Desde os anos 1930, ele é percebido por seus principais teóricos como um problema de fato maior. Mas é sobretudo nas discussões no seio da Sociedade Mont-Pèlerin que os debates mais ricos vão acontecer, trazendo à tona a divergência entre duas orientações políticas. A primeira é a da integração do sindicalismo àquilo que os alemães chamaram de "economia social de mercado". A segunda é a de enfraquecimento do sindicalismo, privando-o de seus meios de "coerção". Ela é sustentada pela Escola de Chicago de economia e por autores austro-americanos, Mises, Hayek e seus discípulos; pretende enfraquecer progressivamente o sindicalismo limitando pouco a pouco sua capacidade de ação, seu perímetro de intervenção e, em última instância, seu poder de negociação (Steiner, 2009, p. 181-203). Essas duas linhas compartilham uma preocupação em comum: garantir que o Estado não intervenha na definição dos salários sob pressão sindical.

Diante do compromisso do pós-guerra entre o capital e o trabalho, quando os sindicatos participaram, não apenas na Alemanha mas em todos os lugares, das negociações salariais sob a supervisão do Estado, os neoliberais reunidos na Sociedade Mont-Pèlerin acionam o sinal de alarme. Quando do primeiro encontro da Mont-Pèlerin, em abril de 1947, Hayek, em uma apresentação intitulada "Free Enterprise and Competitive Order" [Livre-empresa e ordem competitiva], chega a declarar que "a questão de saber como delimitar os poderes dos sindicatos pela lei, assim como nos fatos, é uma das mais importantes entre todas aquelas às quais devemos dedicar nossa atenção se temos esperança de voltar a uma economia livre" (Cockett, 1994, p. 114). A Sociedade Mont-Pèlerin será, então, nos anos 1950, um lugar de intensas discussões, reunindo diferentes tendências do neoliberalismo. O debate não é apenas teórico: ele se inscreve em um programa cujo objetivo é determinar "uma política do trabalho e do sindicalismo", segundo a expressão hayekiana, ou seja, definir uma linha de conduta única, rompendo com o compromisso entre capital e trabalho do pós-guerra. É essa linha de ruptura preconizada por Hayek que vai prevalecer em detrimento daqueles que, até o começo dos anos 1960, defendiam a integração dos sindicatos ao quadro de um acordo coletivo global sobre a economia de mercado e a livre-concorrência. Para os ordoliberais, fazer os assalariados aderirem a tal objetivo deveria passar por sua educação econômica, indo até mesmo à participação dos assalariados na direção da empresa. Entretanto, como fazer essa participação educativa não despertar nos trabalhadores a vontade de tomar a direção dos assuntos econômicos? Em poucas palavras, como evitar que ela desemboque no maldito socialismo? O perigo é real. Para eles, essa participação deve se distinguir da cogestão (*Mitbestimmung*) da direção das empresas defendida pela social-democracia alemã. Ela deve se contentar em promover e organizar a identidade dos interesses do trabalho e do capital, nas escalas da empresa e dos setores, sem nenhuma ingerência do Estado. Trata-se, então, para os ordoliberais, de permitir que os sindicatos integrem a tecnoestrutura das empresas para se ocuparem das questões sociais e pessoais, mas, sobretudo, de que não cuidem da escolha de investimentos, já que não devem, em caso algum, interferir na alocação de recursos — prerrogativa dos proprietários do capital e gestores.

A muito relativa "simpatia" ordoliberal pelos sindicatos se relaciona com a vontade de estabelecer acordos entre sindicatos e patrões que permitam evitar a intervenção estatal nos assuntos das empresas e na partilha de riquezas. Os ordoliberais alemães fizeram muito para fixar a linguagem: é a eles que devemos a expressão "parceiros sociais" (*Sozialpartner*) dos anos 1950 e também a ideia de que os sindicatos são pilares da "sociedade livre", "instituições ao mesmo tempo estabilizadas e estabilizantes" para a ordem existente. A negociação nas empresas e nos setores é vista como meio de paz social, de educação econômica e de integração dos assalariados à ordem capitalista. É a linha que será adotada na Europa com aquilo que se chama, desde o Tratado de Roma, de "diálogo social europeu".

A outra corrente da Sociedade Mont-Pèlerin é conduzida pelos teóricos austro-americanos Friedrich von Hayek e Fritz Machlup. Para eles, o poder sindical é um monopólio que distorce o mercado de trabalho e que, com o propósito de controlar a negociação coletiva, é diretamente responsável pela queda de produtividade e pelo desemprego. Então, o poder sindical se exerce, por natureza, em detrimento da soberania do consumidor e do emprego. Elevar os salários de um setor acima do que seriam sem a coerção dos sindicatos que obriga os assalariados a se sindicalizarem é inevitavelmente relançar no desemprego todos aqueles que teriam sido contratados a um valor mais baixo. Sem dúvida é também prejudicar o consumidor, restringindo a oferta. Fazer os sindicatos participarem da direção das empresas seria outro contrassenso econômico: "Uma empresa jamais pode ser orientada ao interesse de um grupo permanente de trabalhadores se, ao mesmo tempo, ela deve responder às necessidades dos consumidores" (Hayek, 1994, p. 277).

Esses autores não acreditam, como os ordoliberais, no efeito pedagógico da integração, que levaria mais racionalidade aos sindicatos. Eles pensam, ao contrário, que os sindicatos levam suas reivindicações sempre mais longe à medida que fazem recuar o patronato e o Estado. A única política viável é a limitação de seu poder de perturbação, fundado sobre o controle monopolístico que exercem sobre a oferta de trabalho. Assim, preconizam a interdição de toda ajuda pública aos sindicatos, a eliminação de todas as regras de *closed shop*[114] e, sobretudo, a redução do tamanho dos sindicatos, cuja área de atuação não deveria jamais ultrapassar aquela do local de trabalho, permanecendo dentro do perímetro da empresa no sentido econômico ou financeiro do termo. Evidentemente, eles gostariam de proibir qualquer acordo ou aliança entre sindicatos de um grupo ou setor, impedir toda greve de solidariedade, todo movimento de conjunto.

Essa posição entra em ressonância com as teses da mais dura fração do grande patronato estadunidense, mobilizado, desde os anos 1940, contra o New Deal e contra aqueles que, no governo e nos negócios, são acusados de fazer acordos com os sindicatos.[115] Os anos 1950 consolidam essa corrente e veem

---

114 | Acordo pelo qual um empregador se dispõe a contratar e manter no emprego apenas trabalhadores que sejam membros e estejam em dia com o sindicato da categoria. [N.E.]

115 | Os laços entre a Sociedade Mont-Pèlerin e o grande patronato foram muito bem documentados. As grandes empresas texanas de petróleo que financiam a Sociedade Mont-Pèlerin financiam também os órgãos de propaganda anticomunista e antissindical, como a Foundation for Economic Education [Fundação para educação econômica] (FEE).

emergir uma forte reação antissindical nos meios patronais e entre teóricos no momento do maccarthismo. A ideia, prometida a um grande futuro, consiste em ver na ação sindical uma "violência legalizada" à liberdade do consumidor, à do chefe da empresa e à de outros assalariados.[116] Hayek desenvolve longamente as mesmas análises e preconizações antissindicais, em 1960, em *A constituição da liberdade*, que serão retomadas por Margaret Thatcher quando de sua chegada ao poder.[117] Seu veredito é definitivo: "Só há um princípio que possa proteger a sociedade livre de seu desaparecimento: a estrita proibição de toda coerção que não seja da ordem da aplicação de regras abstratas igualmente aplicadas a todos" (Hayek, 1994, p. 284). Em outros termos, se se entende bem essa frase, a única coerção admissível seria aquela exercida contra os sindicatos acusados de defender privilégios.[118]

### Contra o Estado social

A estratégia do neoliberalismo visa à constituição de uma ordem institucional própria para neutralizar o desenvolvimento de uma política social, o que supõe enfraquecer o poder das organizações de assalariados e reduzir, tanto quanto possível, todo monopólio do Estado em matéria de seguro social. O neoliberalismo, dissemos antes, é uma reação contra a ameaça coletivista.

---

**116** | O jurista estadunidense Sylvester Petro (1957), de fidelidade neoliberal, fala de "coerção legal". Para ele, se a liberdade de associação é consubstancial à sociedade livre, ela não deve colocar em questão a liberdade dos contratos e a propriedade privada, como é o caso nas práticas coercitivas e monopolísticas dos sindicatos estadunidenses. O papel de um sindicato deve ser ajudar a empresa a se firmar no mercado e aumentar a produtividade dos assalariados, única maneira de aumentar seu bem-estar. Será esta a tarefa da política do trabalho: garantir a liberdade de negociação social entre o patrão e seus empregados, impedindo todas as práticas violentas dos sindicatos

**117** | Ver capítulo 1, nota 29.

**118** | Para o desenvolvimento político das guerras neoliberais contra os sindicatos, ver o capítulo 9, p. 230-3.

Esta, para muitos autores neoliberais, já é antiga — vem desde os primeiros passos do reformismo social do século XIX. Não compreendemos nada do neoliberalismo se não o situamos no quadro dessa transformação maior das sociedades capitalistas, que vê mecanismos securitários e redistributivos serem criados para corrigir, ainda que apenas um pouco, as imensas desigualdades nascidas da Revolução Industrial e as formas de pobreza que a acompanharam. Porque para os neoliberais, e isso desde que apareceram na cena política, não se tratava apenas de denunciar uma ameaça distante ou um sistema estranho, mas de combater, passo a passo, tudo o que pudesse estender a influência do socialismo em nossa sociedade. Os piores socialistas não seriam, afinal, aqueles que querem aclimatá-lo em pequenas doses, para finalmente conseguir impô-lo em sua totalidade? A institucionalização progressiva dos dispositivos sociais e a adesão que a população demonstrou em relação a eles, longe de amenizarem a posição dos neoliberais, no fundo, não mudaram nada. Em Hayek, que não é o mais radical em relação a esse assunto, nota-se perfeita continuidade de pensamento entre 1944, em *O caminho da servidão*, e 1960, com *A constituição da liberdade*. Desde sua primeira obra, Hayek admite que uma sociedade próspera pode e deve assegurar o mínimo de segurança a todos os seus membros e não vê contradição alguma entre um regime securitário que proteja contra as "correntes vicissitudes da vida" e o regime de concorrência (Hayek, 1944, p. 230 ss.). Entretanto, essa segurança não pode se estender até a garantia de estabilidade de renda a todos, porque a economia de mercado e a liberdade individual não sobreviveriam. Ora, esse é o problema de um período em que, entre as massas, "a exigência da segurança torna-se cada vez mais geral e imperiosa. Termina-se por desejá-la a qualquer preço, mesmo ao preço da liberdade" (Hayek, 1944, p. 235). No entanto, é justamente essa liberdade, em especial a de escolha entre empregos em função de suas diferentes remunerações, que melhor garante a segurança de todos. O desejo de garantir a segurança de renda de alguns provoca insegurança econômica para todos os outros, ao mesmo tempo que os priva de liberdade. Esse argumento, que opõe os que "estão dentro" e os que "estão fora", ainda é utilizado atualmente: ou não se diz que é por causa dos assalariados protegidos que os demais sofrem com o desemprego e a precariedade? Em *A constituição da liberdade*, a argumentação é muito mais desenvolvida e se modifica um pouco. Uma vez constatado que o objetivo revolucionário de expropriar os capitalistas havia sido abandonado pelos dirigentes dos principais partidos socialistas, Hayek afirma que estes o substituíram por outro, menos ambicioso, mas igualmente perigoso para a economia livre, a saber, a extensão da redistribuição das rendas com vistas a equalizá-las. O objetivo dos seguros sociais não era, inicialmente, redistributivo; eles pretendiam apenas garantir uma renda aos mais desprovidos ou aos "acidentados da vida". Contudo, desviou-se progressivamente do sentido inicial desses seguros para transformá-los em instrumento dissimulado de uma política igualitária de inspiração socialista:

> É como meio de socializar a renda, de criar uma espécie de Estado paternalista que distribui benefícios em dinheiro ou bens àqueles que ele avalie como mais merecedores, que o Estado-providência se tornou, para muita gente, o substituto de um socialismo fora de moda. Concebido como alternativa para o método agora desacreditado da economia dirigida, o Estado-providência, ao empreender a criação de uma "justa repartição", distribuindo rendas nas proporções e sob as formas de sua escolha, é efetivamente mais uma nova forma de buscar os velhos objetivos do socialismo. (Hayek, 1944, p. 289)

Isso fez desses organismos securitários, tornados monopólios estatais, órgãos de "métodos coercitivos e essencialmente arbitrários", que tomam do bolso dos ricos para transferir fundos às pessoas que não necessariamente precisam deles nem fizeram nada para merecê-los, mas pensam ser um "direito" vê-los concedidos (Hayek, 1944, p. 259). Hayek não questiona o papel de prestador de serviços do Estado quando esses não podem ser fornecidos pelo mercado, mas denuncia a maneira pela qual, sob pretexto de fornecê-los, o Estado, na verdade, exerce uma coerção sobre os indivíduos e concentra poderes exorbitantes:

> Se as pessoas não podem mais escolher à vontade em diversas áreas importantes da existência, tais como saúde, emprego, habitação, aposentadoria, mas devem aceitar decisões tomadas em seu lugar por uma autoridade subalterna, com base na avaliação de que ela terá efetuado o que lhes é necessário, se certos serviços passam ao controle exclusivo do Estado e se profissões inteiras — da medicina, do ensino ou do seguro — tornam-se nada mais que hierarquias burocráticas monolíticas, não será mais, daí por diante, a experiência concorrencial de todos que dirá aquilo que cada um deve receber, mas apenas os decretos do poder vigente. (Hayek, 1944, p. 261)

Em poucas palavras, o Estado-providência cria uma dependência ampliada de todos para com sua "beneficência", especialmente aposentados desencorajados de fazer uma poupança pessoal devido às cotizações obrigatórias e à inflação. Quanto à medicina estatizada que quer proporcionar cuidados a todos, mesmo àqueles que estão no fim da vida e não podem mais contribuir para o bem-estar alheio, ela não pode ser outra coisa que não cada vez mais onerosa e, ao mesmo tempo, cada vez mais ineficaz (Hayek, 1944, p. 297-9). O resultado da implementação desses dispositivos se revela, segundo Hayek, mais desastroso do que se acredita, porque, se no curto prazo eles fizeram a miséria recuar, no longo prazo só podem paralisar a economia e todo o progresso social. Apesar de ter sido desmentida, essa declaração feita por Hayek em 1960 traça nada menos que a linha de conduta permanente dos neoliberais nessa área. Uma vez no poder, os responsáveis políticos influenciados pela crítica neoliberal do Estado-providência não conseguiram, é certo, destruir completamente os sistemas securitários — Hayek, aliás, advertia que isso seria difícil. Mas eles se esforçaram no curso de uma longa luta para enfraquecer esses dispositivos, seja restringindo ao máximo suas fontes de financiamento, seja diminuindo ou racionando as prestações que ofereciam aos segurados, até incutir-lhes a ideia de que não poderiam mais contar com a seguridade social para sua saúde ou velhice. Essa desconfiança, que sempre alimenta um pouco mais os reflexos de proteção estritamente individual, é uma das grandes vitórias do neoliberalismo. Ela cria as condições subjetivas para o desmantelamento do Estado social e sua substituição por "sistemas de seguro verdadeiros, em que os indivíduos pagariam pelos serviços propostos pelas instituições concorrentes" (Hayek, 1944, p. 303).

Dessa maneira, o combate neoliberal pretende atacar a raiz do mal que corrói o Ocidente e que Hayek (2013, p. 446) chamou de "a miragem da justiça social". Foi essa superstição que justificou a redistribuição de renda, a progressividade do imposto, o igualitarismo sob todas as formas. A questão da luta é reabilitar uma concepção moderna aceitável de desigualdade entre os indivíduos, que não se liga nem ao racismo biológico nem ao chauvinismo nacional, mas apenas aos estímulos da concorrência entre todos. A desigualdade é o produto de um processo que supostamente não deve nada a qualquer desígnio voluntário. Os recursos se distribuem sempre em função de mecanismos anônimos e impessoais do mercado, resultado não intencional de milhares de interações entre os indivíduos que utilizam mais ou menos bem as informações que estão a seu alcance. Todavia, quem dispõe de "informações", quer dizer, conhecimento economicamente útil? Longe de estarem "disseminadas" ao sabor dos destinos e posições, elas estão concentradas nas classes já mais bem providas. Max Weber e Albert Hirschman lembraram como o capitalismo necessitava de uma justificativa para dar sentido àquilo que a moral popular seria tentada a reprovar. É essa a dificuldade que uma concepção tão fatalista das desigualdades encontra, pois se revela muito frágil para "justificar o capitalismo" aos olhos de todos aqueles que são os perdedores na corrida até a riqueza. Também foram necessários outros meios, além do recurso à cega lógica do mercado, para fazer as populações aceitarem a ordem concorrencial.

# 6

As estratégias neoliberais da evolução social

Não há apenas uma única via para o desenvolvimento do neoliberalismo — essa é a lição que se deve tirar das últimas décadas, quando vimos a direita e a esquerda recorrerem às mesmas orientações fundamentais para se distinguirem essencialmente em suas relações com os valores e o nacionalismo. Essa clivagem cultural no contexto de um acordo substancial não é novidade. Desde os anos 1930, duas vias se opõem: a via modernizadora e adaptativa e a via conservadora e compensatória. Como é possível tal ubiquidade política? O retorno às doutrinas permite compreender melhor essa relação diferente com a modernidade e a tradição.

Por questões de simplificação, uma vez que os autores oferecem gama quase infinita de matizes e combinações, vamos distinguir três grandes tipos de posições estratégicas na literatura neoliberal, às quais se pode associar, respectivamente, um autor emblemático: uma estratégia de modernização por adaptação às mudanças introduzidas pela competição mundial e nacional (Lippmann); um conservadorismo assumido que visa defender as comunidades orgânicas e hierárquicas (Röpke); um evolucionismo que concilia tradições e mudanças em processos lentos de experimentação social (Hayek). É certo que essas opções estratégicas podem se conciliar na prática, mas elas dão, às formações políticas e aos movimentos ideológicos que as encarnam, cores muito diferentes. O que não varia é o núcleo duro do anticoletivismo e a defesa de um capitalismo concorrencial. Por outro lado, podem variar os vetores ideológicos que permitem difundi-los e colocá-los em prática. Dessa forma, a estruturação contemporânea do campo político permite aos neoliberais encontrarem-se em margens partidárias aparentemente opostas, enquanto concordam, grosso modo, sobre a política econômica pró-business que deve ser seguida: democratas *versus* republicanos nos Estados Unidos, trabalhistas *versus* conservadores na Grã-Bretanha, esquerda *versus* direita na França — e o esgotamento desse tipo de oposição ilusória conduz ao "dégagismo"[119] e ao aparecimento de estranhas sínteses, como aquelas das grandes coalizões ao modo alemão ou, hoje, aquela do estilo macroniano.

Como Wendy Brown (2019) apontou com justiça em *Nas ruínas do neoliberalismo*, a fusão do neoliberalismo e do neoconservadorismo encarnada pelo trumpismo certamente pode ser analisada como uma estratégia de instrumentalização recíproca de duas lógicas heterogêneas. Mas não conseguiríamos, por outro lado, fazer a economia de uma reflexão sobre as *afinidades eletivas* que o neoliberalismo tem estabelecido, desde seus primórdios, com certo número de temáticas próprias ao pensamento conservador. Mais que uma aliança com ares paradoxais entre um neoliberalismo inicialmente progressista e aberto e um neoconservadorismo hostil a toda transformação social, é, então, o lugar que cabe aos "valores" da tradição, da família e da religião que convém interrogar no seio do pensamento neoliberal. O que convida a apreender tal aliança não tanto como uma sorte de fenômeno artificial e antinatural, mas como uma conexão relacionada a uma tendência inerente ao próprio neoliberalismo, pela importância decisiva que, muito cedo, certo número de seus teóricos atribuiu à estrutura familiar tradicional e aos valores hierárquicos que ela encarna e transmite.

---

**119** | Neologismo derivado do verbo *dégager* (tirar, desobstruir), em francês, de uso político recente. Refere-se à atitude de insubordinação em relação a uma determinada autoridade pública. Não possui coloração ideológica específica. Aproxima-se da ideia de desobediência civil, embora seu sentido corrente seja mais amplo, podendo designar, por exemplo, um comportamento de aversão geral à política, que se manifesta, no entanto, pelo voto. [N.T.]

## A modernização
## em Lippmann

Barbara Stiegler propôs que as teses do publicista estadunidense Walter Lippmann — autor de *The Good Society*, obra
publicada em 1938 e central na história do neoliberalismo —
se tornassem a principal matriz dessa ideologia. Se para os
ultraliberais laisser-fairistas herdeiros de Herbert Spencer
as mudanças econômicas e sociais caminham juntas e se
harmonizam espontaneamente na "luta pela sobrevivência",
Stiegler lembra que, para Lippmann, a Revolução Industrial
criou, pela primeira vez na história da humanidade, "uma situação completamente inédita de desadaptação que explica
todas as patologias sociais e políticas de nossa época, agrava-
das pelo laisser-faire. É preciso, então, repensar a ação política como uma intervenção artificial, contínua e invasiva sobre
a espécie humana com fim de readaptá-la às exigências de
seu meio" (Stiegler, 2019, p. 15).

Assim, o evolucionismo de Lippmann conduz a render-se
não aos processos espontâneos da competição selvagem, mas
a um intervencionismo jurídico e político de novo tipo. Resultando de uma expertise qualificada, esse intervencionismo visa modernizar as instituições e as subjetividades para
ajustá-las às evoluções econômicas e tecnológicas próprias a
essa novidade na história, a saber, a brutal ruptura introduzida
pela Grande Sociedade, aquela da divisão do trabalho em escala nacional e internacional. A questão mais urgente, porque
condiciona a crise em que a sociedade ocidental se encontra
mergulhada, é, então, aquela da adaptação dos indivíduos a
um meio radicalmente novo, que se estende, para muito além
da cidade e mesmo da nação, ao mundo inteiro. É, para ele, o
"evento mais revolucionário de todos os tempos", no sentido de
que impõe um estilo de vida completamente diferente. Tudo
o que formava o quadro vital nas comunidades locais regidas
por instituições, costumes e crenças ancestrais fora irreme-
diavelmente abalado. A Revolução Industrial do século XVIII

e os formidáveis ganhos de produtividade engendrados pela divisão do trabalho e pelo emprego de máquinas tiveram, por efeito, destruir as bases econômicas da vida relativamente autárquica que até então a grande maioria dos habitantes levava. Lippmann insiste nesse ponto: a verdadeira revolução já começou e é uma revolução total, permanente e que se acelera. A crise não é econômica, é social. Ela se estabelece no desajuste entre a nova economia mundializada, altamente produtiva, e os hábitos de vida e mentalidades que correspondem ao antigo modo de produção. Os homens tinham criado um universo mental perfeitamente adaptado às comunidades locais relativamente fechadas nas quais viveram durante milênios. Foi toda essa aparelhagem que se tornou inútil, e até mesmo nociva, para sua adaptação à nova realidade mundial. Seria vão tentar frear tudo isso, mais ainda inverter seu curso, afirma Lippmann. Não haverá retorno nem ao artesanato, nem à agricultura camponesa. Nenhuma outra via é imaginável, todo "atraso cultural" será punido pelo mercado. As nações que resistirem a essa transformação serão invadidas e submetidas pelas mais fortes, da mesma forma que todos os indivíduos "atrasados" serão as grandes vítimas de um processo em vias de aceleração. O "atraso cultural" consiste no fato de que as mentalidades e as maneiras de pensar mudam mais lentamente que as técnicas e as organizações produtivas. Diante da novidade, os indivíduos reagem com as formas antigas de pensar, tentando, por exemplo, recriar uma comunidade fechada, o que nutriu diferentes variantes de coletivismo. Então, como tratar esse desajuste de grande parte da população, como readaptar a humanidade a esse grande quadro? É a grande questão política colocada aos governos modernos. A ação pública e jurídica vai se revelar particularmente necessária para reformar a sociedade e mudar em profundidade os indivíduos. Reconstituir uma ordem social que se ajuste à grande revolução pressupõe um leque muito importante de intervenções de readaptação, definidas e aplicadas por experts, já que as massas não têm, por si mesmas, os recursos intelectuais para tanto.

Reler Lippmann hoje, sob o ângulo da estratégia neoliberal, provoca um estranho efeito de reconhecimento. Vemos em sua obra, e numa forma muito elaborada, a injunção à "modernização das estruturas" e, mais precisamente, o chamado para a adaptação das mentalidades à "realidade econômica". Do pós-guerra até hoje, uma imensa literatura política e administrativa entoou, sobre todos os tons e em todos os domínios, a mesma denúncia dos atrasos a suprir, dos obstáculos a superar, das resistências a quebrar. "Desbloquear a sociedade": essa foi a palavra de ordem da direita dinâmica e da esquerda moderna nessas últimas décadas. O imobilismo é o inimigo da sociedade, os freios, as inércias que bloqueiam o crescimento e o progresso. Essa injunção foi se intensificando com a globalização capitalista e a pressão para a competição por ela engendrada. No plano prático, o neoliberalismo aparece, então, como uma máquina de destruir todas as oposições a uma economia globalizada estruturada pela norma da concorrência. Mas, se concordamos com Stiegler sobre a importância totalmente central de Lippmann, para melhor apreender a injunção estratégica à adaptação, reduzir o neoliberalismo a essa opção modernizadora seria um caminho equivocado. Porque, quando nos debruçamos sobre o tom predominante dos "laboratórios" como a Sociedade Mont-Pèlerin ou sobre as linhas políticas dos grandes partidos de direita e mesmo de esquerda, somos surpreendidos pela importância de uma via estratégica muito diferente e, sob muitos aspectos, até mesmo oposta, no sentido de que não se trata mais de adaptar os indivíduos à Revolução Industrial, mas de proteger os valores mais tradicionais, de defender (até de restaurar, se necessário) as comunidades locais e as unidades de produção artesanais e familiares.

O hiperconservadorismo
sociológico de Röpke

Poderia parecer estranho definir, como fazia Bourdieu, o neoliberalismo como uma "revolução conservadora",[120] quando sabemos a que ponto o que foi designado sob essa categoria na Alemanha de Weimar (com o culto aos ancestrais e ao povo da Germânia) parece ter pouca relação com o neoliberalismo tal como ele apareceu nos anos 1970. Se não podemos, com efeito, assemelhar os teóricos do *Blut und Boden*[121] aos neoliberais alemães, uma vez que estes eram radicalmente contrários ao nacionalismo econômico, devemos, no entanto, reconhecer que o neoliberalismo não pode se reduzir à injunção à modernização social e econômica que encontramos em Lippmann, e que ele também representou uma *utopia passadista*, da qual autores que têm papel tão central quanto Lippmann na constelação neoliberal são virulentos promotores.

Assim, a empresa de restauração dos valores tradicionais tem papel central no ordoliberalismo de Wilhelm Röpke. O que vivemos é "uma crise espiritual e religiosa" que nenhuma "política econômica" poderá eliminar sem ser acompanhada de uma "política de sociedade" (*Gesellschaftspolitik*), tomada no sentido preciso de uma operação de reintegração social. Essa política de sociedade é indispensável, porque a crise presente é de natu-

---

120 | "De modo geral, o neoliberalismo faz voltar, sob as aparências de uma mensagem muito chique e muito moderna, as ideias mais arcaicas do patronato mais arcaico. [...] É característico das revoluções conservadoras, a dos anos [19]30 na Alemanha, a de Thatcher, Reagan e outros, apresentar restaurações como revoluções" (Bourdieu, 1998, p. 40 [1998, p. 31]). A esse respeito, ver Laval (2018, p. 225 ss. [2020, p. 246 ss.]).

121 | Ideologia de cunho biologista do partido nazista que relacionava a "etnia ariana" ao solo nacional — o que serviu como uma das justificativas para a expulsão de judeus e ciganos da Alemanha. *Blut*, "sangue", seria a representação de ascendência e consaguinidade; *Boden*, "solo", seria a relação com o local de origem. [N.E.]

reza fundamentalmente "sociológica".[122] O que caracteriza seus escritos, então, é a preocupação constante em corrigir os efeitos da desintegração social por meio de uma política visando, pela reabilitação das comunidades "naturais" (família, vizinhança, povoado), assegurar um quadro estável e moralizador aos indivíduos (Röpke, 1946). Mais ainda: como ele mesmo destaca em outra obra (Röpke, 1958), essa inquietude se deve a raízes bem mais profundas, ligadas a valores cristãos tradicionais que precisam ser absolutamente preservados. Desde os anos 1930, Röpke compartilha essas posições antimodernas com vários autores para além do ordoliberalismo. Suas obras dos anos 1940, em especial *Die Gesellschaftskrisis der Gegenwart* [A crise do nosso tempo] e *Civitas humana*, permitiram que os partidários de uma ordem autoritária renovassem suas referências e predileções ideológicas depois do descrédito do nazismo e dos regimes que lhes eram próximos. Não comprometido com o nazismo, Röpke estava perfeitamente em condições de fazer uma síntese entre liberalismo e Estado forte, revestida de uma retórica poderosamente conservadora. Com Hayek, ele encarnará um polo intelectual de resistência às ideias de esquerda que iam de vento em popa no período imediatamente posterior à guerra. Em seu percurso de pensador conservador, com frequência seria ainda mais radical que Hayek, como em seu apoio indefectível ao apartheid na África do Sul.[123]

Para Röpke, a civilização ocidental conhece uma "crise total" por causa das transformações morfológicas e morais nascidas da dupla revolução que ela conheceu desde o século XVIII: a revolução econômica do capitalismo e a revolução política da democracia. A terceira via que ele preconiza pretende inverter os processos de desintegração social e de desmorali-

---

122 | Jean Solchany (2015, p. 50) escreveu: "Wilhelm Röpke é o José Ortega y Gasset da Suíça do pós-guerra, sua retórica apocalíptica é fascinante".

123 | Ver Solchany (2015, p. 405). Essa biografia de Röpke desmente definitivamente as interpretações que veem no sociólogo neoliberal um contraponto moderado ao "ultraliberalismo" de Hayek e fazem dele o poeta de um "liberalismo anticapitalista".

zação das massas, entendidos como sintomas de uma "sociedade doente" caracterizada por seu "vazio moral e espiritual produzido pela dissolução de todas as normas e valores admitidos, pelo consumo de todas as reservas culturais de um século agitado" (Röpke, 1962, p. 14). Se, nesse sentido, encontramos nele os grandes temas "antimodernos", a originalidade de sua posição está na articulação estreita que estabelece entre o mercado concorrencial e os valores da tradição. A política de sociedade deve associar à defesa intransigente da economia de mercado — que "responsabiliza o indivíduo" — a promoção de um quadro social e moral no qual o indivíduo reencontrará o sentido do comedimento, do trabalho, da honestidade, da relação altruísta e, sobretudo, o sentido da hierarquia e da comunidade. A vila e sua vizinhança revigorante, a família, a paróquia, a comuna e a profissão, de preferência no modelo da condição camponesa e artesanal, são imagens opostas à proletarização, à cidade gigante, ao maquinismo. A Suíça oferece, a seus olhos, o modelo de um país que até o momento resistira a essa crise geral. Aqui, não se trata, como na versão lippmanniana do neoliberalismo, de uma adaptação à modernidade capitalista e à concorrência mundial. Ao contrário, propõe-se uma *compensação estratégica* que consiste na reintegração dos indivíduos em comunidades orgânicas, única barragem eficaz ao coletivismo.

Röpke apela, nesse sentido, a um verdadeiro "renascimento espiritual", que ele compreende como um retorno à base civilizacional que foi o cristianismo.[124] É a "degenerescência sociológica" que é preciso combater, porque ela é o principal fator dos males da sociedade. Essa degenerescência devida à *Vermassung* ou à massificação, cujo tema vem diretamente de Ortega y Gasset, só pode ser superada por uma restauração de estruturas hierárquicas em que "cada membro dessa

---

124 | As teses de Röpke tiveram grande influência nos meios católicos e ajudaram a formular o corpo doutrinal da democracia cristã alemã. Ver Solchany (2015, p. 41).

sociedade tem a felicidade de saber qual é o seu lugar" (Röpke, 1962, p. 20). Trata-se de opor a integração nas comunidades autênticas, cujos membros veneram a autoridade legítima, à "pseudointegração" na "sociedade de cupins" e à "caixa de areia" onde os indivíduos são, ao mesmo tempo, aglomerados e isolados, e só encontram no Estado coletivista a vã esperança de algo melhor. O mais preocupante, segundo Röpke, é a "decadência da família, que caminha com a evolução patológica geral e prova como ela modifica as condições elementares de uma existência sadia e de uma sociedade bem ordenada". Porque a família, "espaço natural da mulher, campo de educação das crianças e célula a mais natural da comunidade", está se transformando em simples "comunidade de consumo ou lazeres", particularmente instável no momento em que os povoados perdem população ou se transformam em "sórdidas periferias" (Röpke, 1962, p. 27-8). Desfiar todos os temas da deploração conservadora de Röpke é tarefa interminável.

Segundo essa opção estratégica, evitar o perigo coletivista supõe, de uma só vez, Estado forte *e* estruturas naturais de enquadramento de proximidade do indivíduo. Não há uma coisa sem a outra. Então, não há nenhuma contradição entre a economia concorrencial e a comunidade natural, mas uma articulação necessária, a única que permite uma "economia sadia em uma sociedade sadia". Essa é a utopia passadista ou arcaizante de Röpke: "A humanidade será entregue verdadeiramente ao coletivismo enquanto ela não tiver outro objetivo palpável diante de seus olhos; dito de outra forma, enquanto não tiver, perante o coletivismo, um contraprograma pelo qual poderá verdadeiramente se inflamar" (Solchany, 2015, p. 85).

É possível avaliar a distância considerável entre a opção modernizadora e adaptativa de Lippmann e a conservadora, de Röpke, por suas apreciações divergentes acerca da divisão do trabalho. Para o segundo, essa divisão foi levada longe demais e, rompendo modos de trabalho e de vida tradicionais, conduziu ao surgimento de grupos de pressão, sindicatos, cartéis e associações profissionais que não pararam de colocar o Estado sob o jugo dos interesses particulares e perturbar a concorrência a ponto de destruir a saudável "democracia dos consumidores". Não se trata de se adaptar à divisão do trabalho e ao industrialismo, como em Lippmann, mas de "fortalecer e favorecer as formas de vida e de ganho ainda não atingidas pela massificação e pela proletarização" (Röpke, 1962, p. 242). A evolução do capitalismo é cheia de perigos em função da monopolização da economia que destrói a concorrência, elimina as pequenas empresas e deteriora o quadro de vida rural e aldeão. Entretanto, esse conservadorismo não é, de forma alguma, "anticapitalista" — ao contrário, uma vez que é por meio da conservação ou mesmo da revitalização das comunidades naturais e da defesa das pequenas empresas que se poderá evitar "a revolta anticapitalista das massas" (Röpke, 1962, p. 32). Se Röpke menciona a degeneração do capitalismo — que, incapaz de se liberar das heranças feudais da grande propriedade de terras e posições privilegiadas, chegou ao gigantismo industrial, à concentração de fortunas e rendas e à proletarização —, ele considera, por sua vez, que o capitalismo das grandes organizações é uma excrescência infeliz da economia do mercado concorrencial (Röpke, 1962, p. 127 ss.). Nesse sentido, a crítica do capitalismo existente equivale a uma idealização conservadora de um capitalismo de pequenas empresas independentes.[125] O ideal se encontra na pequena empresa que garante a autonomia da pessoa e desenvolve sua responsabilidade, e o modelo a ser seguido é o da pequena exploração agrícola familiar. Todavia, a desproletarização esperada não é contrária à empresa e seu espírito. Ela seria, antes, consequência da difusão em larga escala da "forma de vida e de ganho" da pequena empresa independente. Röpke (1962, p. 252) cultiva a ilusão de um capitalismo popular que respeita o mérito individual e

---

**125** | Patricia Commun (2016, p. 372), em seu livro apologético sobre o ordoliberalismo, acredita ver no capitalismo do sul da Alemanha, da Suíça e do norte da Itália uma realidade que teria "encantado" Röpke.

faz de cada proletário um proprietário de sua casa, de um lote de terras e de ações de empresas, quer dizer, um "pequeno capitalista", segundo sua própria fórmula. Vamos encontrar em Valéry Giscard d'Estaing e principalmente em Thatcher essa temática do "todos são proprietários". Mas todas essas medidas sociológicas, que, nesse sentido, devem ser cuidadosamente diferenciadas das políticas de assistência social, visam reforçar o mercado concorrencial. O "ponto central" das medidas tomadas no quadro das "intervenções conformes" "será o mercado e a livre-concorrência não fraudulenta, em que o sucesso privado e econômico sempre é proporcional ao serviço prestado e às prestações concedidas ao consumidor" (Röpke, 1962, p. 260). Em outros termos, por mais diversos — e às vezes surpreendentes — que possam ser esses modos de intervenção pública, eles não têm legitimidade senão para reforçar e sustentar o princípio de concorrência. Em resumo, para Röpke, mercado e conservadorismo não são inconciliáveis e são, ambos, indispensáveis em uma sociedade livre. Essa configuração permite compreender a recomposição das ideologias dos partidos conservadores que, depois da Segunda Guerra Mundial, apresentaram-se como defensores da religião e da moral mais rígida e, ao mesmo tempo, como promotores da maior liberdade às empresas e ao mercado. Para essas formações conservadoras, isso levava, de um lado, a tornar-se cego para as consequências sociais e morais do capitalismo em um passe de mágica, dissociando a forma real do capitalismo histórico e a essência ideal de uma economia de mercado pura. De outro lado, isso se mostrava muito rentável politicamente, inclusive entre as classes trabalhadoras, neutralizando o "anticapitalismo das massas" pela vinculação de frações mais ou menos importantes dos meios populares aos valores e instituições tradicionais, ao patriarcado, à autoridade e ao conformismo moral.

## Evolucionismo e conservadorismo em Hayek

Em um texto bem conhecido, intitulado "Warum ich kein Konservativer bin" [Por que não sou um conservador], Hayek se esforçou em evitar qualquer confusão entre "liberalismo" e "conservadorismo" (Hayek, 1994, p. 393-406). O que separa os "defensores da liberdade" dos "verdadeiros conservadores" é, primeiramente, o tipo de relação com o tempo e a mudança: o conservadorismo atribui importância intrínseca ao passado e se caracteriza, portanto, por certo imobilismo, enquanto a "política da liberdade" defendida por Hayek não é tão "nostálgica ou voltada para o passado" (Hayek, 1994, p. 395), tampouco hostil à mudança (Hayek, 1994, p. 400). Mas de que modo um "liberal" como Hayek, que se apega tanto em *não* ser conservador, pode, então, vir a defender os valores tradicionais (Brown, 2019, p. 13)?

Nesse famoso texto que se reivindica como o manifesto de uma estratégia autenticamente liberal, Hayek sustenta que não é um conservador porque jamais se contenta com freios que querem retardar o "veículo do progresso". O verdadeiro liberal deve querer mudar as coisas e não as manter como estão. Deve ser um reformador que busca destruir todos os obstáculos ao "livre-crescimento", porque tem confiança nos benefícios da mudança quando ela resulta das evoluções espontâneas produzidas pelas interações individuais. Ora, na falta de confiança nas forças espontâneas do mercado e da sociedade, os conservadores confiam na autoridade tradicional para garantir a manutenção da ordem. Em outras palavras, um verdadeiro liberal é evolucionista: ele parte do fato de que as sociedades humanas obedecem a uma dinâmica de evolução cultural, que deve ser bem distinta da evolução biológica.

Ele recusa, então, a coerção do Estado no que concerne aos "ideais morais ou religiosos" (Hayek, 1994, p. 398). No plano político, os conservadores estão prontos para utilizar a coerção com o objetivo de "imobilizar o tempo", mostrando, dessa maneira, que eles não estão muito preocupados com os limites a impor ao poder, o que os aproxima dos socialistas, ainda que por razões inversas. Como estes, eles não têm nenhum escrúpulo em impor aos outros os seus ideais morais ou religiosos: "Às vezes eu penso que a característica mais impressionante do liberalismo, aquela que o distingue tanto do conservadorismo quanto do socialismo, é a ideia de que as convicções morais que concernem a aspectos do comportamento pessoal, não afetando diretamente a esfera protegida das outras pessoas, não justificam nenhuma intervenção coercitiva".

O erro dos conservadores nesse domínio é duplo. De um lado, dão o mau exemplo da política coercitiva e favorecem, a despeito deles, as soluções socialistas. De outro, são incapazes de projetar um caminho alternativo ao caminho dominante, que é o socialista, e se concentram na velocidade com que se caminha, não no objetivo, de sorte que se deixam levar pelo caminho errado, apesar de tentarem desesperadamente desacelerar o movimento. Os liberais, ao contrário, são os únicos a poder se opor eficazmente aos socialistas, porque propõem outro objetivo.

Em resumo, a batalha das ideias contra os coletivistas deve se dar no terreno dos projetos para o futuro. Esse foi o papel atribuído por Hayek à Sociedade Mont-Pèlerin. Ele sempre repetiu que a única maneira de suplantar o socialismo é fornecer uma utopia alternativa: "A coragem de imaginar a Utopia é, nesse caso, uma das fontes da grande força dos socialistas, que cruelmente falta aos liberais tradicionais" (Hayek, 2007, p. 286), escrevia Hayek em 1949. E assim ele formulava o programa de seu novo laboratório de ideias:

> Devemos fazer da construção de uma sociedade livre uma aventura intelectual, um ato de coragem novamente. O que nos falta é uma Utopia liberal, um programa que não seria nem uma simples defesa da ordem estabelecida, nem uma espécie de socialismo diluído, mas um verdadeiro radicalismo liberal que não

poupa as suscetibilidades dos poderosos (inclusive sindicatos), que não seja muito aridamente prático e não se confine ao que pareça politicamente possível hoje. (Hayek, 2007, p. 292)

As alianças entre liberais e conservadores são certamente necessárias diante do socialismo, mas elas não devem mascarar as profundas divergências na atitude de uns e outros: "A resistência comum à maré coletivista não deveria jogar às sombras o fato de que a fé na liberdade integral se funda essencialmente sobre uma atitude de preparação do futuro e não sobre um apego nostálgico aos tempos passados ou sobre uma admiração romântica daquilo que já foi" (Hayek, 1994, p. 282). Nada favoreceria mais o socialismo que a defesa das elites estabelecidas ou a proibição das ideias e dos conhecimentos novos. Da mesma forma, um verdadeiro liberal não é chauvinista e não defende cegamente o nacionalismo e o imperialismo com o pretexto de que seu país seja superior aos outros. O verdadeiro liberal pertence ao "partido da vida, o partido que defende o crescimento livre e a evolução espontânea". O incômodo de Hayek, que o fez confessar que não sabia muito bem como se identificar, deve-se ao fato de que o qualificativo "liberal" se tornou fonte de confusão, sobretudo nos Estados Unidos. De um lado, ele foi apropriado pelos radicais e socialistas. De outro, a liberdade se tornou uma "tradição", de maneira que pode parecer idêntico defender as instituições que condicionam a liberdade e defender tudo o que existe. Para evitar o problema, Hayek gostaria de ser reconhecido como um *old whig* do século XVIII,[126] preocupado, sobretudo, em colocar limites ao poder. Mas o que Hayek tende a omitir, nesse texto, é a importância crucial, para o próprio funcionamento da ordem do mercado, da "tradição" e

---

126 | Referência à corrente política inglesa identificada com o liberalismo e opositora dos *tories* (conservadores). Entre outras características, os *whigs* eram contrários à monarquia absolutista e favoráveis ao parlamentarismo. [N.E.]

dos valores convencionais da religião e da família, dos valores que só podem basear-se na "conformidade voluntária". Em *A constituição da liberdade*, por outro lado, ele chega a afirmar que a "reverência pelo tradicional" é "indispensável ao funcionamento de uma sociedade livre" (Hayek, 1994).

É nesse ponto que se observa uma curiosa exceção ao posicionamento de não coerção de Hayek. Para salvar a "sociedade livre", se estiver ameaçada, a coerção seria admissível e mesmo indispensável:

> Em certos casos, se essas convenções não forem respeitadas, será imperativo, para garantir o funcionamento regular à sociedade, impor, pela coerção, uma uniformidade equivalente. Consequentemente, por vezes a coerção não pode ser evitada senão porque existe um grau elevado de conformidade voluntária, o que leva a dizer que a conformidade voluntária é, sem dúvida, um ingrediente que condiciona o uso frutífero da liberdade. (Hayek, 1994, p. 61)

Mas, então, quais são esses casos em que a coerção é necessária para restabelecer uma "uniformidade" equivalente à conformidade voluntária? E, aliás, quem deve exercer essa coerção?

Para compreender o que parece ser uma exceção à regra de não coerção, é preciso lembrar que uma das primeiras oposições em Hayek se situa entre a coerção arbitrária e a evolução espontânea, que remete a uma série de outras oposições constitutivas de seu sistema de pensamento: entre *taxis* (como ordem organizada produzida por intenção deliberada) e *kosmos* (como ordem espontânea resultando de práticas), entre *thesis* (a lei do legislador) e *nomos* (o direito que resulta das inter-relações, codificado pela jurisprudência) e, por fim, entre razão e tradição. As regras do mercado, que estão, como os valores morais, no fundamento da sociedade e da economia, não são o resultado de decisões arbitrárias; elas são o fruto de uma evolução espontânea que deu nascimento a uma "tradição". As instituições, os códigos morais e as regras de conduta econômica são heranças do passado que foram pouco a pouco selecionadas, conservadas, transformadas e transmitidas pelas gerações precedentes. Isso porque foram úteis a determinado grupo humano, dando-lhe maiores chances de sobrevivência e predominância sobre os outros: "As ferramentas fundamentais da civilização — a linguagem, a moral, o direito e a moeda — são todas frutos de um crescimento espontâneo, e não de um desígnio" (Hayek, 2013, p. 897-8). As regras, os valores e as instituições em vigor foram progressivamente adotados porque estavam adaptados a nossos usos, a nossas práticas, a nossas relações com o ambiente, como se fossem o fruto de uma "mão invisível" que soube selecionar as melhores soluções fora de qualquer vontade consciente. Em nenhum caso são estabelecidos propositadamente, segundo um plano preconcebido e pretensamente racional. Regras de mercado e regras morais obedecem à mesma dinâmica espontânea e não têm outras funções senão servir de referências normativas comuns a nossas trocas. Wendy Brown (2019, p. 106) tem razão ao falar da "simetria ontológica" entre valores de mercado e valores morais. Sem eles, a sociedade seria desregrada e exposta a investidas subversivas que conduziriam à supressão da "sociedade livre". O sistema normativo da civilização ocidental é o único a estabelecer uma concordância entre regras do mercado e regras morais. O mercado, explica Hayek, não poderia, na verdade, estabelecer-se senão "pela difusão de certas atitudes morais gradualmente elaboradas que, ao se difundirem, receberam a adesão da maior parte dos habitantes do mundo ocidental". Essas atitudes foram desenvolvidas pelos agricultores, artesãos e comerciantes que "tinham um ideal moral em que a estima chegava ao homem prudente, ao bom chefe da casa e provedor que garantia o futuro de sua família e de seus negócios acumulando capital, guiado menos pelo desejo de muito consumir que pela ambição de ser considerado como previdente e hábil por seus colegas, cujos objetivos eram análogos" (Hayek, 2013, p. 901). Para Hayek, esses valores morais não são um "suplemento" ao mercado, mas, ao contrário, sua condição: "Entre essas convenções e costumes em uso nas relações humanas, as regras morais são as mais importantes, sem, por isso, serem as únicas significativas" (Hayek, 1994, p. 61).

Desse modo, a ordem moral e econômica, à semelhança da linguagem e da inteligência, é o fruto de uma evolução espontânea e deve, portanto, ser protegida da presunção racionalista e construtivista que animou o progressismo ocidental. As ordens espontâneas têm duas grandes propriedades: não intencionalidade e imprevisibilidade.[127] Os indivíduos ignoram as regras que seguem porque elas resultam de suas relações, e não de desígnio consciente. Eles obedecem não a sua razão, mas à tradição: "O que tornou os homens bons não foi nem a natureza nem a razão, mas a tradição" (Hayek, 2013, p. 893). Por tradição, é preciso entender o conjunto de regras de conduta partilhadas por um grupo, permitindo-lhe reprimir os instintos primitivos ligados a nossa natureza biológica e garantir sua sobrevivência e sua superioridade sobre outros grupos. Essas regras tornaram-se cada vez mais abstratas e impessoais à medida que a sociedade se expandia e que a divisão do trabalho se aprofundava, sendo impostas a cada um sem que se tivesse consciência disso. Hayek parece se juntar, nessas linhas, ao conservadorismo de Röpke — com a diferença de que para ele a questão não é retornar a essas pequenas comunidades: é preciso deixar o sistema normativo evoluir "com base na tradição" ou, mais precisamente, deixar passar as inovações na medida em que, ao se expandirem, reforcem o sistema normativo "sob o ângulo da eficácia da contribuição delas para a formação do mesmo gênero de ordem global de atividades que servem a todas as outras" (Hayek, 2013, p. 906). Uma vez que as regras morais e econômicas formam um sistema, a única mudança admis-

---

**127** | Ver KERVÉGAN, Jean-François. "Y a-t-il une philosophie libérale? Remarques sur les œuvres de J. Rawls et F. von Hayek" [Há uma filosofia liberal? Comentários sobre as obras de J. Rawls e F. von Hayek], *Rue Descartes*, n. 3, p. 51-77, jan. 1992.

sível é, por conseguinte, aquela que o fortalece, "reparando" as disfunções ou as incoerências normativas. A evolução cultural de uma sociedade de mercado pode corrigi-la, melhorá-la; ela só pode ser lenta e parcial. Em nenhum caso, pode "refazer tudo do zero", como pretenderia uma revolução. A inovação é legítima quando recebe "a aprovação da sociedade em seu conjunto". O paradoxo é grande: só o conformismo do grupo pode legitimamente validar a inovação à margem. As minorias desviantes não têm muito lugar, e a pluralidade de valores e costumes é, de imediato, excluída. Só se pode exercer a liberdade no conformismo de todos. Para dizer a verdade, não é nada original. É um velho *topos* do pensamento reacionário afirmar que não se pode ser livre se nos entregarmos às paixões e pulsões.

No entanto, o ideal moral necessário ao mercado foi cada vez mais subvertido pela reativação de pulsões primitivas do desejo, do consumo e da igualdade, liberadas pela vida e pelo trabalho em grandes organizações que não precisam mais desses valores morais. Assim, essas transformações dos modos de vida e de trabalho despertaram um socialismo que não é nada além de um "atavismo fundado em emoções originais", do mesmo modo, aliás, que o conservadorismo que desejaria voltar aos pequenos bandos da era primitiva, fechados neles mesmos (Hayek, 2013, p. 902).[128] É o mesmo que dizer que todo o processo civilizacional se encontra em questão pela emergência de reivindicações sociais e "contraculturais". E já que o controle moral do grupo sobre o indivíduo não se exerce mais de forma suficientemente eficaz, a intervenção de um poder externo é necessária para garantir essa repressão do instinto.

Voltamos, então, a nosso problema inicial: a coerção para defender os valores da tradição aparece como necessária e legítima quando uma inovação ameaça o sistema normativo de uma sociedade livre. O que a ameaça é o retorno bárbaro dos

128 | Ver também Hayek (2013, p. 912).

instintos primitivos de ciúme, inveja e as "ideias atávicas" de igualdade e de justiça distributiva. Duas superstições devem ser particularmente afastadas: a primeira é o igualitarismo dos socialistas, que arruína o esforço e o mérito, desresponsabilizando o indivíduo; em seguida, a psicanálise, que destrói a cultura ao querer abolir as repressões sobre as pulsões naturais. Foi ela que levou à educação permissiva e à contracultura, que favoreceram o "terrorismo" (Hayek, 2013, p. 922). Marx e Freud ("o maior demolidor da cultura") são os nomes dessa grande ameaça que é preciso combater. Na realidade, o liberalismo de Hayek favorece a repressão coletiva do que pode parecer aos olhos da maioria como imoral, resultando do puro instinto. Ao contrário do que Hayek pretende, essa posição não supõe simplesmente "deixar fazer" a seleção cultural e não se baseia apenas sobre uma "conformidade voluntária"; ela pede uma vigilância repressiva permanente para combater os "inimigos" da sociedade livre e assegurar tanto quanto necessário os valores da hierarquia e da tradição contra as derivas do igualitarismo e da permissividade. Trata-se precisamente do "sistema" em seu conjunto. Essa repressão, normalmente, não é obra do Estado. De um lado, é deixada à opinião pública impregnada de religiosidade e, de outro, aos juízes, de quem se espera que expressem o *nomos* da sociedade, com a missão de adaptar a jurisprudência às necessidades das interações. Em geral, é pela pressão conformista da maioria e da judicialização das relações sociais que se opera essa lenta adaptação da tradição às necessidades. Mas, em caso de necessidade absoluta, cabe ao Estado, excepcionalmente, exercer a coerção para defender instituições e valores. Hayek apropria-se de uma ideia de seu dileto Edmund Burke (1989, p. 372): "[A] sociedade não pode subsistir se não houver, em algum lugar, quem restrinja as vontades e as paixões individuais, e quanto menos esse controle for exercido a partir de dentro, mais ele deve sê-lo a partir de fora". Nesse aspecto, Hayek é um conservador certamente mais sutil que outros. Ao fim e ao cabo, debate-se com a questão da soberania, que ele pretende, no entanto, recusar (ver capítulo 4).

Assim, não poderíamos aderir completamente à ideia defendida por Wendy Brown, segundo a qual as formas agressivas utilizadas hoje para defender as tradições morais e religiosas, em especial pelas igrejas evangélicas e pelos movimentos de extrema direita, seriam muito diferentes das preconizações hayekianas. A autora pôs em evidência esse processo de "privatização por familiarização", que corresponde à ideia de Hayek de estender a "esfera pessoal protegida", mas dá a entender que a politização da tradição moral e a instrumentalização da fé por grupos evangélicos se afastam do pensamento de Hayek e chegam, de certa maneira, a travesti-lo. Talvez Brown não tenha considerado que, para ele, deixar a evolução agir supõe assegurar e proteger as condições fundamentais, inclusive pela força, quando ela se impõe. Combater politicamente pela tradição e pela religião não é trair o liberalismo, mas proteger a tranquila evolução da sociedade. Para Hayek, a religião é um escudo extremamente eficaz contra o perigo racionalista e construtivista, que gostaria de introduzir igualitarismo social e permissividade moral, consequências inelutáveis, a seus olhos, do Estado-providência. Não esqueçamos que Hayek faz a guerra das ideias e que, para vencer, não lhe basta enaltecer evoluções civilizacionais. É preciso uma Utopia. Que ela seja eminentemente religiosa importa pouco para ele, desde que tenha força suficiente sobre os espíritos para deles expulsar os demônios socialistas. Assim, de um lado, Hayek é um verdadeiro autor reacionário, por sua defesa da "tradição", e, de outro, assume a promoção de uma utopia mobilizadora capaz de levar o máximo de indivíduos ao combate. Essa utopia é a de uma sociedade na qual a liberdade, que consiste em desfrutar de ampla esfera em que o indivíduo pode agir como preferir (desde que respeite a moral da maioria, mas fora de qualquer ingerência do Estado), seria consideravelmente extensa e diria respeito também à saúde, à educação, à cultura, à aposentadoria — todos os domínios nos quais o Estado implicou-se fortemente e nos quais, na ausência de um acordo geral, ele é obrigado a exercer restrições.

## Sobre a superioridade
## da civilização ocidental

Finalmente, os diferentes fundadores do neoliberalismo parecem ter sido todos defensores da moral tradicional, que, com o mercado e a propriedade privada, constituía, segundo eles, os núcleos da civilização ocidental. Mesmo sua concepção adaptativa não impedia Lippmann de ligar o "destino da liberdade" à defesa da "tradição do mundo ocidental, sua religião, sua ciência, seu direito, seu Estado, sua propriedade, sua família, sua moral e sua concepção da pessoa humana".[129] Entretanto, o gesto inovador de Lippmann, como o de Hayek, consistiu não em defender a moral tradicional como meros conservadores de uma ordem passada, mas em fazer dela uma das condições da adaptação à nova ordem econômica ou o resultado da evolução social espontânea. Mais do que justificá-la por princípios essencialistas, isso equivale a atribuir à moral tradicional uma função normalizadora. Também o neoliberalismo doutrinal, de um ponto de vista mais geral, é um evolucionismo cujo ponto de chegada é a civilização ocidental. Por isso, modificar o acervo moral, o quadro sociológico, as regras do mercado e o estado de direito é tarefa que se faz apenas com o maior cuidado. Essa civilização é, aliás, compreendida menos como um conjunto fixo de valores e atitudes e mais como um movimento objetivo de desenvolvimento dos comportamentos sempre enraizado na tradição. Tal lógica opõe evolução civilizada e *regressão bárbara*, justificando o uso de meios coercivos contra aqueles que inventam práticas culturais em ruptura com a tradição. É preciso não esquecer que, para o evolucionismo neoliberal, toda forma de coletivismo e de igualitarismo é uma regressão a uma forma de sociedade bárbara e tribal. É nesse sentido que Hayek (1985, p. 67) qualificará os atores da contracultura dos anos 1960 e

---

**129** | "Allocution de Walter Lippmann" [Intervenção de Walter Lippmann], em Audier (2012a, p. 424).

1970 como "bárbaros não domesticados" que colocam a civilização em perigo.

A ideia de que a refundação do liberalismo tenha por objetivo preservar a civilização ocidental de tudo o que a colocaria em risco constitui um fio condutor do pensamento neoliberal, e está presente tanto no momento da abertura do Colóquio Lippmann, em 1938, quanto no documento que apresenta os "objetivos" da Sociedade Mont-Pèlerin, em 1947. O que significa exatamente essa expressão laudatória "civilização ocidental"? Devemos entendê-la, nas palavras de Hayek, como essa "ordem estendida", resultado da "evolução espontânea" que garantiu a superioridade da "sociedade aberta" sobre as "sociedades fechadas" — que são, para ele, o conjunto de sociedades tribais governadas por uma moral e instintos primitivos (solidariedade, altruísmo); trata-se, portanto, da ordem "mais amplamente conhecida, mesmo que o termo se preste à confusão", explica Hayek, "sob o nome de capitalismo". O que o conjunto de teóricos neoliberais coloca sob a bandeira genérica de "civilização ocidental" é, portanto, o tipo específico e geograficamente situado de cultura estabelecida pelo Ocidente, percorrendo uma linha que, sem ser homogênea ou contínua, localiza seus grandes momentos fundadores na sociedade greco-romana e nas cidades italianas do Renascimento, antes de encontrar sua expressão plena no liberalismo e no desenvolvimento da indústria. Defender a civilização ocidental é, nesse sentido, defender o Ocidente, vislumbrado em sua suposta superioridade perante outras civilizações, em especial as da China, da África e da América Latina, isto é, em relação a um modo de vida e comportamento que Hayek não hesita em qualificar como "atrasado", "primitivo", "bárbaro". A afirmação da superioridade da civilização ocidental se revela inseparável do julgamento depreciativo do valor ou, mais exatamente, da ausência de valor das civilizações não ocidentais.

Mas talvez tenha sido Mises quem, em sua última obra, *Teoria e história*, ofereceu uma versão mais abertamente "racial", ao considerar que, se antigamente era impossível definir a superioridade das realizações de uma raça sobre a outra,

> em nossa época é diferente. Os não caucasianos podem detestar e desprezar os homens brancos, podem conspirar para destruí--los e ter prazer em cantar de forma extravagante os louvores de suas próprias civilizações. Mas eles aspiram às realizações tangíveis do Ocidente, sua ciência, sua tecnologia, sua medicina, seus métodos de administração e de gestão industrial. [...] Seja lá o que digam sobre a civilização ocidental, todos os povos olham suas realizações com inveja, querem reproduzi-las e admitem, assim, implicitamente, sua superioridade. (Mises, 2011, p. 204)

Por meio dessa "interpretação racial da História", Mises se defende, certamente, de todo "racismo". Estabelecer a superioridade natural das "raças caucasianas" sobre as raças "não caucasianas", ele explica, suporia provas que a ciência biológica não está, "até o momento", em condições de fornecer. Assim, é a título de "constatação da experiência histórica" que "é justo afirmar que a civilização moderna é uma realização do homem branco", sem "estabelecer [que] este fato justifique a suficiência racial do homem branco e as doutrinas políticas do racismo" (Mises, 2011, p. 205-6). Extremamente equivocada, essa posição não implica menos o que seria possível, nesse aspecto, definir como um tipo de racismo *de fato* (e não *de direito*), consistindo em afirmar a superioridade das realizações da "civilização moderna". Dessa maneira, Mises retomava argumentos já desenvolvidos em sua obra de 1927, *Liberalismo*. Explicando de forma muito simplificada que a escravidão é contrária aos princípios do liberalismo pela razão essencial de que "o trabalho livre é incomparavelmente mais produtivo que o trabalho do escravo", ele negava, na realidade, a violência da instituição escravista, chegando a dizer que, "via de regra, o tratamento dos escravos por seus senhores era humano e suave" (Mises, 2018, p. 4). Da mesma forma, denunciando os horrores do colonialismo e interrogando o tipo de política que o liberalismo deveria adotar nas colônias, ele adotava uma posição que seria difícil não qualificar como neocolonial:

> Os funcionários, as tropas e os policiais europeus devem permanecer nessas regiões, uma vez que sua presença é necessária para manter as condições jurídicas e políticas que asseguram a participação dos territórios coloniais no comércio internacional. Devem continuar as operações comerciais, industriais e agrícolas nas colônias, a exploração das minas e o transporte desses produtos, por via férrea e fluvial, do interior até a costa e, de lá, para a Europa e a América. É do interesse de todos que isso seja possível, não só dos habitantes da Europa, da América, da Austrália, mas também dos nativos da Ásia e da África. Em todos os lugares onde as potências coloniais não vão mais longe no tratamento de suas colônias, não podemos nos opor às suas atividades, mesmo do ponto de vista liberal. (Mises, 2018, p. 96)

Outros autores neoliberais também não tiveram constrangimento em defender a colonização e em ver, nas independências nacionais dos anos 1950 e 1960, uma ameaça tão grande quanto aquela do comunismo sobre a dominação ocidental. Não serão todos os neoliberais, sem dúvida; mas os anticolonialistas, como Rüstow, permanecerão por muito tempo isolados. Edmond Giscard d'Estaing, ex-administrador de bancos coloniais e eminente membro da Sociedade Mont-Pèlerin, é um dos mais ferozes defensores dessa dominação: "Negar o papel civilizador da colonização seria negar a evidência".[130] Alguns estão prontos a utilizar os piores clichês racistas imputando subdesenvolvimento à mentalidade preguiçosa dos nativos — em Rougier, por exemplo, vemos todos os estereótipos: fatalismo árabe, nirvana asiático, mentalidade mágica pré-lógica (Solchany, 2015, p. 381). Röpke, por sua vez, parti-

---

130 | D'ESTAING, Edmond Giscard. "Libéralisme et colonialisme" [Liberalismo e colonialismo], VIII Encontro da Sociedade Mont-Pèlerin, Saint-Moritz, 2-8 set. 1957 *apud* Solchany (2015, p. 379).

cipa muito ativamente das campanhas de apoio ao apartheid na África do Sul, exaltando, em suas conferências, "as qualidades extraordinárias de sua população branca" (Solchany, 2015, p. 392). A colonização, os investimentos diretos, a abertura de mercados valem bem mais que a "ajuda pública ao desenvolvimento", que só estende a lógica perversa da assistência social ao mundo inteiro. É com grosseria cáustica que ele ataca todos esses ocidentais, notadamente estadunidenses, que se sentem culpados pela supremacia branca e cultivam o "masoquismo ocidental *vis-à-vis* aos canibais" (Solchany, 2015, p. 400). Vê-se, assim, a que extremismo racista o evolucionismo do neoliberalismo doutrinal pode chegar.

# 7

# A falsa alternativa entre globalistas e nacionalistas

Com frequência associa-se o início do neoliberalismo aos governos de Pinochet no Chile, Thatcher na Inglaterra e Reagan nos Estados Unidos. Mas não era somente pela conquista do poder nos diferentes Estados-nação que os neoliberais esperavam neutralizar seus adversários socialistas. Desde os anos 1930 e 1940, o projeto de organização de uma nova ordem econômica mundial estava no coração das prioridades neoliberais. O objetivo era sempre impedir o caminho que levasse à planificação socialista e ao Estado social emergente, tendo o "nacionalismo econômico" como o inimigo designado mais especificamente, ou seja, a tendência dos Estados em proteger suas economias nacionais, notadamente para responder às demandas de solidariedade social ou de desenvolvimento industrial e agrícola autônomo. Esse tipo de nacionalismo autocentrado representava o risco de provocar uma "desintegração"[131] da economia mundial, que os neoliberais percebiam como uma totalidade interdependente repousando sobre arranjos institucionais supranacionais. No entanto, foi preciso que se acomodassem à proliferação de Estados-nação no século XX, iniciada depois da Primeira Guerra Mundial e mantida, depois da Segunda Guerra, com a descolonização. Mas reconhecer a realidade política das nações não significava admitir sua plena autonomia econômica. Essa grade de leitura da economia mundial era fundada sobre o esquema de um "duplo governo do mundo":[132] de um lado, a política como governo dos ho-

---

131 | Seguindo a fórmula cara a Wilhelm Röpke (1942).

132 | Devemos a fórmula a Hayek. Ver Slobodian (2018, p. 12).

mens (o *imperium*), e, de outro, a economia como gestão das coisas e da propriedade (o *dominium*). Segundo essa distinção, os Estados-nação permaneciam responsáveis pelo governo político dos homens, mas deviam submeter suas economias à ordem mundial normatizada pela divisão internacional do trabalho e a livre-concorrência.[133] Quando as regras comerciais ou bancárias ou, ainda, as normas técnicas, sanitárias ou sociais tendem a limitar a liberdade de concorrência, dificultar a indústria e reduzir a competitividade, o nacionalismo muda de valor. Ele se torna legítimo para escapar das normas de uma ordem mundial perversa que prejudica as empresas nacionais. Sem dúvida, esse nacionalismo não tem nada a ver com o desenvolvimentismo latino-americano nem com o terceiro-mundismo mais ou menos socializante de muitos países recém-independentes. É o nacionalismo dos poderosos, que pretendem se libertar das regras comuns quando elas violam o dogma da liberdade. Tal é o dilema político fundamental que atravessa toda a história do neoliberalismo: a "sociedade de livre-concorrência", em função de interesses e forças de Estados em diferentes momentos da história, pode ser promovida pela via globalista ou pela via nacionalista. Neste plano, o protecionismo de Trump ou o Brexit não são as novidades absolutas que gostaríamos que fossem.

A arma da economia
global contra a
solidariedade econômica

Robbins, Hayek, Mises, Haberler, Michael Heilperin e Röpke, que estiveram juntos, a partir de 1935, no Instituto Universitário de Altos Estudos Internacionais de Genebra a convite de William Rappard, elaboraram planos de uma federação internacional, confiando a um governo supranacional o cuidado de

---

133 | A distinção entre as categorias de *imperium* e *dominium*, retiradas do direito romano, foi em particular utilizada por Röpke (1942, p. 96).

estabelecer o quadro comum de uma economia global interdependente, privando, assim, os Estados dos instrumentos que permitissem a solidarização de seus interesses econômicos nacionais. Desde 1937, Robbins se dedicava a conceber uma "federação liberal mundial", fundada sobre a livre-concorrência e a mobilidade total do capital, que devia ter por objetivo impedir a implantação de uma política planificadora e protecionista em relação à indústria ou à agricultura.[134] Hayek via em seu "federalismo interestatal", em 1939, o meio de minar a "solidariedade de interesses" que um Estado podia organizar na escala da nação. Para Mises, um governo supranacional da economia mundial devia dispor de uma força de polícia correspondente, a fim de limitar "os direitos soberanos de cada país": "As medidas que afetam as dívidas, os sistemas monetários, a fiscalidade e outras questões importantes devem ser administradas por tribunais internacionais, e, sem uma força de polícia internacional, tal plano não poderia ser executado. A força deve ser utilizada para fazer os devedores pagarem".[135]

Todas essas proposições remetem a um sistema de "federalismo concorrencial", que James Buchanan (1997) teorizaria, mais tarde, como uma peça essencial de sua "economia política pós-socialista". Ela implicava uma corrida à redução dos sistemas sociais para fornecer as melhores condições de "acolhimento" dos investimentos capitalistas. Röpke, por sua vez, em 1942, utilizava um vocabulário marcial para designar estrategicamente o que uma "nova ordem econômica internacional" deveria atacar:

> A fortaleza da política protecionista estadunidense só poderá ser tomada depois da tomada da fortaleza do New Deal e depois que todas as teorias da "economia madura", das "despesas defi-

---

134 | Lionel Robbins (1937 *apud* Slobodian, 2018, p. 101) reconhecia que essa federação liberal "engrendraria certa desigualdade de renda".

135 | MISES, Ludwig von. "Letters from Citizen Readers" [Cartas de leitores cidadãos], *Ottawa Citizen*, 19 ago. 1944 *apud* Slobodian (2018, p. 111).

citárias" e do "pleno emprego" forem descartadas, e que o abuso monstruoso de poder de grandes grupos de interesse, notadamente agricultores e sindicatos, tenha sido erradicado.[136]

A ordem econômica internacional deveria acabar com a politização da economia pelo "Estado total", que os interesses particulares de diversos grupos sociais pilhavam como um "espólio". Röpke criticava, no "nacionalismo econômico", a confusão entre *imperium* (a dominação política) e *dominium* (a exploração econômica), ao passo que, em um "mundo liberal" ideal, essas duas esferas (a dos Estados com suas fronteiras, de um lado, e da economia sem fronteiras, de outro) deveriam ser estritamente separadas. Quando Schmitt publicou, em 1950, *O nomos da Terra*, indicou que o mundo havia se dividido, no século XIX, em dois mundos separados: o da economia global sem fronteiras, que coincidia com a esfera do *dominium*, e o da soberania dos Estados-nação, cuja extensão tinha recuado para se limitar à esfera do *imperium* (Schmitt, 2001, p. 233-4). Mas, enquanto Schmitt mostrava que a soberania estava "esvaziada de sua substância" em várias regiões do mundo dominadas por grandes poderes, Röpke fazia uma análise entusiasta do livro de Schmitt, apresentando essa separação estrita entre os domínios público e privado como o próprio objetivo da criação de uma ordem econômica liberal mundial. Não era mais a um governo federal supranacional que seria preciso confiar a organização da economia global; deveria ser o próprio mandato de Estado-nação a instituir, por uma "Constituição econômica", a divisão salutar entre o direito público e a propriedade privada assim entregue à ordem econômica internacional".[137] Desde o

---

136 | RÖPKE, Wilhelm. "Die Internationale Wirtschaftsordnung der Zukunft: Pläne und Probleme" [A ordem econômica internacional do futuro: projetos e problemas], *Schweizer Monatshefte*, v. 22, n. 7, out. 1942 *apud* Slobodian (2018, p. 115).

137 | Ver SPIRO, Liat. "Global histories of Neoliberalism: An Interview with Quinn Slobodian" [Histórias globais do neoliberalismo: uma entrevista com Quinn Slobodian], Tonybee Prize Foundation, 21 mar. 2018.

fim dos anos 1930, era evidente para os neoliberais que a criação dessa ordem econômica internacional não resultaria do desenvolvimento natural do capitalismo, mas consistiria em tarefa altamente política de demolição das ferramentas keynesianas que permitiam a uma nação proteger sua economia de uma integração total na concorrência econômica mundial. Como afirmava Michael Heilperin em 1939, o "internacionalismo econômico" era visto como "uma ação política para evitar que as fronteiras políticas exerçam um efeito perturbador sobre as relações econômicas entre as zonas situadas de um lado e de outro da fronteira" (Heilperin, 1939 *apud* Slobodian, 2018, p. 93). Os neoliberais, que mantinham laços estreitos com os meios dos negócios internacionais em torno da International Chamber of Commerce [Câmara internacional de comércio] (ICC), não deixaram de militar desde então no seio das instituições internacionais para impor sua própria visão da globalização.

Militância pelo
direito internacional
privado do capital

Depois da criação do Fundo Monetário Internacional (FMI) e do Banco Mundial pelos acordos de Bretton Woods, em 1944, e da assinatura do Acordo-Geral de Tarifas e Comércio (GATT), em 1947, a ordem econômica internacional correspondia muito pouco à visão neoliberal. O sistema de Bretton Woods permitia que os Estados adaptassem suas políticas econômicas à formação do Estado-providência e ao objetivo de pleno emprego. O anúncio, em 1947, dos objetivos da Sociedade Mont-Pèlerin, que iniciava o que o próprio Hayek chamava de "movimento neoliberal", encerrava-se com o engajamento para a "criação de uma ordem internacional propícia à salvaguarda da paz e da liberdade, permitindo o estabelecimento de relações econômicas internacionais harmoniosas".[138] Entretanto, a harmonia e a paz internacionais exigiram conduzir a batalha em diferentes frentes contra o que Röpke chamava, então, de "raiva democrática" (*rabies democratica*), que se encarnava na Organização das Nações Unidas (ONU), cuja nova linguagem relativa aos direitos humanos e ao desenvolvimento do Terceiro Mundo (sobretudo o princípio "um país equivale a um voto") era cheia de ameaças para a liberdade econômica. Michael Heilperin, membro da Mont-Pèlerin e, à época, também do Conselho Econômico e Social da ONU, tinha sentido o perigo e se engajou com a ICC para obter a retirada do projeto de fundação da Organização Internacional do Comércio (OIC), que completaria Bretton Woods. Dando voz a cada país, o projeto da OIC arriscava permitir às nações do Terceiro Mundo se desvencilharem da ortodoxia do livre-comércio e da competição externa, a fim de protegerem suas indústrias emergentes e alcançarem objetivos de desenvolvimento interno e pleno emprego.

Outro membro da Mont-Pèlerin, Philip Cortney, exerceu, por sua vez, papel importante na contestação do controle de capitais integrado ao sistema de Bretton Woods. Criticando a consagração do objetivo de pleno emprego na Declaração Universal dos Direitos Humanos, não hesitou em fazer da mobilidade do capital um dos direitos humanos. A visão social-democrata dos direitos da pessoa humana e do direito internacional era, assim, minada em favor de um direito internacional de proteção do capital.[139]

Os neoliberais se preocuparam também com os processos de expropriação de indústrias e terras sob propriedade estrangeira que se multiplicavam nas nações emergentes. Em 1952, a Assembleia-Geral da ONU deliberou que "o direito dos povos de utilizar livremente e de explorar seus recursos e riquezas naturais era inerente à sua soberania". O antigo chan-

---

**138** | "Statement of Aims" [Declaração de objetivos], Société du Mont-Pèlerin, 8 abr. 1947.

**139** | A esse respeito, ver também Whyte (2019).

celer alemão Ludwig Erhard, também membro da Sociedade Mont-Pèlerin, exprimiu sua vigorosa inquietude com o que considerava como grave violação da propriedade privada dos bens no exterior. A Sociedade Alemã para Proteção do Direito de Investimento Estrangeiro entregou, então, ao sabor do dia, o "International Code of Fair Treatment for Foreign Investors" [Código internacional de tratamento justo para investidores estrangeiros], um documento cuja primeira versão havia sido redigida por Heilperin para o ICC em 1947, e que se destinava a garantir uma prevalência do direito dos investidores sobre os bens no estrangeiro *vis-à-vis* ao direito de propriedade coletiva dos cidadãos nacionais.[140] A mesma entidade alemã publicou um documento intitulado "International Convention for the Mutual Protection of Private Property Rights in Foreign Countries" [Convenção internacional para proteção mútua dos direitos de propriedade privada em países estrangeiros]. Seu presidente, Hermann Josef Abs, que havia tido um papel de primeiro plano na expropriação dos judeus durante a Segunda Guerra Mundial, confabulava então sobre a "segurança do capital" diante das instâncias encarregadas do direito internacional a partir de sua proposta de "Carta Magna capitalista", compreendendo a criação de uma corte internacional de arbitragem independente, que poderia julgar a violação dos direitos dos investidores.[141] Se a convenção internacional de Abs não vingou, ela foi retomada na assinatura, em 1959, do primeiro acordo bilateral de investimento entre a Alemanha e o Paquistão; Ludwig Erhard fez com que o tratado tendente a encorajar e proteger os investimentos fosse adotado em 1961. Hoje, somam-se dois mil acordos desse tipo, frequentemente incluídos em tratados de livre-comércio.

Lutando para adiar a introdução dos princípios demo-

---

**140** | O que Quinn Slobodian (2018, p. 123), retomando uma fórmula de Hayek, chamou de superioridade dos "direitos do *xenos*" sobre os direitos do cidadão.

**141** | Ver St. John (2018).

cráticos na organização das relações econômicas internacionais, os neoliberais conseguiram modelar um direito internacional privado, protegendo a propriedade do capital à maneira de uma "Constituição econômica que divide o mundo público dos Estados do mundo privado da propriedade" (Slobodian, 2018, p. 140).

## A constituição econômica europeia ou o direito de comando

No combate por uma ordem econômica internacional neoliberal, a questão europeia tem papel determinante. O primeiro encontro da Sociedade Mont-Pèlerin, em 1947, dedicou um dia inteiro aos "problemas e oportunidades de uma federação europeia". Mas a Europa rapidamente se tornou objeto central de discórdia entre os neoliberais, que se dividiram em dois campos: os "neoliberais universalistas", que não eram favoráveis à integração europeia, e os "neoliberais constitucionalistas",[142] que viam aí, ao contrário, a ocasião para estabelecer uma "Constituição econômica".[143] Os universalistas, a exemplo de Röpke, privilegiavam a relação anglo-americana como eixo central da economia mundial e viam, no começo dos anos 1950, o projeto de integração europeia (com a criação da Comunidade Europeia do Carvão e do Aço, em 1952) como a formação de um bloco protecionista, arriscando fragmentar uma ordem econômica internacional liberal da qual o GATT, segundo eles, seria o garantidor. Deveriam reforçá-los, nesta visão de uma "Europa fortaleza" submetida ao dirigismo francês e participante da tão temida desintegração da economia mundial, a assinatura do Tratado de Roma, em 1957, no qual as potências europeias procuravam eliminar, para as suas

---

**142** | Seguindo a distinção de Slobodian (2018, p. 182-217).

**143** | A respeito da Constituição econômica, ver o capítulo 4.

colônias, as barreiras comerciais que reservavam aos outros países não europeus, e a aplicação da muito protecionista Política Agrícola Comum (PAC), em 1962.

No entanto, outros ordoliberais alemães, que teriam papel importante nas negociações sobre o Tratado de Roma e sua aplicação, contribuíram para dar à integração europeia a forma alternativa de uma Constituição econômica, que enquadra um mercado concorrencial e aberto. Müller-Armack e Erhard tinham elaborado um modelo de integração econômica baseado na "concorrência sem distorções", no seio do Ministério da Economia que Erhard dirigia, e o jurista Hans von der Groeben tinha desenvolvido aí o conceito de "mercado comum concorrencial". Von der Groeben foi um dos redatores do Relatório Spaak, de 1956, que constituía a base das negociações do Tratado de Roma, e presidiu o comitê encarregado das negociações sobre o mercado comum, de que Müller-Armack foi também um dos membros. Depois da assinatura desse tratado, em 1957, que não fixava nem os arranjos nem as regras de aplicação, Von der Groeben ficou com a responsabilidade de supervisionar sua execução, como presidente do grupo de trabalho sobre a política de concorrência e, na sequência, como diretor-geral de concorrência, entre 1961 e 1967. Na equipe que formou, estava um discípulo de Franz Böhm, Ernst-Joachim Mestmäcker. Juntos, fizeram a síntese dos trabalhos de Hayek dos anos 1960 sobre a Constituição e o ordoliberalismo alemão. Em um discurso de 1963, diante da Câmara de Comércio de Dortmund, Hayek propôs, pela primeira vez, seu projeto de dupla câmara legislativa, separando os legisladores responsáveis pelos assuntos correntes (os "telotetas") e os encarregados das regras comuns do direito privado (os "nomótetas"),[144] dando-lhes um alcance que não era simplesmente nacional, mas global, de "lenta produção de uma ordem supranacional em que todos os governos nacionais poderiam buscar objetivos práticos, subordinados a re-

---

**144** | Sobre o sentido dado por Hayek a essa noção, ver o capítulo 4, p. 120.

gras comuns que protegeriam, simultaneamente, os cidadãos contra o arbítrio de seus dirigentes" (Slobodian, 2018, p. 206). Inspirando-se nesse projeto, Von der Groeben compreendeu como o tratado europeu poderia se tornar uma Constituição supranacional, garantindo as liberdades econômicas individuais e proibindo políticas protecionistas ou redistributivas dos governos nacionais. Assim, a resolução 17 daria à CJCE um poder ilimitado em relação a multas e sanções por violação do direito de concorrência.[145] Para Mestmäcker (1987 *apud* Slobodian, 2018, p. 208), o objetivo do grupo de trabalho de Von der Groeben estava perfeitamente claro: "Tratava-se de dar vida à Constituição econômica do tratado da CEE". Ele fazia da ordem econômica o resultado de uma decisão política, em referência, dessa vez, menos a Hayek que a Böhm, que havia afirmado que "a ideia de ordem representa a unidade que ilumina a totalidade até os mínimos detalhes" e, usando de um léxico militar, que ela é "baseada na frase: tudo sob meu comando" (Böhm, 1937 *apud* Slobodian, 2018, p. 211). Mestmäcker compreendeu que, na CEE, o direito comum inscrito no tratado poderia servir de substituto à decisão política. A Europa tornava-se uma ordem legal supranacional com uma corte de justiça garantindo a aplicação das regras comuns do direito privado superiores aos diferentes direitos nacionais. A "nomocracia" hayekiana, como sonho de ver a ação dos governos democráticos e o direito público dos Estados subordinados às regras gerais do direito privado garantidas pela Constituição, realizava-se no tratado europeu. Posteriormente, a governança econômica multinível se estenderia à economia global com os planos de reforma do GATT, nos anos 1970 e 1980, e a criação da Organização Mundial do Comércio (OMC), em

---

**145** | Ver LEUCHT, Brigitte & SEIDEL, Katja. "Du Traité de Paris au règlement 17/62: ruptures et continuités dans la politique européenne de la concurrence, 1950-1962" [Do Tratado de Paris à resolução 17/62: rupturas e continuidade na política europeia da concorrência, 1950-1962], *Histoire, économie et société*, v. 27, n. 1, p. 35-46, 2008. Sobre o papel central da CJCE, ver o capítulo 4.

1995. Tudo, menos o produto de uma evolução natural do capitalismo, a criação da globalização neoliberal foi resultado de uma vontade deliberada de se servir do direito supranacional como arma de dissuasão contra toda política nacional avessa à ordem do mercado.

## O globalismo neoliberal da esquerda

A esquerda dita "governamental" não contestou a nova ordem europeia e mundial. Escolheu, antes, adotá-la ativamente nos anos 1980. Na França, Jacques Delors, ministro da Economia de 1981 a 1984, foi ator central no abandono da política de renovação keynesiana e na conversão do Partido Socialista (PS) a uma política de rigor monetário e orçamentário. Para ele, essa escolha não era um desgosto requisitado pela necessidade, mas uma vitória obtida por uma "longa e dura batalha" no interior da esquerda.[146] Como presidente da Comissão Europeia de 1985 a 1995, teve papel decisivo no alinhamento das posições francesas às posições ordoliberais alemãs, com as quais o dirigismo francês vinha se chocando frequentemente até então. A partir de junho de 1985, a comissão dirigida por Delors apoia, em *L'achèvement du marché intérieur* [A concretização do mercado interno], o "reforço do controle, pela comissão, do respeito, pelas empresas e Estados membros, das regras da concorrência" a fim de que, notadamente, "ajudas de Estados protecionistas ou práticas restritivas de empresas não conduzam a uma compartimentação do mercado interno" (Commission des Communautés Européennes, 1985). A comissão Delors, apoiada pelo governo francês, lutou pela maior mobilidade de capitais, até então bastante limita-

---

**146** | Jacques Delors citado em ABDELAL, Rawi. "Le consensus de Paris. La France et les règles de la finance mondiale" [O consenso de Paris. A França e as regras das finanças mundiais], *Critique internationale*, v. 3, n. 28, jul-set. 2005, p. 91.

da ao interior do mercado comum, para chegar à diretiva de 1988, sobre a obrigação de os Estados membros liberalizarem completamente seus movimentos de capitais. Essa disposição, à qual os dirigentes alemães eram favoráveis havia muito tempo, foi um passo decisivo na direção da União Econômica e Monetária (UEM).[147] O "modelo social europeu" associado a Delors correspondia perfeitamente à noção de "economia social de mercado" inventada por Müller-Armack e promovida pelos ordoliberais para fazer do social o efeito derivado da criação de uma ordem econômica concorrencial. Em 1995, Delors a definia, além de tudo, em termos tipicamente neoliberais: "Primeiramente, o modelo europeu é um sistema social e econômico fundado sobre o papel do mercado, porque nenhum computador no mundo pode tratar a informação tão bem quanto o mercado".[148] A fórmula de "economia social de mercado" será, por conseguinte, integrada ao Tratado sobre a União Europeia, tornando-se o mantra dos socialistas dominados pela "segunda esquerda" (*deuxième gauche*), de Michel Rocard e da Confederação Francesa Democrática do Trabalho (CFDT), até François Hollande, passando por Lionel Jospin. Ela figura desde 2008 na declaração de princípios do Partido Socialista sob a menção "economia social e ecológica de mercado".[149] Enfim, outros altos funcionários que trabalharam sob a presidência de François Mitterrand, como Henri Chavranski (presidente do Comitê de Movimentos de Capitais e Transações Invisíveis, da Organização para Cooperação e Desenvolvimento Econômico [OCDE], de 1982 a 1994), Michel Camdessus (diretor-geral do FMI de 1987 a 2000)[150] ou, mais

147 | ABDELAL, *op. cit.*

148 | GRANT, Charles. "Delors: After Power" [Delors: depois do poder], *Prospect*, 20 out. 1995.

149 | "Déclaration de principes du Parti socialiste" [Declaração de princípios do Partido Socialista], 14 jun. 2008.

150 | ABDELAL, *op. cit.*

recentemente, Pascal Lamy (diretor-geral da OMC de 2005 a 2013), tiveram papéis determinantes na criação da norma de liberalização completa dos fluxos de capitais (Lamy, 2013).

Desde a primeira metade dos anos 1980, essa escolha em favor de um "liberalismo de esquerda"[151] foi apresentada por seus promotores como o advento da modernidade social--democrata contra a "velha esquerda" e a "retaguarda" sindical.[152] Essa adoção do neoliberalismo pela esquerda pode ser observada em diversos países desde o início dos anos 1980. Os antigos partidos social-democratas, como o Partido Democrata dos Estados Unidos, o Partido Social-Democrata alemão, o Partido Trabalhista britânico ou o Partido Democrata sueco reagiram ao aumento das críticas ao keynesianismo se voltando, eles próprios, para uma nova geração de experts econômicos que não consideravam mais os mercados como forças antagonistas a regular, e sim como forças a serem organizadas para favorecer o crescimento (Mudge, 2018). A consequência imediata foi o abandono de programas de redistribuição social e a renúncia a toda ação econômica em favor da satisfação dos interesses do mundo do trabalho organizado. O marketing eleitoral e o destaque aos "valores culturais" da esquerda relegaram ao esquecimento toda política substancial dos direitos sociais.[153] A formação da "terceira via", representada principalmente por Bill Clinton, Tony Blair e Gerhard Schröder e, na década seguinte, por José Luis Rodríguez Zapatero, Matteo Renzi, Hollande e muitos outros, foi, nos anos 1990, a expressão política de um autêntico globalismo neoliberal de esquerda.

Quando tomou as rédeas do Partido Trabalhista, em 1994, Tony Blair modificou a cláusula IV do seu manifesto redigido, em 1917, por Beatrice e Sidney Webb, que afirmava como

---

151 | Segundo uma fórmula de Alain Minc (1984 *apud* Cusset, 2008, p. 93).

152 | Segundo uma fórmula de Nicole Notat, secretária-geral da CFDT em 1995, que declarou seu apoio ao plano Juppé sobre as aposentadorias.

153 | Sobre o novo eleitoralismo de esquerda e sua abordagem segmentária da sociedade, ver o capítulo 8.

objetivo "a propriedade comum dos meios de produção, de distribuição e comércio". Ele a substituiu pelo novo objetivo de "uma economia dinâmica, a serviço do interesse público, na qual o espírito da empresa do mercado e o rigor da concorrência se aliam às forças da parceria e da cooperação para produzir as riquezas de que a nação precisa". Coerente com essa escolha de política econômica, empenhou-se plenamente nos acordos de livre-comércio e na globalização neoliberal.[154] Segundo a expressão de Anthony Giddens (1998, p. 65-6), tratava-se de construir uma "nação cosmopolita", aberta econômica e culturalmente ao mundo. Os governos da terceira via se utilizaram da globalização neoliberal e, com relação à União Europeia, aplicaram os critérios de Maastricht, a fim de conduzir políticas de rigor salarial, impor restrições orçamentárias e fazer recuar os direitos sociais com uma brutalidade por vezes pior que a dos governos de direita. Clinton abriu o caminho ao desregulamentar o sistema bancário e implementar o Acordo de Livre-Comércio da América do Norte (Nafta), medidas que aceleraram a desindustrialização e a degradação das condições de vida da massa de trabalhadores estadunidenses, em particular aqueles empregados no setor da indústria.[155] Essa orientação teve grandes consequências políticas para a esquerda no governo, pois provocou importante perda de apoio histórico das classes populares, enquanto, simetricamente, ajudou no desenvolvimento de uma direita neoliberal cada vez mais à direita.

---

154 | Ver a declaração de Tony Blair à conferência ministerial da OMC em Genebra, em 1998.

155 | Sobre a responsabilidade do clintonismo na degradação da condição das classes populares, ver Fraser (2017, p. 120).

O nacionalismo
concorrencialista

Desde o início dos anos 2010, e sobretudo desde 2016, um neoliberalismo autoritário, com frequência libertariano no plano moral e nacionalista, por vezes até puramente racista, tomou a cena. Até a derrota de Trump, em novembro de 2020, já não se contavam mais seus sucessos, tanto na Europa quanto na América do Norte e do Sul. Não se pode explicar esses fenômenos sem relacioná-los com o histórico do neoliberalismo globalista tal como ele emerge nos anos 1980 e se desenvolve nos 1990. O alinhamento da esquerda ao globalismo e sua completa assimilação às "elites" mundializadas alimentavam o ressentimento das classes populares. Veremos, no capítulo seguinte, como a batalha política se deslocou para o terreno dos valores. Também é preciso explicar por que grande parte das direitas na Europa e no mundo tornou-se nacionalista, mas permaneceu, mais do que nunca, neoliberal.

Sem ignorar o jogo tático próprio aos enfrentamentos políticos que leva os partidos a se distinguirem uns dos outros, convém examinar as diferentes estratégias que dividem os neoliberais entre si. O Brexit ou a presidência de Trump encarnam uma via neoliberal que nunca foi abandonada por certas frações das direitas conservadoras. Uma vez mais, é a Margaret Thatcher que devemos a formulação mais clara desse neoliberalismo nacionalista.

Em 20 de setembro de 1988, Thatcher fez, em Bruges, diante do Conselho da Europa, um discurso retumbante que colocaria nos trilhos um neoliberalismo antieuropeu. É daí a famosa formulação: "Não fizemos recuar as fronteiras do Estado britânico para vê-las, em seguida, reinstaladas no nível europeu, com um superestado exercendo nova dominação a partir de Bruxelas".[156] Thatcher condena, assim, o "protecionismo" e a

---

**156** | THATCHER, Margaret. "The Bruges Speech" [O discurso de Bruges], Collège d'Europe, Bruges, Bélgica, 20 set. 1988.

"burocracia" das elites de Bruxelas em nome do "livre-comércio", da "livre-empresa" e dos "mercados abertos", visando, implicitamente, a presidência da Comissão pelo socialista francês Delors. Algumas semanas mais tarde, durante a conferência do Partido Conservador, dirá que, em seu discurso em Bruges, quis colocar em evidência uma escolha decisiva: "A escolha entre dois tipos de Europa: uma baseada na maior liberdade possível para as empresas e outra fundada sobre os métodos socialistas de controle e regulação centralizados".[157] Foi sobretudo em nome da nação, como dirá em suas memórias, que ela defendeu essa "Europa da empresa" e um "mercado europeu com mínimo de regulamentação": "Eu não tinha outra escolha, senão [...] brandir a bandeira da soberania nacional, da liberdade do comércio e da livre-empresa — e combater" (Thatcher, 1993, p. 610). Alguns meses depois do discurso de Thatcher, será formado o Grupo de Bruges, que reuniu *tories* [conservadores britânicos] eurocéticos, entre os quais Alan Sked e Nigel Farage. É o germe do Brexit (Slobodian & Plehwe, 2019, p. 89-111).

Thatcher opera, no plano estratégico, uma ruptura radical, opondo o universalismo do livre-comércio ao "mega Estado artificial" da burocracia predadora europeia. Vemos o tamanho da mudança. A nação não é mais o espaço sempre perigoso devido às lógicas democráticas, em que podem se desenvolver proteções aduaneiras, a planificação e a redistribuição fiscal. Ao contrário, ela o fortifica contra o novo globalismo regulamentário e a Europa "socializante" e burocrática. É uma unidade combatente em uma guerra de competitividade econômica que não deve mais se embaraçar em obrigações multilaterais quaisquer, menos ainda em regras paraestatais "*à la* Bruxelas". Em poucas palavras, em sua formulação thatcheriana, o nacionalismo neoliberal redefiniu o que se poderia chamar, de forma certamente paradoxal, um universalismo

---

**157** | THATCHER, Margaret. "Speech to Conservative Party Conference" [Discurso para a Conferência do Partido Conservador], Conference Center, Brighton, Reino Unido, 14 out. 1988.

neoliberal radical erguido contra todas as normas que proliferaram ao sabor dos tratados e da abundante produção normativa de organizações internacionais. Assim, Thatcher abriu o caminho para um novo *nacionalismo concorrencialista*, cuja orientação, assumida hoje por inúmeros governos, desestabiliza o globalismo dos anos 1990 e "abala" a União Europeia.

Desde os anos 1980, já se encontram os embriões dos principais elementos desse nacionalismo neoliberal: a defesa do povo contra as elites globais que espoliam os interesses econômicos nacionais, a soberania nacional contra as burocracias supranacionais e, enfim, as identidades nacionais contra sua dissolução na globalização cultural. Quando os brexiters afirmaram querer edificar a Global Britain [Bretanha global][158] e construir a nova "Singapore-on-Thames" [Singapura no Tâmisa],[159] ou quando Steve Bannon e Trump começaram a adotar um "nacionalismo econômico" virando as costas ao multilateralismo e aos compromissos internacionais dos Estados Unidos, eles se inscreveram em uma lógica estratégica já antiga.

A ordem do dia da nova
direita nacionalista e
suas raízes teóricas

A situação política mundial está marcada de forma duradoura pelo peso inédito do extremismo de direita. Ele certamente foi encarnado por partidos de extrema direita, mas é a direita e mesmo uma parte da esquerda governamental que estão, hoje, dominadas pelas temáticas identitárias, racistas e nacionalistas. Hoje, essas temáticas não derivam primeiramen-

---

**158** | Proposta de, após o Brexit, fortalecer uma rede comercial e diplomática global da Grã-Bretanha com Estados Unidos, Índia, Japão e países do Pacífico. [N.E.]

**159** | Referência à eventual adoção, pela Grã-Bretanha (cujo rio mais famoso é o Tâmisa), após o Brexit, do modelo econômico de Singapura, marcado por baixos impostos e pouca regulação. [N.E.]

te do velho fundo fascista "clássico", mas do nacionalismo concorrencialista. Os princípios da visão thatcheriana da Europa são, assim, integralmente retomados pelo grupo Identidade e Democracia (anteriormente Europa das Nações e das Liberdades), reunindo, no Parlamento Europeu, deputados do Rassemblement National [Reunião nacional] (RN), da Lega Nord [Liga norte], do Vlaams Belang [Interesse flamenco], da Alternativ für Deutschland [Alternativa para a Alemanha] (AFD) e do Freiheitliche Partei Österreichs [Partido da liberdade da Áustria] (FPÖ). Definindo-se em torno dos pilares da "liberdade", da "soberania", da "subsidiariedade" e da "identidade dos povos e das nações europeias", esse grupo que defende a "cooperação voluntária entre as nações europeias soberanas rejeita, por consequência, toda nova evolução dirigida a um superestado europeu" e "reclama o direito de recuperar as partes de soberania concedidas à Europa".[160]

Essa linha da extrema direita foi particularmente bem explicitada por teóricos da direita republicana estadunidense de tendência "paleolibertariana". Murray Rothbard, notadamente, desenvolveu uma crítica antiglobalista baseada na ideia de que a "Nova Ordem Mundial" foi instrumentalizada como um degrau para um superestado-providência mundial, testemunhando, assim, um retorno do "globalismo de [Woodrow] Wilson e [Franklin] Roosevelt".[161] O objeto principal do ódio de Rothbard é o Nafta, que ele denuncia como sendo um "comércio regulamentado" digno do ex-líder soviético Leonid Brejnev, provocando transferências de indústrias e fazendo funcionar um mecanismo punitivo para as empresas nacionais, obrigadas a se alinhar com legislações do México e do Canadá, que

---

**160** | IDENTITY AND DEMOCRACY. "Statutes of the Identity and Democracy group in the European Parliament" [Estatuto do grupo Identidade e Democracia no Parlamento Europeu]. Disponível em: https://www.idgroup.eu/about.

**161** | Referência aos presidentes dos Estados Unidos que trabalharam pela criação da Liga das Nações e das Nações Unidas, respectivamete. [N.E.]

estão "sob domínio de socialistas e ambientalistas" (Rothbard, 2000b, p. 142), assim como os sindicatos. O Nafta representa perda de soberania comparável ao "superestatismo da Comunidade Europeia", na medida em que põe de pé as "instituições de um supergoverno internacionalista, arrancando a tomada de decisão das mãos dos estadunidenses". Diante dessa política globalista, ele convoca a uma "nova coalizão populista" e a um "novo nacionalismo estadunidense" para derrubar a elite transnacional.[162] Com esse objetivo, era preciso abolir o Nafta, retirar-se de todas agências governamentais supranacionais (ONU, Organização Internacional do Trabalho [OIT], Unesco etc.), interromper auxílios ao desenvolvimento e endurecer as condições de imigração que provocariam o aumento do Estado social, tudo isso em nome de um autêntico livre-mercado. Um pouco à maneira de Thatcher, as aspirações de Rothbard à propriedade individual e à identidade etnonacional estão relacionadas e representam a mesma crítica da globalização como "governo unitário democrático mundial", suprimindo as liberdades econômicas pela "taxação e socialização mundial", e as liberdades nacionais pela imposição imperialista da "democracia global" (Rothbard, 2000b, p. 225). Mas Rothbard foi mais longe, defendendo o conceito de "nações por consentimento", ou seja, de fronteiras fundadas no consentimento voluntário e nos direitos de propriedade dos cidadãos que podem recusar aquelas do Estado-nação.[163] Defendia, assim, um verdadeiro direito de secessão ancorado em um etnofundamentalismo proprietarista que influenciou os secessionistas das direitas radicais do Vlaams Belang, da Lega ou da AFD,[164] e

---

**162** | ROTHBARD, Murray. "The Lessons of the Nafta Struggle: What Next?" [As lições da batalha do Nafta: o que vem a seguir?], *Rothbard-Rockwell Report*, v. 5, n. 1, jan. 1994.

**163** | ROTHBARD, Murray. "Nations by Consent: Decomposing the Nation-State" [Nações por consentimento: decompondo o Estado-nação], *The Journal of Libertarian Studies*, v. 11, n. 2, outono 1994.

**164** | Sobre essa influência, ver notadamente Slobodian & Plehwe (2019).

que é coerente com uma identificação da liberdade com o direito de não se submeter à interdependência social com aqueles não escolhidos. Sua palavra de ordem é a "dessocialização".[165] Essa crítica da "democracia mundial" participa, então, de um projeto mais amplo de luta contra o Estado e as elites que se servem dele para explorar a massa de contribuintes.[166] Rothbard propunha agir rápido: "[Nós] precisamos de um líder dinâmico e carismático com capacidade de curto-circuitar as elites das mídias, para alcançar e despertar diretamente as massas" (Rothbard, 2000b, p. 11). Rothbard dava o exemplo de líderes populistas como Ross Perot e Patrick Buchanan, também elogiando Silvio Berlusconi e a Lega de Umberto Bossi.[167] Trump foi, assim, anunciado, e, para alguns observadores, não há dúvida sobre os laços entre ele e o "paleolibertarianismo". A esse respeito, a crítica de esquerda muitas vezes passa longe do ponto decisivo. Qualquer que seja o extremismo das formas assumidas pelo nacionalismo neoliberal, não podemos compreendê-lo sem antes considerar que ele é uma reação ao neoliberalismo da esquerda no governo, do qual explora os efeitos desastrosos no plano social. Perder a associação desses dois fenômenos, fazendo do aumento do poder do neoliberalismo nacionalista um mal moral, mais que uma reação ao abandono do horizonte da justiça social pela esquerda, resultado de sua adesão ao globalismo neoliberal, é condenar-se ao retorno periódico de um neoliberalismo mais razoável, embora igualmente nocivo, de que a eleição de Joe Biden nos Estados Unidos em 2020 é o episódio mais recente. A crítica

165 | ROTHBARD, Murray. "How and How not to Desocialize" [Como e como não dessocializar], *The Review of Austrian Economics*, v. 6, n. 1, 1992.

166 | Rothbard é autor de um longo memorando publicado em 1977 em nome do Instituto Cato (financiado pelos irmãos Koch), intitulado "Toward a Strategy of Libertarian Social Change" [Para uma estratégia de mudança social libertariana], em que se inspirava explicitamente nos métodos de Lênin e de Hitler para definir as condições de uma estratégia vitoriosa.

167 | ROTHBARD, Murray. "Revolution in Italy!" [Revolução na Itália!], *Rothbard-Rockwell Report*, v. 5, n. 7, jul. 1994.

da vulgaridade do "populismo" pelas elites raramente aparece sem um desprezo aos "baixos instintos populares", como mostrou, ainda, a crise dos Coletes Amarelos na França. Para uma análise lúcida da situação política atual, é indispensável se recusar a compartilhar da polarização que os protagonistas da luta entre "globalistas" e "nacionalistas" gostariam de impor.

# 8

A guerra de valores e a divisão do "povo"

O neoliberalismo constitui um verdadeiro Jano,[168] apresentando, de um lado, a face dinâmica e modernizadora e, de outro, a face conservadora que confere lugar nodal à tradição, à família e até à religião cristã. Como vimos antes, as estratégias contidas nas doutrinas neoliberais se encontram, desde o início, diante da dificuldade de articular dois aspectos: a modernização da sociedade — para adaptá-la à ordem do mercado — e a defesa ou "restauração" das formas tradicionais de vida como modos de enquadramento hierárquico e de normalização autoritária da população.

O recurso aos valores tradicionais da família, da religião e da nação, que sabemos terem importância decisiva para diferentes governos e partidos de direita e de extrema direita (Donald Trump, Jair Bolsonaro, Viktor Orbán, Jaroslaw Kaczyński etc.), não tem, deste ângulo, nada de completamente original nem de anormal do estrito ponto de vista da história do neoliberalismo. O núcleo moral e religioso, tradicionalista e familista do neoliberalismo doutrinal teve papel importante nas primeiras contraofensivas anti-igualitárias de Pinochet, Thatcher e Reagan. Perfeitamente resumido pelo tríptico "fé-família-liberdade" da direita cristã estadunidense, esse programa encontrou um poder crescente nos últimos anos. A questão não é, portanto, saber se o neoliberalismo se serviu de uma ideologia que não teria nada a ver com ele, mas compreender como essa restauração de valores tradicionais lhe está intrinsecamente ligada.

---

**168** | Jano é uma divindade da mitologia romana que possui duas faces e, entre outras representações, simboliza o passado e o futuro, o começo e o fim, a guerra e a paz, as passagens e transições. [N.E.]

Limitar-se à crítica da forma mais conservadora e autoritária do neoliberalismo seria, no entanto, ater-se a uma visão muito parcial de sua realidade contemporânea. Se o neoliberalismo de governo foi bem-sucedido em se impor como uma força transformadora da sociedade até aqui irresistível, isso se deve a seu desdobramento em uma versão reacionária de direita e uma versão modernista de esquerda. Tomada em sua versão de esquerda, a governamentalidade neoliberal consistiu em virar as costas à luta histórica por igualdade social em favor de "causas" culturais e morais que, ainda que legítimas, não poderiam, sozinhas, substituir a questão central das desigualdades sociais e econômicas entre as classes. Permitindo ocultar o consenso fundamental sobre as orientações neoliberais a respeito da economia, esse deslocamento da oposição política no terreno dos valores constitui um dos fenômenos políticos mais importantes das últimas décadas. Permite, na verdade, explicar como o neoliberalismo apropriou-se do espaço dos possíveis políticos e como a versão mais autoritária e conservadora do neoliberalismo pôde triunfar em certo número de países.

Essa divisão dos neoliberalismos de governo teve o efeito de polarizar e saturar a totalidade do espaço político nos países capitalistas desenvolvidos. Nancy Fraser propôs uma explicação para essa saturação política apoiando-se no conceito gramsciano de hegemonia. Ao distinguir o "neoliberalismo reacionário" e o "neoliberalismo progressista", remete cada um deles a um "bloco hegemônico" na sociedade, compondo, assim, com o outro, uma espécie de *duopólio político-ideológico*.[169] Por mais interessante que seja essa distinção, ela

---

**169** | FRASER, Nancy. "From Progressive Neoliberalism to Trump — and Beyond", *American Affairs*, v. 1, n. 4, inverno 2017 ["Do neoliberalismo progressista a Trump e além", trad. Paulo S. C. Neves, *Política e sociedade*, v. 17, n. 40, p. 43-64, set.-dez. 2018]. Lembremos que, para Gramsci, um "bloco hegemônico" não é apenas uma aliança entre classes, mas a realização da unidade da economia e da cultura em uma representação homogênea da realidade, representação coletiva que é justamente a condição de uma coalizão entre grupos sociais.

não explica como se constituiu historicamente essa divisão e como ela opera. Só podemos fazê-lo examinando o jogo dinâmico da contrariedade entre dois tipos de estratégia política.

A *guerra de valores*[170] não é, portanto, uma espécie de suplemento da luta de classes, como poderia ser a luta ideológica entre os defensores do capitalismo e os do socialismo; ela desempenha a função de substituto do enfrentamento social assim como de escape para a fúria das vítimas do sistema neoliberal. Ao conseguir mobilizar parte da população e levá-la a apoiar políticas, em especial fiscais, extremamente favoráveis às classes mais ricas, essa guerra de valores também teve e continua tendo papel crucial na perpetuação do neoliberalismo.

## Uma contrarrevolução cultural

Nos anos 1960 e 1970, diversas mudanças — clima favorável à ampliação dos direitos das mulheres sobre a contracepção e o aborto, evolução notável do direito sobre o divórcio, recuo da criminalização da homossexualidade e da transexualidade, reconhecimento dos direitos civis e políticos de minorias étnicas e raciais, afirmação de novos estilos de vida entre os jovens, valorização estética da transgressão de toda ordem — abalam, em vários países ocidentais, os valores patriarcais e familiares e, de forma mais geral, os costumes, enquanto a secularização das populações se acelera. Como o historiador Andrew Hartman (2015) notou, a propósito dos Estados Unidos, a contracultura que se erigiu contra a "América normativa dos anos 1950" conheceu uma série considerável de sucessos até os anos 1980 e 1990, notadamente nas grandes cidades e entre as classes médias com ensino superior, tanto nos Estados Unidos como no conjunto dos países ocidentais. Em resposta, a direita con-

---

170 | Na historiografia estadunidense, fala-se em "guerras culturais"; ver Hunter (1991). A polissemia do termo "cultura" nos fez preferir a expressão "guerra de valores".

servadora realizou, em escala mundial, uma contrarrevolução cultural destinada a eliminar os vestígios dos *sixties* e a varrer a herança do Maio de 1968. É nesse momento que se produz o que Melinda Cooper (2017, p. 22 ss.) designa como a "aliança neoliberalismo/novo conservadorismo social". Autorizando uma coalizão com figuras centrais do novo conservadorismo estadunidense (especialmente Irving Kristol e Daniel Bell), essa aliança permitia, dessa maneira, conferir poder estratégico inédito a um conservadorismo que, como já vimos, impunha-se, na realidade, desde os primórdios do pensamento neoliberal. Assim, ela se baseava na "necessidade de reinstalar a família como fundação da ordem social e econômica" ou, mais exatamente, da "ordem livre do mercado" (Cooper, 2017, p. 49, 57). Thatcher ocupa um lugar singular nessa história, já que muito cedo conjugou politicamente o retorno do mercado e todos os temas conservadores da tradição, desde a família patriarcal até a nação (Hall, 1990, p. 2). A grande arte thatcheriana, que permaneceu como um modelo para as direitas de todo o mundo, consistiu em elogiar e explorar o apego de grupos populares às hierarquias domésticas, aos valores religiosos, ao respeito pelas autoridades. A bem dizer, nem todos os componentes da direita têm cantado na mesma afinação thatcheriana. Na França ou na Itália, por exemplo, uma ala modernizadora, próxima dos meios econômicos "inovadores", pregadores da "destruição criativa" *à la* Schumpeter,[171] quis combinar liberdades individuais e liberdade econômica; de outro lado, uma ala conservadora, em sua tripla aspiração à liberdade econômica, ao conformismo social e ao rigor moral, permanecia fiel à linha de Hayek e até mesmo à de Röpke.

Foi essa direita reacionária, no sentido próprio do termo, tradicionalista, nacionalista, muitas vezes fanático e pelo me-

---

171 | Joseph Schumpeter descreveu a evolução do capitalismo como o resultado de um processo contínuo de destruição de setores, técnicas e atividades ultrapassadas, substituídos pelos resultados da inovação tecnológica e organizacional.

nos implicitamente racista, que levou a essa contrarrevolução cultural nos Estados Unidos, na Europa e em outras regiões do mundo, visando ao conjunto dos direitos cívicos, culturais e sociais resultantes do movimento democrático dos anos 1960 e 1970. Essa contrarrevolução cultural toma, sem dúvida, uma de suas formas mais explícitas na alt-right [direita alternativa], que distorce o discurso contra as discriminações, denunciando a "opressão" que as maiorias e as identidades tradicionais sofrem pelos "invasores" muçulmanos, negros e feministas, tudo sobre o fundo de uma narrativa apocalíptica em que a civilização branca é ameaçada de desaparecimento pela ideologia da igualdade (Rachels, 2018), vista como uma "revolta contra a natureza" (Rothbard, 2000a). Antagônicos às teorias de construção social do gênero e da raça, esses libertarianos de direita reivindicam "uma nova contracultura" (Hoppe, 2018),[172] defendendo um "realismo sexual" e um "realismo racial", baseados na afirmação da diferença biológica entre os sexos e as raças.[173] Como disse Wendy Brown, "esta raiva toma a forma da 'liberdade' de ser racista, sexista, homofóbico ou islamofóbico e de afastar a 'tirania' da esquerda, que tenta proibi-la".[174] Redefinidas como "liberdades" e "direitos", essas identidades raivosas apelam à violência legítima de um Estado autoritário ou à legítima defesa (Hoppe, 2009).[175]

---

172 | Para uma história da alt-right e de sua guerra cultural, ver Ridley (2020).

173 | SLOBODIAN, Quinn. "Anti-'68ers and the Racist-Libertarian Alliance: How a Schism among Austrian School Neoliberals Helped Spawn the Alt Right" [Os anti-68 e a aliança racista-libertariana: como um cisma entre neoliberais da Escola Austríaca ajudou a criar a alt-right], *Cultural Politics*, v. 15, n. 3, nov. 2019.

174 | BROWN, Wendy & LITTLER, Jo. "Where the Fires Are: An Interview with Wendy Brown" [Onde está o fogo: uma entrevista com Wendy Brown], *Eurozine*, 18 abr. 2018.

175 | Eleita em 2020 para a Câmara dos Representantes dos Estados Unidos, Marjorie Taylor Greene, em um de seus cartazes de campanha, posou serenamente ao lado do marido, na porta de sua elegante casa, com uma espingarda nas mãos e o slogan "Salve a América, detenha o socialismo!".

Entretanto, essa revolta reacionária também ganhou a forma de verdadeiras "cruzadas morais", que focaram, em particular, os direitos das mulheres e mobilizaram multidões para recusar o casamento homoafetivo. A ofensiva contra o direito ao aborto, à contracepção ou à liberdade sexual de fato tornou-se — e ainda é — um fenômeno mundial. A direita cristã e a extrema direita, quando no poder, colocam em questão, em diversos países, a legislação que autoriza o aborto, com alguns casos de sucesso, como na Polônia, onde a suprema corte chegou, em outubro de 2020, a proibir a interrupção da gravidez em caso de má-formação fetal.[176] A afirmação da igualdade entre os gêneros e a luta contra a violência contra as mulheres são acusadas de minar a ordem patriarcal. Por vezes, até o direito ao divórcio é contestado pela direita no poder, como no governo da Lega, na Itália, em 2018.[177] Bem antes da ascensão de Bolsonaro, a direita brasileira já vinha combatendo os avanços dos direitos das mulheres, dos LGBTQIA+, dos trabalhadores domésticos, dos negros e dos indígenas.[178] Com al-

---

176 | Sob impulso dos Estados Unidos, 32 governos, entre eles os de Brasil, Uganda, Arábia Saudita, Polônia e Hungria, assinaram, em outubro de 2020, uma "declaração do consenso de Genebra", que pretende defender a família, opondo-se a que o aborto seja considerado um "direito humano".

177 | Na Itália, o projeto de lei sobre a guarda compartilhada de crianças em caso de divórcio, proposto pelo senador da Lega, Simone Pillon, visa restabelecer a autoridade dos homens na condição de pais e maridos. Suprimindo a pensão alimentar, atribuindo a moradia ao proprietário e exigindo um "mediador" para gerir as relações familiares, o decreto coloca obstáculos econômicos ao divórcio para as mulheres, que, com frequência, não trabalham para cuidar de seus filhos ou não ganham o suficiente para arcar com todas as despesas.

178 | Foram denunciados como atentados insuportáveis à "família brasileira", ao cristianismo e à pátria: a Lei Maria da Penha, de 2006, cujo objetivo é proteger as mulheres da violência doméstica; a emenda constitucional que reconhece os direitos das trabalhadoras domésticas e a emenda à lei sobre proteção dos direitos das mulheres que autoriza o aborto em caso de fetos anencéfalos, ambas de 2012; a autorização do casamento entre pessoas do mesmo sexo pelo Supremo Tribunal Federal, em 2011; e a lei de 2012 que reserva 50% das vagas de cursos e estágios nas universidades e institutos federais a estudantes provenientes do ensino público e negros ou pardos (a Lei das Cotas).

gumas variações — que dependem dos contextos culturais e históricos de cada país, onde, segundo intensidades e ritmos variados, esse ataque às liberdades culturais se generaliza —, assistimos à mesma retórica de guerra que almeja ao mesmo objetivo: a restauração de uma "ordem" apresentada como natural e moral, a da tradição e da família heteronormativa definida como base e valor supremo da civilização ocidental, restauração cada vez mais defendida em nome de uma "liberdade" religiosa, única capaz de preservar os valores cristãos no espaço público. Em março de 2019, a cidade italiana de Verona recebeu o World Congress of Families [Congresso mundial das famílias], do qual participaram Salvini, Maurizio Fontana (ministro da Família da Lega) e inúmeros representantes da extrema direita mundial, como o dirigente húngaro Orbán.[179] O aborto, a imigração, o casamento homoafetivo, o "estilo de vida LGBTQIA+" e a "teoria de gênero" tornaram-se os principais alvos dessa Internacional reacionária.[180]

Essa valorização da família é um dos aspectos de uma reação geral contra a reivindicação de igualdade. Ela tem sua face mais secular na teoria do capital humano desenvolvida por Gary Becker, membro eminente da Escola de Chicago nos anos 1960. Essa teoria, como já sublinhava Michel Foucault, implica considerar o investimento privado e familiar na educação dos filhos como uma alternativa ao investimento público, e o próprio empréstimo bancário aparece como substituto da lógica da redistribuição de renda

---

**179** | Esse congresso nasceu no fim dos anos 1990, por iniciativa da nova direita cristã estadunidense e de ultraconservadores russos, com o objetivo de realizar uma ação coordenada contra os inimigos de uma sociedade "com base moral" e da família tradicional patriarcal.

**180** | Para um estudo da reação de associações religiosas católicas e muçulmanas e de representantes de direita à introdução do "bê-a-bá da igualdade" nas escolas primárias, em 2013, ver GALLOT, Fanny & PASQUIER, Gaël. "L'école à l'épreuve de la 'théorie du genre': les effets d'une polemique" [A escola à prova da "teoria de gênero": os efeitos de uma polêmica], *Cahiers du Genre*, v. 2, n. 65, 2018.

via impostos e serviços públicos (Cooper, 2017, p. 225 ss.).[181] A aplicação da teoria do capital humano à família, elaborada por Becker em seu *A Treatise on the Family* [Um tratado sobre a família], de 1981, além de ter justificado a desativação do Estado-providência, serviu também de instrumento para desacreditar as demandas típicas da esquerda contracultural e sua defesa da libertação sexual. Longe de ser retratada como um lugar de alienação ou de opressão, a família se encontrava aí, ao contrário, apresentada como uma "firma", em que toda a atenção dos pais racionais deve ser voltada para a acumulação de um capital humano e ao rendimento mais elevado. Assim, a promoção de valores tradicionais da família não depende apenas de uma concepção teológico-moral e não remete a uma consideração pobremente utilitarista, até cínica; ela compõe uma estratégia de conjunto visando substituir os mecanismos redistributivos e a participação na vida pública pelas lógicas exclusivamente privadas, nas quais, conforme a lógica de acumulação capitalista, a gratuidade do trabalho reprodutivo das mulheres assume um papel maior (Federici, 2019).

## A tradição da "liberdade" contra as liberdades reais

Os novos governos neoliberais se anunciam como defensores da tradição e da nação e, simultaneamente, paladinos da "liberdade individual", uma expressão que, na época moderna, possui um valor moral universal incontestável e assegura ao neoliberalismo um potencial de legitimação cuja importância não se pode subestimar. É que, segundo uma lógica muito hayekiana, a "liberdade", tal como eles a entendem, é parte da

---

181 | Interrogando o valor da família no neoliberalismo estadunidense, Cooper (2017, p. 8) faz a seguinte constatação: "Não seria exagero dizer que o enorme ativismo dos neoliberais estadunidenses, nos anos 1970, foi inspirado pelas mudanças ocorridas nas estruturas familiares".

"tradição"[182] e oposta a todo movimento de "emancipação".[183] Essa liberdade-*tradição* da direita, que compreende a exaltação da nação soberana, a sacralização da família independente e os direitos da religião de fixar as normas, é, pois, o contrário da liberdade-*emancipação* pensada pelo Iluminismo e, depois, por grande parte do liberalismo político clássico. A concepção de liberdade era inseparável da reflexão sobre seus meios, ou seja, a liberdade de imprensa, a livre-circulação de ideias, a educação e o sufrágio universal, entendidos como dimensões da cidadania. Talvez não se tenha prestado atenção suficiente à nova definição de "liberdade" proposta por Lippmann em sua fala de abertura do colóquio de 1938 sobre a "renovação do liberalismo", que pretendia libertar-se das "fórmulas doutrinárias do liberalismo do século XIX". Ele afirmava que não se devia "confundir a causa da liberdade com as doutrinas, como aquelas do direito natural, da soberania popular, dos direitos do homem, do governo parlamentar, do direito dos povos à autodeterminação, do laissez-faire e do livre-comércio".[184] Chamava, assim, a uma ruptura profunda com aquilo que era o coração do conceito de liberdade construído no século XVIII contra a opressão que se associava aos direitos da pessoa, às liberdades civis, à liberdade política e à liberdade econômica. A virada é completa: o conceito de liberdade não designa mais um conjunto de garantias contra a opressão individual e coletiva, mas o direito de afirmar um conjunto de valores tradicionais autoproclamados como equivalentes à "civilização". É exatamente a esse novo espírito de "liberdade", que conjuga a crença na superioridade ocidental e a defesa paranoica de

---

182 | Ver o capítulo 6, assim como Wendy Brown (2019).

183 | Sobre essa oposição hayekiana entre a liberdade e a "demanda de emancipação em relação à moral tradicional", ver Hayek (1993, p. 90): "Os que fazem tal demanda, se atingissem seus fins, destruiriam os fundamentos da liberdade e permitiriam aos homens fazer o que acabaria, irremediavelmente, com as condições que tornaram a civilização possível".

184 | "Allocution de Walter Lippmann" [Intervenção de Walter Lippmann], em Audier (2012a, p. 422).

uma identidade sitiada, que a direita neoliberal e reacionária de hoje recorre para justificar suas violações das liberdades públicas e individuais. Os exemplos dessa lógica liberticida não deixam de mostrar que estamos, aqui, no oposto do liberalismo clássico. Pensemos nas ofensivas contra liberdades acadêmicas e no desprezo à ciência e às artes. Sobre isso, o Brasil oferece uma gama completa de atentados governamentais às liberdades de pensamento, cultura e educação, desde a nomeação de reitores pelo governo até o desmantelamento da Cinemateca, passando pelo discurso espantoso do secretário da Cultura Roberto Alvim, que, em janeiro de 2020, retomava palavra por palavra uma alocução de Joseph Goebbels sobre a arte que deveria ser "nacional", "heroica" e "imperativa", sem falar na criação de "escolas civis-militares", que impõem disciplina de caserna e inculcam valores patrióticos nos alunos.[185] Os ataques contra as universidades não são monopólio brasileiro.[186] A face mais autoritária do neoliberalismo se manifesta em um desejo de controle direto das universidades, da pesquisa e da informação. Na França, onde o governo de Emmanuel Macron se orgulha de defender a tradição das Luzes e a liberdade de expressão, veem-se atitudes inéditas desde o regime de Vichy, tais como a intenção de controlar os pesquisadores e limitar a atividade dos meios de comunicação, como atesta uma proposta apresentada em 2020 para redefinir a lei de 1881 sobre a liberdade de imprensa em nome das mudanças necessárias em um contexto marcado por atos terroristas.

**185** | Ver BARBIÉRI, Luiz Felipe. "Bolsonaro exonera secretário da Cultura que fez discurso com frases semelhantes às de ministro de Hitler", *G1*, 17 jan. 2020.

**186** | Na Hungria, o partido Fidesz lançou ataques contra a autonomia da Academia de Ciências e colocou as universidades estatais sob controle financeiro direto. As escolas públicas (primárias e secundárias), geridas e mantidas desde 1990 pelos municípios, passaram à administração do governo nacional, e os programas de educação foram hipercentralizados. Ver LUGOSI, Gyözö. "Hongrie: un mélange embrouillé de nationalisme et de néolibéralisme" [Hungria: uma confusa mistura de nacionalismo com neoliberalismo], *Europe solidaire sans frontières*, 15 abr. 2019.

### A designação do inimigo e a redefinição do "povo verdadeiro"

Não vamos compreender a raiva nacionalista com ênfases populistas que se apropriou dessa direita reacionária se não a articularmos com essa idealização de uma liberdade que reduziria o Ocidente cristão à sua população branca. Defender as fronteiras da civilização, construir muros contra a invasão de estrangeiros, redesenhar os limites de um povo "originário" e trabalhar para definir a identidade nacional são ideias que andam juntas. Essa postura passa principalmente pela estigmatização de novos inimigos: os mexicanos para Trump, os imigrantes na Itália e na Hungria, os muçulmanos um pouco por toda parte. Esses inimigos externos vêm, assim, se juntar e se misturar aos inimigos políticos e culturais internos: o Partido dos Trabalhadores no Brasil, a União Europeia para a direita britânica e dirigentes húngaros e poloneses, os "islamo-esquerdistas" para o governo de Macron e a direita francesa. O supremacismo branco, racista e colonialista que se pode observar nos Estados Unidos e em certos países da América Latina representa a forma exacerbada desse ódio por todos os bárbaros inimigos da "sociedade livre".

Esse modo de governo pelos valores funciona pela demonização dos "corpos estrangeiros" para assegurar a homogeneidade imaginária do grupo. Consiste em fomentar pânicos morais, fazendo crer que a identidade da comunidade nacional está em risco, que sua integridade está ameaçada por um perigo migratório, pela perversão intelectual das elites, pelo globalismo e pelo multiculturalismo. Assim reprojetado "do alto" e em oposição às más elites, esse povo evidentemente possui todos os atributos positivos imagináveis, quer seja em matéria de fé, de família, de orientação sexual ou de patriotismo. É em nome desse "povo verdadeiro" que o Estado se autoriza a exercer todas as formas de coerção contra minorias nocivas que não fazem parte dele. Salvini se distinguiu particularmente pela supressão da proteção humanitária aos imigrantes e pela repressão das operações de salvamento no mar.

Essas direitas neoliberais e reacionárias reescrevem um romance nacional fundado no ressentimento.[187] Orbán não cessa de denunciar os vários "traidores da pátria", apresentando a história de seu país como eterna vítima de seus vizinhos e da Europa ingrata.[188] A tonalidade desses discursos conduz a uma redefinição religiosa da nação, com a qual colaboram as igrejas evangélicas que apoiam Trump ou Bolsonaro, mas igualmente os católicos conservadores, por vezes partidários de uma renovação carismática cristã. Nessa aparente mistura de temáticas heterogêneas, a tonalidade propriamente neoliberal transforma as outras. Assiste-se, desse modo, a estranhas formas de *neoliberalização da religião*. Nada o indica melhor que a "teologia da prosperidade" de certas denominações pentecostais conservadoras nos Estados Unidos ou na América Latina para as quais Cristo promete aos que praticam sua fé não apenas a salvação em outra vida mas também a riqueza material, a saúde física e o sucesso social e amoroso nesta terra. E como esse curioso evangelho assegura que será devolvido aos fiéis o cêntuplo daquilo que eles dão a sua igreja, compreende-se que se trate de empresas muito rentáveis (Hackworth, 2018, p. 329 ss.). A nação é também reinterpretada como *comunidade empresarial*. Trump repetiu à exaustão que os Estados Unidos estavam em guerra econômica e que, para sobreviver, seria preciso segui-lo. Orbán traçou uma estratégia dos "pequenos", como ele dizia em sua biografia em 2012: "Em meu ponto de vista, é preciso conduzir a Hungria à situação na qual ela estará em condi-

---

187 | Sobre isso, ver Brown (2019, cap. 5).

188 | Na Europa, o Prawo i Sprawiedliwość [Direito e justiça] (PIS) polonês ou o Fidesz húngaro se fizeram os principais críticos da União Europeia, que imporia normas contrárias aos "interesses nacionais" no que diz respeito a liberdades civis e independência da justiça e da imprensa. O duplo jogo desses governos é evidente: aceitam auxílios europeus, mas recusam tudo o que ainda protege os valores liberais clássicos e um tecido social mínimo na União Europeia.

ções de competir não somente com os Estados europeus mas também com os novos poderes mundiais, como a China ou o Brasil" (Poinssot, 2019, p. 120).

## O governo pelos valores progressistas

Mas como essa guerra de valores, realizada pela direita neoliberal mais conservadora, "funciona" nos meios populares? Como ela conseguiu captar uma parte do descontentamento social? As classes populares só abandonaram a esquerda porque foram abandonadas por ela. Desde os anos 1980, quando esteve no poder, a esquerda fez, grosso modo, a mesma política econômica e social que a direita: favorável à globalização e à União Europeia em suas relações exteriores e, ao mesmo tempo, sujeita às restrições globais em suas realizações nacionais. Por vezes ela foi até mais audaciosa ou determinada, particularmente no que diz respeito à modernização "competitiva" do Estado — segundo os cânones da Nova Gestão Pública —, às privatizações ou à desregulamentação dos mercados financeiros. Essa é a principal causa de seu lento declínio como força histórica orientada para a igualdade social. Desde os anos 1960 e 1970, no entanto, a esquerda manteve as aspirações emancipatórias de grande parte da juventude e das mulheres. Ela as integrou, mas as diluiu, e soube combiná-las com o mito da empresa, o culto da inovação tecnológica, a promoção do consumismo e o desenvolvimento das finanças de mercado.[189] Em suma, abandonou seu combate contra as desigualdades econômicas pelos valores culturais mais "modernos" das classes médias, dobrando-se sem reserva à nova ordem neoliberal europeia e mundial. Para Nancy Fraser, esse

---

**189** | É essa osmose que trabalhos como os de Boltanski & Chiapello (1999 [2009]) ou, mais recentemente, de Hancock (2019) buscaram analisar, não sem a tendência de relacionar incessantemente o neoliberalismo apenas ao resgate do movimento contracultural e de ocultar a via tradicionalista.

"neoliberalismo progressista" foi bem-sucedido em combinar as forças favoráveis ao mercado à alta tecnologia e ao reconhecimento dos direitos das mulheres e minorias — uma combinação possível devido a uma concepção "meritocrática" e individualista da emancipação.[190] Essa combinação permitiu o sucesso político, desde o fim dos anos 1990 e o começo do século XXI, de uma nova esquerda com nomes variados: os "novos democratas" de Clinton, a "terceira via" de Blair e Schröder e, mais recentemente, o "progresso global" do período Obama.

A eficácia simbólica e política dessa metamorfose da esquerda não deve ser subestimada. De forma duradoura, ela fechou a via a qualquer alternativa política real que teria limitado ou destruído a dominação neoliberal. Essa orientação teve muitas consequências para as classes populares, como, aliás, para a própria esquerda. Esta última dilapidou seu capital histórico em meio às classes populares e abriu o caminho para a extrema direita e a direita radicalizada, hábeis em explorar o descontentamento social em seu benefício, jogando a carta da "traição" da esquerda.

Para a estratégia que aqui nos interessa, convém examinar o conteúdo e o alcance das escolhas dessa esquerda neoliberal. Ela aceitou plenamente o terreno do combate cultural imposto pelo neoliberalismo reacionário, o que permitiu a este exibir facilmente sua diferença. Assim, ela participou da guerra de valores, tomando posição na nova polarização do campo político. Em vez da oposição cara à direita neoliberal entre "civilizados" e "bárbaros", ela preferiu a oposição entre "modernos" e "retrógrados". Buscou, no terreno eleitoral, captar a adesão de certas frações das classes média e alta compostas por indivíduos mais jovens, de maior escolaridade, mais urbanos, mais abertos ao mundo, mais tolerantes à diversidade de orientações sexuais, mais sensíveis à ecologia e pouco inclinados ao racismo — isto é, menos dispostos a suportar os

190 | FRASER, *op. cit.*

enquadramentos tradicionais e autoritários defendidos pela direita reacionária. São esses "segmentos da população" que supostamente representam o apoio eleitoral de uma alternativa moderna e liberal ao autoritarismo de direita.

Essa estratégia, primeiramente implícita, foi teorizada nos círculos democratas estadunidenses sob a forma de um modelo válido para todas as formações de esquerda do mundo. Esse "novo progressismo", conforme o nome que lhe foi dado no começo dos anos 2000, pretende constituir uma coalizão de substituição destinada a assegurar nova maioria eleitoral à esquerda. Essa estratégia tem duas vertentes. De um lado, divide a população mediante critérios sociológicos e demográficos e, de outro, reduz a batalha política a uma batalha de tipo cultural: o que importa é a "relação com o futuro" de diferentes segmentos da população, suas diferentes propensões ao "progresso". Para a esquerda, a ruptura com todo modelo estratégico classista (ou mesmo universalista) é clara: não há mais classes centrais ou narrativa coletiva unificadora, mas apenas "relações com o futuro" próprias a "segmentos" heterogêneos, e sua adição opera eleitoralmente na base da abertura às "mudanças culturais".

Essa reflexão sobre a "nova maioria" foi notadamente conduzida pelos estrategistas democratas do Center for American Progress [Centro para o progresso estadunidense].[191] A questão inicial dizia respeito à maneira pela qual os democratas poderiam reconquistar o poder depois das eleições presidenciais de 2000, quando Al Gore perdeu para George W. Bush por uma margem muito estreita de votos. A resposta dos experts era baseada no fato de que a realidade eleitoral estava mudando em sentido favorável aos democratas, em razão das evoluções morfológicas e culturais da população estaduni-

---

**191** | O Center for American Progress é um dos laboratórios de ideias mais importantes do Partido Democrata, fervoroso apoiador da chamada linha "centrista" desse partido e financiado por doadores generosos, como Michael Bloomberg.

dense (Judis & Teixeira, 2002). Os trabalhadores, que desde o New Deal compunham a base indefectível do Partido Democrata, agora lhe faltavam em função da desindustrialização e de seu deslizamento para a direita no plano cultural. Os autores deduziam que o retorno ao poder de um presidente e de uma maioria de congressistas democratas só poderia acontecer por meio da constituição política e, sobretudo, cultural de uma nova maioria eleitoral. Era dizer implicitamente que os trabalhadores brancos estavam definitivamente perdidos pelo Partido Democrata, já que não estava em questão modificar as orientações da política econômica e social quando os democratas voltassem ao poder. Um número impressionante de pesquisas eleitorais analisa, então, de forma muito detalhada, os segmentos do corpo eleitoral para saber quais são as categorias da população mais "progressistas" e as mais "retrógradas". Essa análise vai permitir o projeto de uma "Nova América Progressista", para retomar o título de um relatório importante do Center for American Progress em 2009.[192] Encontram-se aí reunidos os diplomados, os jovens urbanos, os imigrantes hispânicos, os negros, as minorias sexuais, as mulheres (de preferência as que vivem sozinhas), os executivos, os não religiosos etc. Entre todos os marcadores do "progressismo" dessas categorias, dois são particularmente determinantes: o nível de escolaridade e a faixa etária. A "Nova América Progressista" não será mais aquela dos trabalhadores sem ensino superior herdada do New Deal; será a da geração dita "do milênio" (*millenials*). É uma visão otimista, portanto: o eleitorado republicano mais velho, mais branco, mais rural e mais religioso está em vias de encolhimento social e de marginalização geográfica, ao passo que o eleitorado democrata é mais jovem e em vias de expansão demográfica, em especial

---

192 | TEIXEIRA, Ruy. "New Progressive America: Twenty Years of Demographic, Geographic, and Attitudinal Changes Across the Country Herald a New Progressive Majority" [Nova América Progressista: vinte anos de mudanças demográficas, geográficas e comportamentais através do país anunciam uma nova maioria progressista], Center for American Progress, mar. 2009.

nas cidades cosmopolitas, multiculturais, abertas ao mundo. O argumento demográfico e cultural conduz até mesmo à previsão do "fim das guerras culturais", já que a geração do milênio e o peso crescente das minorias vão acabar por varrer o voto conservador dos trabalhadores idosos.[193]

A vitória de Obama em 2008 foi vivida como a realização mais evidente desse "progressismo cultural", o que levou boa parte das esquerdas governamentais no mundo a esposar certas linhas de força dessa "estratégia de substituição eleitoral". Na primavera de 2010, o Center for American Progress reuniu um grupo de trabalho com representantes de partidos social--democratas do mundo inteiro, especialmente europeus, para refletir sobre a maneira de compor maiorias alternativas.[194] Esse "progressismo cultural" se manifestou ruidosamente na França quando da publicação, em 2011, de um relatório do think tank Terra Nova, próximo do Partido Socialista, que na realidade replicava muito amplamente os trabalhos do Center for American Progress.[195] Esse relatório trazia, no entanto, dois argumentos inéditos. De um lado, a adesão dos trabalhadores aos valores de direita e de extrema direita não se deve em nada às políticas neoliberais, mas aos valores de Maio de 1968, que se chocaram com o tradicionalismo trabalhador. De outro lado, a "nova esquerda" não deve mais apenas proteger

---

**193** | TEIXEIRA, Ruy. "The Coming End of Cultural Wars" [O fim próximo das guerras culturais], Center for American Progress, jul. 2009.

**194** | Dirigido pelo Center for American Progress e pela Fundación Ideas para el Progreso [Fundação ideias para o progresso], ligada ao Partido Socialista Operário Espanhol (PSOE), o projeto tinha como objetivo construir e disseminar o mesmo tipo de estratégia "vencedora", já que a evolução do voto dos trabalhadores para a direita e a extrema direita era vista como uma realidade geral. Em 2010, os dois ex-dirigentes Felipe González e Bill Clinton criaram um "conselho do progresso global", destinado a formar novos líderes. Essa estratégia do "progressismo" foi adotada em 2017 por Macron e pelos socialistas que se associaram a ele.

**195** | FERRAND, Olivier; JEANBART, Bruno & PRUDENT, Romain. "Gauche: quelle majorité électorale pour 2012?" [Esquerda: qual maioria eleitoral para 2012?], Terra Nova, 10 maio 2011.

os "insiders" como também ajudar os "outsiders" a se emanciparem.[196] Os autores concluem: "A vontade da esquerda de implementar uma estratégia de classe em torno da classe trabalhadora, e mais globalmente das classes populares, requer a renúncia de seus valores culturais, isto é, o rompimento com a social-democracia".[197] A "nova esquerda" deve, primeiramente, contentar as clientelas da "França de amanhã", e não as classes retrógradas, definitivamente perdidas para o "progresso". Os valores culturais são colocados contra a igualdade social: vê-se que a campanha de Macron de 2017 recuperou, em seu benefício, uma estratégia que estava talhada sob medida para a "nova esquerda". Essa estratégia tem coerência. A questão social não é mais a desigualdade entre as classes, mas um conjunto de obstáculos à mobilidade social e à integração, que o "Estado emancipador" deve remover notadamente pela educação, pela formação profissional, pelo acesso à propriedade e à cultura digital. Compreende-se por que é preciso, então, concentrar esforços sobre os indivíduos mais desejosos de se emancipar das formas tradicionais de socialização, que têm vontade de "mover-se", "transformar", "libertar-se" das normas morais, das crenças religiosas, do status profissional, dos hábitos muito rotineiros ou das "rendas de situação". A única via política "razoável" é compor um bloco neoliberal alternativo àquele da direita, mas *sem os trabalhadores tradicionais* e até mesmo contra eles. Sabemos, hoje, como essa estratégia de oposição de segmentos modernos a segmentos atrasados da população, que Hillary Clinton quis seguir na campanha de 2016, deparou-se com a mobilização de um eleitorado republicano incendiado pelo cinismo populista de Trump. O desprezo da candidata por esses eleitores não foi irrelevante em

---

**196** | FERRAND, JEANBART & PRUDENT, *op. cit.*, p. 55.

**197** | *Idem*, p. 13.

sua derrota.[198] Mas importa, sobretudo, compreender a que impasse histórico conduziu a guerra de valores entre a direita reacionária e a nova esquerda progressista.

### Dividir o povo voltando-o contra ele mesmo

O abandono dos meios populares pela nova esquerda progressista, de um lado, e a retomada pela direita de valores das classes populares (o trabalho, o mérito, a família, a autoridade), de outro, redefiniram os laços entre os partidos e as classes sociais. Perguntamos, há pouco, como a versão mais reacionária do neoliberalismo pôde ter exercido, até o presente, tanta atração sobre os meios populares. Esse sucesso se explica pelo fato de o neoliberalismo produzir, de uma só vez, seu veneno (a desfiliação, as desigualdades sociais, a insegurança econômica) e, em sua versão de direita, seu antídoto imaginário sob a forma do reencantamento de um "nós" composto de pessoas simples e comuns, de semelhantes silenciosos e trabalhadores, de bons cidadãos obedientes às normas e respeitosos da autoridade do Estado. Essa narrativa unificadora, que integra em uma mesma nação todas as classes, especialmente as classes populares, realiza tripla operação: uma recomunitarização imaginária da sociedade, uma reidealização do Estado soberano e uma radicalização da liberdade individual.

Falar de "populismo de direita" para designar essa estratégia representa um problema. Se a fórmula sublinha bem um estilo e uma retórica, não é suficiente para explicar os efeitos

---

198 | Na ocasião de um "jantar LGBT para Hillary", no começo de setembro de 2016, a candidata declarou sobre os eleitores de Trump: "Para generalizar, grosso modo, vocês podem colocar a metade dos partidários de Trump no que eu chamo de cesto de deploráveis (*basket of deplorables*): os racistas, sexistas, homofóbicos, xenófobos, islamofóbicos. Cabe a vocês escolher". Ver AUTRAN, Frédéric. "Électeurs de Trump 'pitoyables': la gaffe qui pourrait coûter cher à Clinton" ["Deploráveis" eleitores de Trump: a gafe que pode custar caro a Clinton], *Libération*, 11 set. 2016.

complexos da estratégia da direita. Não se trata, aqui, tanto da "construção de *um* povo", como indica o termo "populismo", quanto de sua divisão e, mais precisamente, da *virada* de uma parte das classes populares contra praticamente todas as conquistas do movimento trabalhador, contra o Estado-providência, contra o direito do trabalho e contra os sindicatos. Impulsionado pela xenofobia e pelo racismo, ela conseguiu quebrar, por muito tempo, toda unidade dos meios populares em sua eventual resistência às classes dominantes. Nutrindo o ódio de certas categorias da população contra outras, percebidas como ameaça para suas próprias situações e eventuais "vantagens", ela volta o "povo" contra ele mesmo, divide-o e decompõe-no em comunidades de identidades inconciliáveis. Apenas a retórica que exalta o poder de um Estado forte, sobretudo quando ele é carregado de leis securitárias cada vez mais liberticidas, é capaz de sustentar a crença na unidade indivisível de uma comunidade nacional. As contradições dessa estratégia são muitas. Não é nada fácil combinar a norma da concorrência entre indivíduos, o capitalismo financeiro e o apego a uma comunidade nacional fechada. Sem contar que o estilo populista, que coloca em questão tanto as elites quanto a legitimidade da representação política, tem um efeito autodestrutivo sobre o próprio sistema político. A direita reacionária é levada, assim, a uma deriva antiliberal, até protofascista, como vimos nos Estados Unidos durante quatro anos até o assalto dos apoiadores de Trump ao Capitólio, em 6 de janeiro de 2021, e como seguimos vendo em vários outros países, notadamente na Hungria, na Polônia ou no Brasil.

Também é possível avaliar melhor o impasse da estratégia "progressista" da esquerda, que acreditou poder contar com os efeitos culturais e emancipadores da globalização e da individualização dos comportamentos para assegurar maiorias eleitorais duradouras e até mesmo invencíveis. Não apenas ela acreditou em sua superioridade definitiva na luta cultural, já que acreditava ter a evolução demográfica e econômica a seu favor, mas acreditou, igualmente, poder influenciar segmentos sociais compostos de indivíduos com dificuldade de mobilidade e inclusão na economia de mercado. Esse modo de governo por segmentos "modernistas" nem sempre basta eleitoralmente para compensar os prejuízos sociais causados pelas políticas neoliberais e seus efeitos sobre os indivíduos. O sucesso da direita reacionária dá a prova mais cruel: elas operam pela exploração intensa do ressentimento de grupos dominados por políticas neoliberais, notadamente as implementadas quando partidos de esquerda estavam no poder. Na realidade, essa nova esquerda não tem a autonomia política que atribui a si mesma. Os "valores" que ela acaba por defender, sob pressão da direita e da extrema direita, parecem se confundir com as piores versões do nacionalismo e do securitarismo de Estado. Constantemente advertida para a ausência de autoridade ou falta de firmeza, tende a respondê-las com os "elementos de linguagem" da direita e da extrema direita. O impasse histórico é completo: as políticas neoliberais conduzem, assim, os governos, independentemente de suas cores e belas intenções "modernistas", à brutalização da sociedade. A apologia sem adornos ao Estado forte é sua última palavra.

# 9

No front do trabalho

O conjunto das transformações que há mais de trinta anos afetam o mundo do trabalho encontra-se sempre justificado em nome de uma "guerra econômica", cuja grande questão é a performance e a competitividade. Quer seja apresentada como realidade inelutável, à qual a adaptação seria assunto de vida ou morte, quer seja descrita como um "desafio" ou uma "oportunidade" para a inovação e a liberdade de empreender, essa guerra de competitividade representa o axioma que se impõe hoje à totalidade das reformas econômicas e políticas, constituindo, assim, a base da neoliberalização do trabalho. A guerra de que falamos aqui não se reduz à simples metáfora. Certamente não se trata de uma guerra que recorre à força armada, como foi o caso da repressão à greve dos mineiros na Inglaterra de Thatcher, que não hesitou em mobilizar a polícia — os arquivos revelariam mais tarde que ela havia elaborado um plano para enviar o Exército — e criar uma verdadeira guerra civil. Em 19 de julho de 1984, explicava: "Tivemos que combater o inimigo no exterior, nas Malvinas. Devemos estar igualmente conscientes do inimigo interno, que é, ao mesmo tempo, mais difícil de combater e muito mais perigoso para a liberdade". Comentando essa vitória mais tarde, em suas memórias, Thatcher acrescentou que "os mineiros quiseram desafiar as leis do país e se opor às leis da *economia. Eles fracassaram*".[199] Resta que, se a guerra de competitividade não é uma guerra no sentido militar do

---

199 | "Thatcher voulait envoyer l'armée à la mine" [Thatcher queria enviar o Exército às minas], *Le Monde*, 3 jan. 2014.

termo, ela não deixa de ser o recurso a estratégias e práticas que se revelam eminentemente produtivas em seus efeitos e que se dão notadamente pela forma pretendida pelo arsenal jurídico, segundo as fórmulas da CJCE: "modernizar", "flexibilizar", "fazer baixar o custo do trabalho".[200] Ergue-se, assim, a norma da concorrência em princípio intangível. No entanto, essa lógica da guerra de competitividade econômica não poderia se reduzir somente ao plano do direito e das reformas políticas. Na realidade, ela se estende ao trabalho vivo e aos próprios indivíduos, pois, se o *neomanagement* e a governança da empresa visam, por todos os meios, tornar as empresas o mais competitivas possível, isso não acontece apenas por uma exigência de "mobilização total" da parte do conjunto dos assalariados na luta entre as empresas, mas pela instauração de uma espécie de "guerra de todos contra todos"[201] no seio dos espaços de trabalho.

Considerada com relação ao trabalho, essa guerra, que inúmeros filmes ou livros de títulos sugestivos propõem narrar,[202] não é simples de se analisar. Desde 1999, Christophe Dejours (1998, p. 199-200 [2000, p. 140]) afirmava que o neoliberalismo deveria ser interpretado como uma "guerra", com fins de reforço da "dominação do trabalho" e da "apropriação das rique-

---

200 | Comissão das Comunidades Europeias. "Livro Verde. Modernizar o direito do trabalho para enfrentar os desafios do século XXI", Bruxelas, 22 nov. 2006. Relatório citado em CUKIER, Alexis. "Le néoliberalisme contre le travail démocratique" [O neoliberalismo contra o trabalho democrático], *Contretemps*, n. 31, nov. 2016.

201 | Em um sentido diferente da fórmula de Hobbes, apresentada na introdução, esta última descreveu um estado anterior à formação do Estado ou que ressurge quando de sua dissolução, enquanto a guerra que está aqui em questão pressupõe a existência de um Estado neoliberal forte, que cria as condições para ela e a favorece continuamente.

202 | Em especial o livro de Pezé (2010) e os filmes *Le couperet* [O corte], dir. Costa-Gavras, 2005; *Violence des échanges en milieu tempéré* [Violência das mudanças em meio temperado], dir. Jean-Marc Moutout, 2003; *La loi du marché* [A lei do mercado], dir. Stéphane Brizé, 2015; *En guerre* [Em guerra], dir. Stéphane Brizé, 2018.

zas que ele produz". Guerra na qual se pode ver uma ofensiva organizada pela classe capitalista contra o compromisso fordista e as potencialidades democráticas do trabalho.[203] Mas como identificar seus atores, uma vez que seu funcionamento supõe a participação ativa e, por vezes, entusiasta daqueles que sofrem seus efeitos? Ou, para dizer de outra forma, como pensar a natureza dessa estranha "guerra" — que gosta de se classificar como "econômica" — a partir do momento em que, desativando o modelo da "luta de classes" e conduzindo os indivíduos a jogar o jogo da "luta de posições", sua originalidade e eficácia estão justamente em embaralhar as cartas e impedir toda identificação clara dos antagonismos em vigor? Talvez importe menos designar os "atores" e seus "campos" que cartografar as principais dimensões dessa guerra que, longe de se reduzir à globalização econômica, implica o plano das práticas, dos discursos e dos modos de subjetivação necessários à flexibilização e à precarização do trabalho. Porque está aí toda a questão e o front dessa ofensiva neoliberal, que se revela, nesse sentido, tanto "psíquica" e íntima quanto propriamente "econômica" e política: uma ofensiva geral cujo principal objetivo não é apenas impor novas normas de trabalho pelo direito e a reorganização do trabalho, mas torná-las aceitáveis, apresentando-as sob as vestes sedutoras da emancipação e da autor-realização. E esse cenário supõe destruir as próprias condições de possibilidade de uma "consciência de classe", para reduzir as lutas em curso a batalhas entre indivíduos nas quais cada um deve apreender os outros como inimigos potenciais e, mais do que isso, fazer-se radicalmente *inimigo de si mesmo*, jogando as regras de um jogo do qual a grande maioria sai perdedora. Compreender a neoliberalização do trabalho em sua gênese e seus mecanismos próprios supõe, por consequência, desprender-se de toda concepção irenista sobre a forma como o "novo espírito do capitalismo" conseguiria se impor como a "nova configuração ideológica" (Boltanski & Chiapello (1999 [2009])

---

**203** | Ver Harvey (2014 [2008]); Duménil & Lévy (2004); Cukier (2017).

por uma espécie de "afinidade eletiva" com a "crítica artista" do pensamento de Maio de 1968.[204] Convém, antes, apreender sua dimensão plenamente estratégica, cujos grandes alvos não se limitam aos sindicatos e assalariados protegidos pelo direito do trabalho, mas se estendem aos coletivos de trabalho e até ao indivíduo e sua própria vida psíquica.

Da guerra contra
o sindicalismo...

Como vimos, o sindicalismo foi, desde o início, alvo privilegiado do combate neoliberal (ver capítulo 5). As políticas que são direta ou indiretamente inspiradas no neoliberalismo hayekiano realmente investiram em diminuir o "poder de negociação" dos sindicatos e romper o que será chamado de "compromisso fordista" entre as forças organizadas do trabalho e o patronato capitalista. Passados quarenta anos, são consideráveis os efeitos da degradação do status do emprego, das condições de trabalho, da estagnação e da diminuição da maior parte das rendas salariais. Basta evocar dois exemplos nacionais, o da Grã-Bretanha e o dos Estados Unidos, que conheceram alguns dos episódios mais marcantes dessa guerra contra o assalariado organizado. Margaret Thatcher escolheu deliberadamente destruir o que ela chamava de "socialismo não democrático" dos sindicatos, na ocasião da greve dos mineiros entre março de 1984 e março de 1985, por iniciativa da National Union of Mineworks [União nacional dos mineiros] (NUM), um dos sindicatos mais poderosos do Reino Unido. Sabemos que Thatcher provocou essa batalha, uma vez vencida a Guerra das Malvinas. Sabemos também que ela havia se preparado fazendo estoques de carvão e formando unidades policiais de intervenção. Ela sabia que o fechamento de minas e a demissão de dezenas de milhares de mineiros

---

204 | Para tal interpretação do nascimento do neoliberalismo,
ver também, mais recentemente, Hancock (2019).

desencadeariam um movimento importante, em especial em Yorkshire, bastião histórico do movimento de trabalhadores inglês. Foi uma verdadeira guerra civil, realizada por Thatcher e sua polícia militarmente armada para atacar os piquetes de greve e derrotar violentamente as manifestações dos mineiros.[205] Arthur Scargill, líder dos grevistas, foi objeto de campanhas caluniosas na imprensa, e a greve foi apresentada como insurreição ilegal e antidemocrática. A própria NUM foi pura e simplesmente dissolvida pelo governo. Nigel Lawson, chanceler do Tesouro de Thatcher, chegou a dizer que esmagar a NUM era tão importante quanto o rearmamento contra Hitler nos anos 1930. A derrota dos mineiros, abandonados pelos trabalhistas, conduziu a uma derrota generalizada do mundo operário por meio de leis que reduziram o campo e a possibilidade de ação das organizações dos assalariados: proibição do *closed shop*, obrigatoriedade do voto em cédulas secretas para decidir a greve, responsabilização penal dos sindicatos quando de ações ilegais etc. Thatcher pôs em prática as instruções de Hayek de opor sistematicamente a primazia do direito à reivindicação social, o que implicaria, de fato, criminalizar a ação sindical.

Nos Estados Unidos, a primeira grande vitória dos neoliberais remonta à Lei Taft-Hartley, em 1947, contra o poder sindical. Ainda em vigor, essa lei limita o recurso à greve e multiplica os entraves legais e administrativos à criação de sindicatos nas empresas. Ela permite restringir os direitos sindicais, como vão se apressar em fazer os estados ditos do "direito do trabalho", no sul e no centro dos Estados Unidos. Essa lei, votada por um Congresso de maioria republicana, volta-se contra todas as disposições progressistas do New Deal, e particularmente do National Labor Relations Act [Lei nacional das relações de trabalho] (NLRA) de 1935, que favorecia a sindicalização dos trabalhadores estadunidenses e pretendia reequilibrar o poder dos empregadores, proibindo-

---

**205** | Sobre a militarização da polícia, ver capítulo 10.

-lhes práticas desleais utilizadas contra as organizações sindicais. A retórica dos patrões hostis à NLRA e dos congressistas que votaram a Lei Taft-Hartley era completamente impregnada de argumentos adiantados por Hayek em *O caminho da servidão*, obra que, desde 1944, era um best-seller nos Estados Unidos (Brinkley, 1996). O segundo grande ataque se deu durante a recessão do início dos anos 1980, quando todos os acordos entre patrões e sindicatos são revistos e rebaixados, sob ameaça de desemprego. Como notaram Rick Fantasia e Kim Voss, os sindicatos estadunidenses ignoraram a situação por mais de uma década, recusando-se a ver que os patrões, ajudados pelo governo Reagan, haviam dado início a uma fase muito ativa de erradicação do sindicalismo (Fantasia & Voss, 2003).[206] Em agosto de 1981, a demissão dos grevistas do sindicato dos controladores de tráfego aéreo, bastante conservador e que havia exortado o voto em Reagan, foi um sinal bem claro. A partir desse momento, o patronato promove campanhas sistemáticas de dessindicalização, apoiando-se nos serviços jurídicos de consultores e milícias paramilitares. Sua tática é eficaz: provocar greves, o que facilita a substituição dos grevistas por "fura-greves" e, graças a esse novo pessoal não grevista, um voto que permite dessindicalizar a empresa. A repressão sindical, as demissões em massa de delegados sindicais e obstáculos de todos os tipos para a formação de sindicatos resultam, não por acaso, no recuo do movimento sindical, no declínio do salário real dos trabalhadores

---

206 | Esse livro descreve a luta das direções das empresas e do governo estadunidenses contra as organizações sindicais.

durante décadas e no enfraquecimento da proteção social.[207]
A campanha do governador Scott Walker, do Wisconsin, para
erradicar os sindicatos no funcionalismo público de seu estado em 2011 é apenas uma sequência lógica dessa ofensiva, que
se estende a inúmeros estados governados por republicanos.
Essa dessindicalização foi facilitada pelo fato de a organização sindical ser atomizada nos Estados Unidos: não há convenção coletiva e a proteção social é definida de acordo com
a empresa — os Estados Unidos tornaram-se, desse ponto de
vista, um verdadeiro "modelo" de desregulação do direito do
trabalho, de desigualdades crescentes e de empobrecimento
dos assalariados em seu conjunto.

O enfraquecimento dos sindicatos teria sido, historicamente, o primeiro ato da ofensiva neoliberal no front do trabalho. Para entender sua eficácia e seu alcance, precisamos
considerar um aspecto que, desde 1990, ocupa dimensão central nesse processo. Trata-se da introdução de um novo tipo
de gestão totalmente fundada sobre uma exigência de performance econômica e de concorrência entre os indivíduos.
Como se não fosse suficiente enfraquecer as organizações dos
assalariados, era necessário ir ainda mais longe e desfazer o
tecido coletivo do trabalho.

---

**207** | Donna Kesselman e Catherine Sauviat explicam que, nos Estados
Unidos, "de 1983 a 2016, a parcela de trabalhadores associados a
sindicatos foi quase dividida por dois, passando de 20,1% a 10,7%. Mas
esse declínio foi muito mais pronunciado no setor privado, passando
de 16,8% a 6,4%, enquanto na taxa de sindicalização no setor público,
que é quase seis vezes superior, observa-se leve queda (36,7% em 1983
contra 34,4% em 2016), mesmo que tenha diminuído bruscamente
nos estados que adotaram recentemente leis antissindicais". Ver
KESSELMAN, Donna & SAUVIAT, Catherine. "États-Unis. Les enjeux de
la revitalisation syndicale face aux transformations de l'emploi et
aux nouveaux mouvements sociaux" [Estados Unidos: a questão da
revitalização sindical perante as transformações do emprego e os novos
movimentos sociais], *Chronique internationale de l'IRES*, n. 160, fev. 2018.

...à produção
neogestionária da "guerra
de todos contra todos"

O processo France Télécom, que se desenvolveu de maio a julho de 2019 no Tribunal Correcional de Paris e foi muito acertadamente analisado por alguns como "o processo do neoliberalismo, de suas práticas e de seu idioma" (Lucbert, 2020),[208] é uma situação paradigmática para compreender a estratégia de neoliberalização do trabalho na escala das empresas e dos trabalhadores. Ao condenar o ex-presidente e os altos dirigentes da France Télécom pela forma como conduziram a privatização do que, até 2004, ainda era uma empresa pública, esse processo resultou, pela primeira vez, no reconhecimento do caráter *institucional* do "assédio moral", permitindo, assim, mostrar que depressões ou descompensações suicidas (dezenove suicídios e doze tentativas de suicídio) podem ser produto de um tipo de gestão baseada no estabelecimento da concorrência e na desestabilização de coletivos e indivíduos. A rapidez das mudanças na política gestionária da France Télécom — cujo plano Next, executado a partir de 2006, tinha como objetivo, segundo as palavras de seu então presidente, fazer sair 22 mil assalariados "pela porta ou pela janela" em três anos, para responder à exigência de rentabilidade dos acionistas — permite observar com uma lupa o que é praticado geralmente de modo mais difuso e lento em outros lugares. As práticas de gestão da France Télécom talvez sejam excepcionais com relação à velocidade e à brutalidade com que foram aplicadas, mas, por outro lado, são perfeitamente comuns do ponto de vista de sua racionalidade e suas metas. E elas eram mesmo tidas como "excelentes" no que diz respeito aos negócios e à gestão, como atestam as recompensas (prêmio de Troféus de

---

208 | Ver também KAPLAN, Leslie. "Jour 12 — Les mots, c'est quelque chose" [Dia 12 — As palavras são algo], *La petite BAO*, 27 maio 2019.

Gestão e Inovação, em 2007, e Grande Prêmio Gestor BFM, em 2008) recebidas pelo seu CEO, Didier Lombard.[209]

O processo France Télécom permitiu questionar e acusar um fenômeno do qual esse "caso" constitui a face visível e que, bem mais que aos indivíduos singulares que o configuram ou sofrem seus efeitos deletérios, se refere a essa nova forma de gestão que se costuma chamar *new management* ou novo gerencialismo, cujo único objetivo é maximizar a performance econômica da empresa, exigindo dos indivíduos uma implicação total por meio de uma "gestão por objetivos e autocontrole". Esse tipo de gestão foi promovido pela primeira vez, em 1954, por Peter Drucker (1957 [1998]), teórico influenciado tanto por Schumpeter quanto por Hayek e Mises. No seio do modelo taylorista, a organização científica do trabalho exigia que o operário aplicasse o mais escrupulosamente possível as regras prescritas pelos gestores, ao passo que o novo gerencialismo baseia-se no apelo à inteligência, à criatividade, à autonomia e à responsabilidade. Isso não quer dizer, absolutamente, que seria preciso tomar ao pé da letra "as promessas de autorrealização" enquanto os novos métodos seguem submetidos à única exigência do lucro. Melhor ainda: se o novo gerencialismo pode ser adequadamente chamado de "pós-taylorista" ou "pós-fordista" é porque essa mobilização subjetiva — como a obsessão da performance quantificada e o estabelecimento da concorrência entre os indivíduos, da qual ela se revela inseparável — participa de uma mutação econômica bem mais ampla que envolve as transformações dos processos produtivos, a mundialização dos mercados e a financeirização da economia. No quadro da "nova divisão cognitiva do trabalho" em escala internacional, a inovação tecnológica e a propriedade intelectual são os recursos mais importantes da rentabilidade

---

**209** | Como Thomas Coutrot lembra em sua "impressão da audiência", no primeiro dia do processo France Télécom. Ver COUTROT, Thomas. "Jour 1 — Procès France Télécom: 'rendre frileux les PDG?'" [Dia 1 — Processo France Télécom: deixar temerosos os presidentes?], *La Petite BAO*, 7 maio 2019.

das economias mais desenvolvidas (Mouhoud & Plihon, 2009). Mas a pressão acionária impôs, simultaneamente, uma "governança pelos números" (Supiot, 2014), almejando medir a performance econômica da empresa em tempo real para satisfazer a exigência de rentabilidade dos acionistas. Desse conjunto de determinantes decorre a nova função dos gestores, que é velar para que os imperativos do "capital" sejam realizados por aqueles que trabalham na ponta, exigindo deles que se identifiquem plenamente com os interesses da empresa — o que leva Vincent de Gaulejac (2009, p. 326 [2007, p. 308]) a enfatizar que o "poder gerencial" contemporâneo representa um

> poder fundado sobre a mobilização psíquica e o investimento de si mesmo, pondo seus empregados diante de um paradoxo que os engana. Por sua adesão, eles se tornam os principais atores da dominação que sofrem. São pegos na armadilha de seus próprios desejos. Por meio desse processo, uma boa parte de sua energia psíquica é captada pela empresa, que a transforma em força de trabalho a serviço da rentabilidade financeira.

Ora, desse ponto de vista, o que exerceu uma função central foi a introdução da avaliação individualizada da performance que, simultaneamente ao enfraquecimento do poder sindical e à flexibilização da organização, permitiu fragilizar os coletivos de trabalho em benefício de uma concorrência entre os indivíduos.[210] Em consonância com o ataque contra os sindicatos, o objetivo dessa mutação gerencial é destruir os sistemas de solidariedade (cooperação, confiança etc.) para obrigar os indivíduos a se adaptarem a um ambiente instável no qual um deve prevalecer sobre o outro e se submeter, assim, a uma espécie de devir guerreiro.

---

**210** | DEJOURS, Christophe. "La psychodynamique du travail face à l'évaluation: de la critique à la proposition" [A psicodinâmica do trabalho perante a avaliação: da crítica à proposição], *Travailler*, v. 1, n. 25, p. 15-27, 2011.

## A promoção do autoempreendedorismo e a destruição do assalariamento

A ofensiva neoliberal comporta um panorama ainda mais radical e ambicioso: desmantelar a instituição do assalariamento tal como se construiu em torno do "compromisso fordista" (que associava o assalariado a certo número de proteções sociais e direitos) para substituí-la por outra norma, a do autoempreendedor, que trabalha de forma flexível e sem se beneficiar de proteções sociais e jurídicas. Esse novo modelo, qualificado com diversas expressões (uberização, *gig economy*, capitalismo de plataforma), está muito longe de ser hegemônico neste momento, já que o assalariado "clássico" continua amplamente majoritário em escala mundial. Não obstante, constitui a linha de fogo do conjunto de reformas do direito do trabalho, que tendem a fragilizar cada vez mais as proteções outrora garantidas aos assalariados. O desenvolvimento do "precariado" (Castel, 2009) — que podemos vincular a toda uma panóplia de novas formas de trabalho precário, e por vezes trabalho gratuito ou quase gratuito, como o *workfare* (Simonet, 2018), o trabalho de apertar botões (Casilli, 2019) etc. — tem também o efeito de tornar cada vez menos legíveis os próprios contornos da categoria social de "trabalho".[211]

Essa valorização do empreendedorismo pode ser observada nas atuais reformas e programas políticos, quer sejam de direita, quer sejam trazidos por partidos "social-democratas". Assim, o manifesto pela "terceira via" de Blair e Schröder destacava, em 1999, que a "nova política deve manter uma mentalidade dinâmica e um novo espírito de empresa em todos os níveis da sociedade", especificando que

---

[211] Sobre esse assunto, ver Dujarier (2021).

os social-democratas modernos querem transformar a rede de segurança das conquistas sociais em um trampolim da responsabilidade individual: não basta fornecer aos indivíduos as qualificações profissionais e capacidades, permitindo-lhes juntar-se ao mundo do trabalho. É preciso que o sistema de impostos e prestações sociais garanta que seja de seu interesse trabalhar. Um sistema leve e moderno de impostos e prestações sociais é um elemento essencial na política ativa da oferta no mercado de trabalho e deve ser seguido pela esquerda.[212]

A promoção do empreendedor como norma do político e de todo comportamento humano tem, no entanto, uma história bem mais antiga, cujas raízes remetem às teorizações neoliberais. Trata-se de um princípio normativo que encontramos na corrente ordoliberal — notadamente no projeto desenhado por Müller-Armack, Rüstow e Röpke de uma "economia social de mercado", que supõe que a noção burguês-cidadão (*Bürger*) se encontre redefinida no sentido de indivíduos empreendedores, proprietários e poupadores —, assim como na corrente austro-americana e na teoria geral da ação de Mises, toda fundada na ideia de que o homem é definido por seu "empreendedorismo".[213] Mas o que parece ainda mais importante é um elemento cujo alcance revolucionário foi detectado por Michel Foucault (2004 [2008]) em seu curso no Collège de France dos anos 1978-1979, quando ele já sublinhava suas "conotações políticas imediatas".[214] A mutação que evidenciava era a substituição, operada pelo teórico Gary Becker (1993), da noção de "força de trabalho" pela de "capital humano", implicando não mais apreender o *homo œconomicus* como um ser

212 | BLAIR, Tony & SCHRÖDER, Gerhard. "La troisième voie — le nouveau centre" [A terceira via — o novo centro], *PSinfo*, 8 jun. 1999.

213 | Sobre esses diferentes pontos, ver Dardot & Laval (2010 [2016], capítulos 3 e 4).

214 | Ver em particular a aula de 14 de março de 1979 (Foucault, 2004, p. 237 [2008, p. 317]).

de troca, mas seguindo a fórmula então utilizada por Foucault (2004, p. 232 [2008, p. 317]): "um empresário de si mesmo". De fato, para os economistas da Escola de Chicago (Gary Becker, mas também Theodore Schultz[215] ou Jacob Mincer[216]), a noção de capital humano permite explicar toda renda — monetária ou não: Schultz inclui aí, por exemplo, o bem-estar[217] — como um fluxo que procede da dotação de competências de cada indivíduo, assim como da capacidade individual de valorizar esse capital de competências. Estamos lidando com uma espécie de economia da valorização de si em que conta menos o que um indivíduo faz do que aquilo que ele pode prometer em performance futura — e o valor de si é a apreciação desse potencial.

A teoria do capital humano aparece, dessa forma, no princípio de uma concepção exclusivamente econômica do agir humano, que sustenta o modelo normativo do empreendedorismo. Se cada indivíduo é responsável pelos investimentos que faz ou não faz, e então por seus sucessos e fracassos, é porque todo indivíduo se define pelo "capital" que constitui para si mesmo e que lhe cabe investir, fazendo sempre boas escolhas educacionais, de saúde ou nos planos profissional e matrimonial. Mas entre o momento em que essa teoria foi elaborada e o momento presente, em que é adotada pelas grandes instituições mundiais (FMI, Banco Mundial, OCDE, União Europeia etc.), parece que o alvo se deslocou sensivelmente. O que aparece como alvo principal hoje não é, como nos anos 1960, apenas o Estado-providência em geral ou tal como ele

215 | SHULTZ, Theodore W. "Capital Formation by Education" [Formação de capital pela educação], *Journal of Political Economy*, v. 68, n. 6, p. 571-83, dez. 1960.

216 | MINCER, Jacob. "Investment in Human Capital and Personal Research Income Distribution" [Investimento em capital humano e busca pessoal por distribuição de renda], *Journal of Political Economy*, v. 66, n. 4, p. 281-302, ago. 1958.

217 | SCHULTZ, Theodore W. "Investment in Human Capital" [Investimento em capital humano], *The American Economic Review*, v. 51, n. 1, p. 1-17, mar. 1961.

funciona nos campos da educação ou da saúde (Cooper, 2017, p. 215-56); é a própria instituição do assalariamento, com suas proteções sociais e jurídicas, ou, em uma perspectiva mais ampla, são as "potencialidades democráticas" do trabalho, em seus aspectos que representam um espaço central para a experiência e a invenção de práticas democráticas, em razão da importância crucial que podem ter aí as práticas de deliberação e cooperação.[218] Para dizer de outra maneira: é a própria possibilidade de o trabalho ser um lugar de aprendizado de outra racionalidade, aquela do comum e da concepção radical de democracia que ela implica. A normatividade neoliberal da performance econômica e da concorrência pretende destruir justamente a possibilidade de uma construção coletiva de normas pelo trabalho — pelo menos quando ele não é submetido a normas abstratas de rentabilidade, interditando a interrogação sobre os critérios que determinam um "bom" trabalho e sobre aquilo que, na conjuntura, pode verdadeiramente ser considerado como útil e dotado de valor.

## Do empresário de si ao *inimigo* de si

Esse questionamento sistêmico da dimensão coletiva do trabalho coloca a integridade subjetiva do trabalhador em perigo. Considerando que só há fracassos individuais, e não causas sociais para o sofrimento, apenas a coerção exercida sobre si mesmo pode conduzir ao sucesso. A governamentalidade neoliberal se revela, nesse sentido, inseparável de uma violência exercida sobre si, e tudo acontece como se o motivo da guerra econômica não operasse sem descer ao plano da intimidade, de maneira que cada um não venha a se comportar apenas como um combatente mas como seu próprio inimigo: *o empresário de si é constrangido a fazer-se o inimigo de si*. O que exatamente significa isso? Podem-se ver ao menos três signi-

---

**218** | CUKIER, *op. cit.* Sobre este ponto, ver também Cukier (2017).

ficados, que não são completamente separados uns dos outros. Significa, em primeiro lugar, que, com um processo de desmantelamento do direito do trabalho e das proteções sociais, a promoção do modelo de autoempresariamento vai de encontro aos interesses da maioria. Jogar o jogo do empresário de si é, nesse sentido, aceitar "voluntariamente" a condição do "precariado" e se apropriar de normas e valores contrários aos próprios interesses. Mas isso significa também que aquele assalariado que, para responder às injunções à autonomia e à realização de si, se submete ao modelo empresarial é levado a internalizar as injunções à performance para voltá-las contra si. Se o sofrimento no trabalho e as passagens ao ato suicida são os sintomas mais trágicos[219] desse processo, ele deve ser vinculado ao novo gerencialismo e sua exigência de que os indivíduos se organizem para aplicar as prescrições concebidas à distância pelos "planejadores" (Dujarier, 2015), com o objetivo de forçar o trabalhador assalariado a "tomar para si" os conflitos, dilemas e paradoxos organizacionais (fazer mais e melhor com menos, ser criativo e ágil sem meios para tal, ser cooperativo estando em concorrência etc.).

Então, é finalmente no próprio plano psíquico que agem as causas dessa guinada da agressividade e da dominação social contra si. Sabemos que, na metapsicologia de Sigmund Freud, o "supereu" (*Überich*) tinha a função de pensar essa interiorização das normas sociais, de modo que o próprio indivíduo estivesse encarregado de exercer a autoridade social *contra si*, fazendo nascer, assim, uma "culpabilidade", cujo caráter e efeitos mórbidos Freud notava depois de Friedrich Nietzsche. Esse mecanismo será encontrado e, em seguida, mobilizado no quadro do freudo-marxismo para abarcar formas de dominação social que assegurem a reprodução das relações

---

**219** | Sobre a etiologia dos suicídios no trabalho, ver DEJOURS, Christophe. "Nouvelles formes de servitude et suicide" [Novas formas de servidão e suicídio], *Travailler*, v. 1, n. 13, p. 53-73, 2005; Dejours & Bègue (2009 [2010]); Lhuilier (2010).

capitalistas.[220] Uma das tentativas mais importantes dessas teorizações é aquela frequentemente associada ao conceito adorniano de "personalidade autoritária" (Adorno, 2007), desenvolvida pelos teóricos da Escola de Frankfurt a partir dos anos 1930. Tratava-se de compreender o que aparecia, então, como uma aberração do ponto de vista de um marxismo ortodoxo: a adesão de inúmeros trabalhadores da Alemanha de Weimar ao nacional-socialismo (Fromm, 2019; Horkheimer, Fromm & Marcuse, 1936).[221] O núcleo comum ao conjunto dessas teorizações frankfurtianas refere-se à ideia de que a socialização do indivíduo não se dava mais tanto na esfera familiar e na relação com o pai, mas antes diretamente na esfera social. A formação do supereu procederia, assim, de uma relação de identificação mais imediata com a autoridade social. Ora, como indicou Stéphane Haber (2013, p. 145-80), esse modelo da "subjetivação superegoica" se revela muito precioso para compreender a "capacidade de investir e funcionalizar uma parte do psiquismo humano" própria ao neoliberalismo entendido como "projeto voluntarista de abordar o social em função das exigências do 'mercado'". Esse modelo permite dar conta das "patologias" que se desenvolvem no mundo do trabalho contemporâneo, assim como da maneira pela qual a integração da norma da performance e da concorrência pode ser produtora de gozo pelo poder de sedução do neoliberalismo e de sua injunção do "sempre mais" (Haber, 2013, p. 161). À luz da lógica superegoica, tal como ela funciona no quadro da cultura da performance, é, por consequência, a significação da subjetivação neoliberal que deve ser apreendida em toda sua ambivalência. Compreender as fontes psíquicas da guerra de competitividade permite explicar, ao menos em parte, a submissão entusiasmada daqueles que são suas primeiras

---

**220** | Ver especialmente os trabalhos de Siegfried Bernfeld, Otto Fenichel, Paul Federn ou, ainda, Wilhelm Reich.

**221** | Sobre a história e o lugar dessa temática na Escola de Frankfurt, ver Genel (2013, p. 103-98).

vítimas. Evidentemente, não cometeremos o erro de pensar que existe um consentimento universal dos assalariados ao neoliberalismo. A coerção gestionária suscita também conflituosidade aberta, resistência, revolta e, com frequência, fuga e desinvestimento. Mas convém considerar o fato de que a guerra econômica se exerce também no próprio plano das normas da prática e dos valores que as idealizam. O que significa que a luta social deve visar tanto à desconstrução ou à transgressão das normas neoliberais quanto à produção e à invenção de normas e valores alternativos — nesse caso, nossa questão atual é imprimir o que podemos chamar, com Nietzsche, de uma verdadeira "inversão dos valores".

# 10

## Governar contra as populações

A questão da guerra civil que nos ocupa ao longo deste livro não se refere a um exagero retórico: ela é bem real. Uma de suas dimensões mais evidentes é a intensidade da repressão policial e judicial contra todos aqueles que perturbam a ordem social e ousam contestar o poder, e não apenas nos países governados por autocratas populistas ou nos Estados totalitários como a China. Com uma frequência cada vez maior, dispositivos jurídicos, policiais ou tecnológicos produzidos na guerra contra o terrorismo ou dirigidos contra insurreições armadas tornam-se instrumentos de gestão ordinária da "ordem pública" — uma fórmula que, como seu equivalente em inglês *law and order* [lei e ordem], encontrou toda sua dimensão marcial nas últimas décadas. Mas qual é a relação entre essa tendência repressiva mundial e a ordem neoliberal global? Se nas análises da governamentalidade neoliberal, com base em uma linhagem foucaultiana, insistimos bastante sobre todas as formas de enquadramento dos indivíduos pela conflagração de situações profissionais ou de ambientes que orientam suas condutas, sem dúvida colocamos de lado as formas de repressão direta que, no curso do desenvolvimento do neoliberalismo, não deixaram de se expandir e se fortalecer. Como destacamos na Introdução, o modelo da guerra civil não poderia ser descartado, na leitura dos eventos destas quatro ou cinco décadas, com a justificativa de que os indivíduos seriam essencialmente conduzidos por dispositivos normativos, fazendo a economia de toda violência física direta. Isso porque o que caracteriza esse período é *também* o uso de uma violência estatal direta contra cidadãos vistos não somente como "culpáveis" aos olhos da lei mas como "anarquistas" e até "terroristas"; em outras palavras, como inimigos de leis fundamentais da ordem do mercado. Essa "inimização" dos opositores e dos perturbadores é a marca própria do atual momento da história política, como mostrou a repressão ao movimento dos Coletes Amarelos na França em 2018 e 2019. Tamanha repressão de manifestações e protestos não pode ser isolada de um contexto mais amplo. O fim dos compromissos sociais, a extinção progressiva das vias de negociação, a imposição "sem discussão" das leis socialmente mais regressivas criaram uma nova configuração política, na qual a ação repressiva das "forças da ordem" contra manifestantes parece obedecer a uma "marcha à ré" que nos leva de volta aos piores momentos da violência antioperária do século XIX (Fillieule & Jobard, 2020, p. 11). A guerra — que estabelece aqui uma oposição entre os críticos da ordem do mercado e o Estado, seu garantidor — conduz, pouco a pouco, a uma luta do Estado neoliberal contra tudo o que possa se tornar um obstáculo a essa mesma ordem, incluindo a guerra do Estado contra a própria população.[222]

## Uma nova racionalidade estratégica

Devemos a Michel Foucault (2001, p. 383 ss.) a ideia de que o Estado liberal teria feito com a sociedade um "pacto de segurança", que teria substituído a relação clássica de soberania e o sistema de direito que resulta dele. A segurança prometida

---

**222** | Para citar Foucault (2013, p. 33 [2015, p. 30]): "O exercício cotidiano do poder deve poder ser considerado uma guerra civil: exercer o poder é de certa maneira travar a guerra civil, e todos esses instrumentos, essas táticas que podem ser distinguidas, essas alianças devem ser analisáveis em termos de guerra civil". Foucault acrescenta ainda, em relação ao período que estudava, o início do século XIX: "Está em curso a guerra social, não a guerra de todos contra todos, mas a guerra dos ricos contra os pobres, dos proprietários contra aqueles que não possuem nada, dos patrões contra os proletários" (Foucault, 2013, p. 23 [2015, p. 21]).

à população justificaria as intervenções excepcionais do Estado, notadamente aquelas que contornassem a lei. O primado da "segurança" sobre o regime da soberania estatal seria traduzido, assim, por uma espécie de inflação das exceções com o objetivo de proteger a sociedade. O Estado sairia cada vez mais frequentemente da legalidade, não para suspender a ordem jurídica ordinária, segundo a perspectiva decisionista de Schmitt, mas para obedecer à lógica da proteção da população contra os eventos perturbadores. Para Marie Goupy, que comenta essa análise foucaultiana:

> [A] excepcionalidade, tal como interpretada por Foucault no Estado liberal, não é de forma nenhuma um resultado da suspensão do direito ou da afirmação brutal do poder de soberania, mas ilustra outro modo de exercício do poder, que permite, ainda, compreender por que aquilo que se qualifica comumente como "estado de exceção" recobre, em nossa época, fenômenos muito diversos: a aplicação das legislações de exceção "clássicas" (estado de emergência, USA Patriot Act [Lei Patriótica dos Estados Unidos][223]), a multiplicação de legislações antiterroristas, que não são legislações de exceção propriamente falando, ou, ainda, o emprego de tecnologias de vigilância no mesmo quadro da luta antiterrorista pelos serviços de inteligência.[224]

Se a relação estabelecida entre o desenvolvimento de dispositivos securitários do Estado-providência e a repressão ao

---

**223** | Decreto assinado pelo presidente George W. Bush em 26 de outubro de 2001, em resposta aos acontecimentos do Onze de Setembro. Entre outras medidas, permite que órgãos estadunidenses de segurança e inteligência interceptem as comunicações de organizações e pessoas supostamente envolvidas com terrorismo, sem necessidade de autorização judicial. [N.E.]

**224** | GOUPY, Marie. "L'État d'exception, une catégorie d'analyse utile? Une réflexion sur le succès de la notion d'état d'exception à l'ombre de la pensée de Michel Foucault" [O estado de exceção, uma categoria de análise útil? Uma reflexão sobre o sucesso da noção de estado de exceção à sombra do pensamento de Michel Foucault], *Revue interdisciplinaire d'études juridiques*, v. 79, n. 2, p. 97-111, 2017.

terrorismo sob a capa do "Estado liberal" merece ser discutida, hoje parece evidente que essa racionalidade estratégica da segurança se transformou muito na maturidade da era neoliberal. Foucault não teve tempo de pensar a originalidade do Estado neoliberal, que certamente guarda um caráter securitário e mesmo maciçamente compensatório,[225] mas obedece mais especificamente a uma nova racionalidade, a de governar os indivíduos por sua autorresponsabilização, desvencilhando-se, então, tanto quanto possível, dos mecanismos estatais de proteção social. Para fazer isso, ao mesmo tempo que deve continuar a garantir um mínimo de proteção, em função da inércia do "pacto de segurança", ele se põe a lutar *contra* os mecanismos de proteção estabelecidos em fase anterior do desenvolvimento do Estado. O Estado neoliberal não quer mais (e não pode mais) dar as mesmas respostas que o Estado liberal-social em relação à garantia de segurança, pois isso geraria um aumento de despesas sociais, que ele recusa. Ele também se volta *contra* o Estado liberal e seu "pacto de segurança" por uma política deliberadamente *insecuritária* no plano social. Essa guinada da lógica de mercado contra os dispositivos protetivos engendra, há décadas, males sociais já suficientemente documentados. Na ausência de fortalecimento do Estado-providência e da equalização das condições sociais, que colidiriam com sua própria lógica, esse Estado não tem à sua disposição senão a generalização da resposta policial e penal. Mas é essa a contradição dos Estados neoliberais: eles devem continuar a proteger a população enquanto deterioram sua segurança ao diminuir as proteções sociais que aportam. Essa dupla restrição leva ao desenvolvimento de uma violência específica do Estado neoliberal, que deve ser analisada fora das generalidades sobre a "violência legítima". Para apreender o momento que vivemos, não podemos, então, nos limitar à análise foucaultiana do "pacto de segurança". Antes, precisamos nos voltar para aquilo que, notadamente

---

**225** | O que vimos notadamente durante a crise da pandemia, em 2020 e 2021.

no curso *A sociedade punitiva*, dado por Foucault (2013 [2015]) no Collège de France em 1972-1973, atribuía à guerra um papel privilegiado no exame das estratégias de Estado. Não são apenas eventos excepcionais que devem ser enfrentados no quadro do "pacto de segurança" entre Estado e população: há um inimigo permanente e polimórfico que é preciso combater.

### Gênese e forma da guerra interna

A restauração contemporânea da problemática da soberania do Estado não é um retorno ao absolutismo nem uma recusa do neoliberalismo; ela corresponde às necessidades do presente. A nova forma de soberania é indexada à guerra interior que o Estado deve realizar para impor a contrarrevolução neoliberal a uma população reticente ou claramente hostil. É pelo recurso a essa nova forma de soberania que a racionalidade estratégica da guerra interior se articula à do governo pela concorrência. A violência do Estado contra os governados não é, de fato, algo novo; ela é a própria história do Estado, por mais que isso desagrade seus defensores. Mas ela não obedece sempre à mesma lógica. A nova racionalidade da guerra interior tem algo de paradoxal: realiza-se contra um inimigo que não está organizado, que não quer tomar o poder, ainda menos pela violência armada, e que, se o quisesse, seria incapaz disso, tornado impotente pelo enfraquecimento das forças coletivas do assalariamento. Nunca, desde o século XIX, o horizonte de uma revolução da ordem social pareceu tão pouco concebível, nunca os dispositivos policiais estiveram tão desenvolvidos quanto hoje. Como explicar, por exemplo, que as polícias britânica, estadunidense ou francesa se transformem, como jamais se viu, em uma espécie de exército armado de ocupação interna em caso de conflitos de rua, em um modelo que faz pensar na Irlanda do Norte ou nos territórios palestinos ocupados? Quando se fala de "criminalização" da ação coletiva, estamos aquém desse fenômeno. Estamos lidando com uma lógica de guerra e sua progressiva legalização, nas quais encerramos o opositor para transformá-lo em inimigo social. Essa guerra interna tem esse aspecto performativo, transforma em inimigos uma parte dos governados, aqueles que são suspeitos de não serem membros leais da comunidade política, de quererem destruir o potencial do país e de prejudicarem sua competitividade. *As práticas produzem o inimigo*. São aqueles que surgem de uma vigilância reforçada, submetidos a controles incessantes e alvos de uma polícia crescentemente militarizada que se tornam, cada vez mais, "inimizados", por vezes segundo uma espiral infernal que conduz certos grupos de oposição a aceitarem essa conjuntura, fazendo da polícia seu único alvo político.

Essa produção do inimigo interno apoiou-se nas reações de desesperança de grupos da população particularmente atacados pelas políticas neoliberais. É preciso, para demonstrá-la, remontar ao período em que Thatcher implantava suas políticas na Grã-Bretanha de maneira particularmente brutal. O encadeamento de fatos é bastante eloquente. O thatcherismo se viu muito rapidamente confrontado por dois fenômenos: desde o início dos anos 1980, primeiramente, enfrentava uma série de motins nos bairros urbanos de população majoritariamente negra e asiática; em seguida, após o anúncio da supressão de cem mil empregos em março de 1984, viu-se diante da greve dos mineiros, uma das maiores do país. Esses eventos permitirão conceber novas práticas policiais e fixar a jurisprudência de penalização dos movimentos sociais. Nenhum esforço de compreensão dos motins orientou a repressão: para os conservadores, eles se deviam à indulgência moral, ao Estado-providência e à imigração. Prisões preventivas, controles massivos de identidade, uso de cães, ataques a cavalo, novas armas (canhões de água, gás lacrimogêneo, bala de borracha) de uso até então proibido contra a população civil: esses métodos e técnicas policiais mais ofensivos foram aplicados tanto nos levantes urbanos quanto nas greves operárias. E as novas práticas não pararam por aí: escuta telefônica dos "líderes", invasões suspeitas, tecnologias automatizadas de vigilância. Toda uma tecnopolícia começa, então, a se estabelecer. O balanço da repressão da greve dos mineiros é muito pesado: de 165 mil grevistas, contaram-se 11.313 detenções, sete mil feridos, 5.653 condenados, 960 demitidos, duzentos presos e onze mortos. Essa repressão foi acompanhada de um arsenal jurídico reforçado. A jurisprudência britânica de então cobriu todas as práticas mais violentas da polícia quando, paralelamente, centenas de mineiros grevistas foram condenados a penas de prisão, às vezes bastante severas. Temos uma medida da mudança quando lembramos que a grande greve histórica de 1926 não havia gerado nenhuma condenação. Na sequência desses eventos, a legislação restringiu os direitos de greve e de manifestação, dando poderes maiores à polícia. Preocupada em retirar as forças policiais dos poderes locais (com frequência trabalhistas), Thatcher apressou-se em centralizar seu comando e fazê-lo depender diretamente do governo. Foi assim que a polícia se tornou o braço armado do poder político. Grevistas e jovens negros e asiáticos sofreram a aplicação de técnicas antiterroristas utilizadas em outros cenários de operação, em particular nas ex-colônias britânicas. As medidas permitidas pela lei para prevenção do terrorismo, concebidas para combater o terrorismo na Irlanda do Norte, foram, assim, rapidamente estendidas aos jovens manifestantes dos bairros populares.

O caso britânico pode ser generalizado. Praticamente todas as polícias europeias e também ao redor do mundo seguiram o mesmo modelo de transformação — equipamentos e intervenções cada vez mais parecidas com operações militares. Pudemos encontrar o mesmo grau de violência nas intervenções da polícia italiana contra os manifestantes altermundialistas e black blocs reunidos em Gênova para protestar contra a realização do encontro do G8, de 20 a 22 de julho de 2001. A repressão resultou em uma morte e centenas de feridos. Em especial, o que ficou na memória foi o uso do terror e da tortura pelas forças policiais contra militantes que ocupavam uma escola e tinham feito dela um centro nevrálgico do movimento altermundialista. Mais que um deslize, Gênova é o momento em que técnicas de terror passam a ser adotadas pela repressão da contestação da ordem neoliberal na virada do milênio, o que vinha ocorrendo desde os enfrentamentos de Seattle, em novembro de 1999. É essa mesma transposição que se vê aplicada à contestação de toda forma de experimentação de vida e produção alternativa, como mostrou, em 2018, a repressão sobredimensionada da *zone d'aménagement différé* [zona de desenvolvimento diferido] (ZAD)[226] de Notre-Dame-de-Landes: o monopólio das imagens pelos cinegrafistas das forças da ordem foi apenas um aspecto da transformação do local em verdadeira *zona de guerra* proibida aos jornalistas e subtraída às leis ordinárias. Reencontraremos esse desencadeamento da violência policial no Chile durante as grandes manifestações que entoaram a explosão social a partir de 18 de outubro de 2019. Em janeiro de 2020, o Instituto Nacional de Derechos Humanos (INDH), organismo estatal, fornecia os seguintes números: 139 mulheres violentadas, entre as quais catorze adolescentes, e trezentas pessoas feridas nos olhos, das quais sete com perda total da visão. Esses números são subnotificados, já que muitas pessoas têm medo de denunciar. Na realidade, em três meses, a repressão causou mais de vinte mil detenções e 3,5 mil feridos, entre os quais quatrocentos nos olhos, e provocou direta ou indiretamente a morte de cerca de trinta pessoas.

Um dos aspectos mais importantes da lógica de guerra estabelecida desde os anos 1980 nas ruas de muitos países do

---

226 | Segundo a plataforma de dados públicos do governo francês, uma ZAD "é um setor criado pelo Estado a partir de proposição de coletividades locais, no interior do qual se aplica um direito de preempção, que lhes permite adquirir prioritariamente os bens imóveis em curso de alienação". Ver RÉPUBLIQUE FRANÇAISE. "Zones d'Aménagement Différé — ZAD dans le département des Landes" [Zona de desenvolvimento diferido — ZAD no departamento de Landes]. Disponível em: https://www.data.gouv.fr/en/datasets/zones-damenagement-differe-zad-dans-le-departement-des-landes/. [N.T.]

mundo é a "militarização da polícia", como a literatura especializada chama a constituição desse novo aparato policial, considerado um órgão racionalizado de repressão das multidões e com base em um modelo militar, isto é, como um exército interno encarregado de derrotar os contestadores locais e que obedece a um comando centralizado (Hall *et al.*, 2013). Esse processo de militarização da polícia permite, com efeito, compreender a legitimação da violência policial, bem como o projeto de neutralizar o conjunto de direitos em virtude dos quais se pode ainda denunciá-la. A proposta (e votação, em 2020) da lei batizada de "Segurança Global" — que visa impedir a filmagem de violências policiais e ampliar o uso de drones e câmeras de vigilância — é, na França, o último ato de uma longa série de leis liberticidas.

As unidades policiais mudam de aspecto e de modo de intervenção. Elas adotam trajes destinados ao confronto (ao estilo "Robocop"), mesmo quando se trata de manifestações pacíficas; são equipadas com veículos militares; munem-se de armas ditas de "força intermediária" que, ainda que oficialmente não letais, ocasionam graves ferimentos e podem inclusive matar, como é o caso do lançador de balas ou granadas de dispersão (*désencerclement*), utilizadas sem discernimento contra manifestantes. Elas empregam helicópteros e drones para observar as manifestações como se se tratasse de tropas inimigas.[227] As técnicas de manutenção da ordem não visam manter à distância ou proteger os manifestantes das zonas de confronto; buscam, antes, estabelecer o contro-

---

227 | O "Esquema Nacional de Manutenção da Ordem", publicado pelo Ministério do Interior francês em setembro de 2020, contém essa passagem que dispensa comentários: "O domínio da terceira dimensão é essencial na moderna manutenção da ordem. A participação de meios aéreos (helicópteros, drones) deverá ser reforçada e desenvolvida, com atenção aos sensores ópticos e capacidades de retransmissão, aplicados no interior de um quadro jurídico adaptado. Esses meios são úteis tanto na condução das operações quanto na capacidade de identificação dos desordeiros". Ver "Schéma national du maintien de l'ordre" [Esquema nacional de manutenção da ordem], Ministério do Interior, Paris, 16 set. 2020, p. 27.

le por meio de uma prática de suspeição generalizada, monitorando minuciosamente entradas e saídas ao longo do percurso, fazendo uso de abordagens preventivas arbitrárias não seguidas de processo, de modo a impedir que as pessoas cheguem aos locais de concentração (na França, a prática envolve até mesmo revistas antes das manifestações); buscam cindir a manifestação (inclusive pela prática da "*nasse*");[228] prender "vândalos" no coração da marcha (arriscando atingir e ferir outros manifestantes no ataque policial); sem falar de todos os métodos de intimidação empregados, notadamente com relação aos jornalistas (independentes ou não) pelo confisco de materiais, além dos comportamentos policiais abusivos. Assim, a tática consiste não em assegurar o direito constitucional de manifestação, mas em dissuadir a manifestação do máximo de pessoas, fazendo uso desproporcional da força contra os cidadãos em sua maioria pacíficos. Desde as manifestações da *Nuit debout* contra a Lei do Trabalho, em 2016 — nas quais, pela primeira vez, testou-se um perímetro estreito no interior do qual os manifestantes deviam circular indefinidamente, excluindo qualquer possibilidade de negociar o percurso da manifestação com a prefeitura, como era de costume —, tudo é realizado para modificar radicalmente o clima dos protestos e fazer deles um exercício arriscado. A doutrina não consiste mais em "acompanhar" a manifestação, mas em interpelar os desordeiros virtuais ou reais. A prioridade é dada à repressão, que se torna a única razão de ser da polícia. Pudemos observar isso pela primeira vez nas intervenções contra os motins ligados à pauperização e à precarização de grande parte da população dos bairros populares. Na França, os procedimentos para reprimir as revoltas nas periferias, em outubro e novembro de 2005, lembraram os

---

228 | Não existe nenhuma base legal para a prática policial da *nasse*, que consiste em bloquear uma manifestação, isolar um segmento dos manifestantes para retê-los, às vezes por horas, imersos em nuvens de gás lacrimogêneo.

métodos sinistros utilizados por policiais e militares durante a Guerra da Argélia (1954-1962). O objetivo era aterrorizar as populações desses bairros, em particular pelo uso sistemático de helicópteros sobrevoando as casas a noite inteira, em um barulho infernal e com os holofotes ligados. Nesse caso, o governo reativou antigos métodos coloniais contra o inimigo interno antes de voltar esse tipo de intervenção contra as contestações das reformas neoliberais.[229]

A militarização das unidades policiais não se dá sem provocar uma radicalização política da extrema direita nesses lugares, sempre pouco interrogada como tal. A ruptura com a sociedade, o ensimesmamento da caserna, as frustrações com relação ao "inimigo" geram comportamentos violentos e perigosos, na maior parte do tempo cobertos pela hierarquia. Além disso, essa militarização da polícia tende a se transformar em *milicianização* quando age como força política dirigida contra uma oposição equiparada a terroristas ou anarquistas. Prova disso é a atitude de Trump para com o movimento Black Lives Matter [Vidas negras importam] ou os antifascistas estadunidenses: o presidente não hesitou em enviar o Exército e encorajar as milícias armadas da extrema direita em cidades de maioria democrata para fazer reinar ali a "lei e a ordem". O governo francês tampouco teve escrúpulos ao brutalizar o movimento dos Coletes Amarelos, considerados inimigos políticos a combater. O chefe de polícia de Paris, Didier Lallement, o confessou ao responder "não estamos no mesmo campo" a um representante dos Coletes Amarelos, durante a manifestação de 16 de novembro de 2019.

---

**229** | JEFFERSON, Tony. "Policing the Riots: From Bristol and Brixton to Tottenham, via Toxteth, Handsworth" [Policiando os levantes: de Bristol e Brixton a Tottenham, via Toxteth, Handsworth], *Criminal Justice Matters*, v. 87, n. 1, p. 8-9, mar. 2012.

A repressão aos
Coletes Amarelos

A repressão ao movimento dos Coletes Amarelos foi excepcionalmente violenta. E essa violência era uma resposta direta ao conteúdo fortemente igualitário das reivindicações que o movimento pautou durante meses: revalorização dos salários e mínimos sociais, democracia direta, redução dos impostos indiretos que atingem os mais pobres etc. Os números oficiais do Ministério do Interior, em março de 2019, mostraram 12.122 tiros de balas de borracha, 1.428 bombas de gás lacrimogêneo, 4.942 bombas de efeito moral.[230] O levantamento do jornalista independente David Dufresne, por sua vez, contabilizou quinhentas denúncias de violência policial, uma morte, 206 feridos na cabeça, 22 perdas de visão e cinco pessoas que tiveram a mão decepada.[231] Desde novembro de 2019 foram muitas as condenações dessa manutenção ultraviolenta da ordem. Um grupo de especialistas em direitos humanos da ONU manifestou preocupação com o fato de que "o direito de manifestação na França" tenha sido "coagido de maneira desproporcional durante as manifestações recentes dos Coletes Amarelos".

O sistema de justiça não apenas encobriu as atuações ilegais da polícia como exerceu repressão penal extremamente dura contra alguns manifestantes detidos. As requisições judiciais foram excepcionalmente severas, baseadas, muitas vezes, em simples fichas de interpelação preenchidas rapi-

---

**230** | O uso de armas perigosas é um traço marcante da política francesa de manutenção da ordem. A França é o único país europeu a utilizar munições explosivas em operações de manutenção da ordem, em especial bombas de gás lacrimogêneo de tipo GLI-F4, suscetíveis de ferir e mutilar, como foi visto, assim como balas de borracha. O uso dessas armas foi objeto de protestos do Conselho da Europa e do Comitê de Direitos Humanos da ONU, dirigido por Michelle Bachelet.

**231** | DUFRESNE, David. "Allô Place Beauvau: que fait (vraiment) la police des polices?" [Alô, Praça Beauvau: o que faz (verdadeiramente) a polícia das polícias?], *Mediapart*, 12 jun. 2020.

damente por oficiais da polícia judiciária. As detenções e as acusações foram fundamentadas na "Lei Antibandos", aprovada nos tempos do presidente Nicolas Sarkozy, em março de 2010, que visava permitir incriminação por "participação em grupos com fins de preparação de violência voluntária contra pessoas ou degradação de bens". Tratava-se então de responder a fenômenos de delinquência nas periferias. Também nesse contexto repressivo foi votada a proposição da direita no Senado, a lei intitulada "Prevenir e penalizar as violências em manifestações", chamada também "Lei Antivândalos", destinada a "legalizar" os abusos administrativos de interdição de manifestações e aumentar as penas infligidas.

Para justificar essa violenta repressão, era preciso realizar vasta campanha de difamação e estigmatização dos Coletes Amarelos, verdadeira fabricação de um monstro social da qual os canais de televisão participaram continuamente e com zelo durante todo o movimento. Representantes oficiais e jornalistas mainstream ofereceram a imagem mais desqualificadora possível de indivíduos ditos cheios de ódio e movidos pelo ressentimento, antiecologistas, antissemitas, xenófobos, fascistas e ultraesquerdistas, tudo ao mesmo tempo. A clássica criação do medo foi empregada à base de fake news, e o Ministério do Interior regularmente fazia correr o rumor de milhares de vândalos indo devastar Paris; até Macron deixou entender que poderes estrangeiros (a Rússia especialmente, mas também a Itália de Salvini) estariam por trás da revolta. E a gestão política da resposta policial, que alternava o laisser-faire diante dos saques com intervenções violentas, parecia feita para criar pânico político.

O movimento dos Coletes Amarelos e sua repressão são um bom exemplo de problemas com os quais se confrontam os governos neoliberais. Como gerir a cólera do povo e sua exigência de justiça social? O caminho da repressão policial não é exclusivo dos regimes ditos "iliberais"; ele é também a escolha de governos que se dizem os adversários mais determinados desses regimes, em nome da democracia chamada "liberal". Ao lado do tratamento infligido aos Coletes Amarelos, outros fatos também o indicam, como o processo contra os dirigentes catalães, duramente condenados pelas autoridades judiciárias espanholas. Isso a que assistimos não é o advento do fascismo no sentido clássico do termo, mas a realização de uma racionalidade de guerra social que tende a pôr em questão as liberdades individuais e coletivas.

A racionalidade
da guerra civil

A "ameaça terrorista" está em todas as justificativas de endurecimento dos poderes e meios policiais, especialmente quando se trata de limitar as possibilidades de manifestação.[232] Devemos ir mais longe: no modo de governo neoliberal, a generalização da racionalidade da guerra social se deve muito a uma circunstância histórica que parece, à primeira vista, relativamente independente das questões econômicas e sociais próprias à dominação neoliberal. O advento, a partir de 1979, da "revolução islâmica" no Irã deu o sinal de partida a um jihadismo global que se voltou contra o Ocidente, acusado de querer destruir o islã. A resposta ocidental, a "guerra mundial contra o terrorismo" (*global war on terror*), segundo a fórmula de Bush, integrando ao direito e às medidas policiais o paradigma da guerra, permitirá estender novos métodos, justificados pelo terrorismo, a todas as práticas governamentais de luta contra opositores. Os países ocidentais presenciam uma grande guinada no dia seguinte aos ataques contra o World Trade Center e o Pentágono em 11 de setembro de 2001. O governo estadunidense, seguido por nações aliadas, modifica sua doutrina de práticas legislativas e de repressão. Desde então, essa guerra justifica não apenas uma série de in-

---

232 | "Le maintien de l'ordre au regard des règles de déontologie" [A manutenção da ordem à luz das regras da deontologia], *Défenseur des droits*, dez. 2017.

tervenções externas, como a invasão do Iraque em 2003, mas também transformações do direito e dos métodos de luta em nome da defesa nacional e da proteção da população: atentados, sequestros e desaparecimentos, tortura de prisioneiros, prisões sem julgamento, vigilância em massa de comunicações telefônicas e digitais. Essas medidas serão objeto de uma legalização progressiva pelos Estados que as aplicam, a começar pelos Estados Unidos. A USA Patriot Act, adotada por iniciativa de George W. Bush em 2001, torna-se o modelo para as duas décadas seguintes.

Se o terrorismo islamista modificou a doutrina da guerra, ele mudou também a representação clássica que se fazia dela. Essa guerra contra o terrorismo não se faz mais entre dois exércitos armados de países em conflito: ela se apresenta como uma guerra conduzida contra minorias perigosas infiltradas na população e que devem ser detectadas e destruídas antes de agirem. A guerra antiterrorista é pensada como resposta global a uma empresa de guerra sem fronteiras realizada por jihadistas contra as populações. Ela atinge todas as pessoas por meio da redução das liberdades e da vigilância generalizada, como se o objetivo dos terroristas se realizasse pela reação que provocam nos governos. É devido ao medo engendrado pelos atentados que os governos se tornam cada vez mais "securitários", configurando o que Bernard E. Harcourt (2018, p. 15) chama de uma nova modalidade de *governo da população*. A guerra antiterrorista não é a continuação da política por outros meios, segundo a famosa definição de Carl von Clausewitz: ela é imediata e totalmente política, devendo ser pensada como tal.

É importante compreender como e por que esse modelo de guerra política, originalmente nascido e desenvolvido no contexto da luta mundial contra o terrorismo, foi direcionado contra todas as formas de contestação e protesto, e como e por que a população em seu conjunto é colocada sob vigilância. Para Harcourt (2018, p. 15), esse novo modo de governo obedece a um modelo que ele chama de "contrarrevolução sem revolução", pensado como uma *contrainsurreição*. Ela compreende três momentos: localização e isolamento da minoria perigosa por uma vigilância geral da população, a fim de distinguir amigos e inimigos; destruição da minoria perigosa por todos os meios legais ou em vias de legalização; adesão da população geral aos objetivos da guerra por todos os meios possíveis, ideológicos, mas também judiciais (Harcourt, 2018, p. 8).

Esse modelo da guerra contrainsurrecional foi primeiramente experimentado e teorizado por diversos exércitos coloniais. Em particular, o Exército francês o colocou à prova em larga escala durante as guerras coloniais na Indochina e na Argélia, antes de exportá-lo para as ditaduras de vários países durante a Guerra Fria, especialmente as da América Latina, por intermédio de escolas de formação antiguerrilha fundadas por conselheiros militares franceses. Esse modelo de guerra "cirúrgica", que ataca núcleos de combatentes rebeldes espalhados pela população e dispersos no território, convém às ditaduras que perseguem militantes de organizações de esquerda vistos como ameaças à ordem social e política. Essa forma não convencional de guerra foi sistematizada pelo Exército estadunidense no momento em que lutava direta ou indiretamente contra as guerrilhas, e depois contra os cartéis da droga. As técnicas desse tipo de guerra foram implementadas em escala ainda maior nas guerras de intervenção no Iraque e no Afeganistão, para serem, na sequência, reimportadas para usos domésticos. Elas foram consideravelmente aperfeiçoadas no início dos anos 2000 graças aos meios de vigilância digital e ao emprego de drones.

O modelo contrainsurrecional tornou-se, assim, a própria forma da política de manutenção da ordem no plano interno. Não é novidade que a manutenção da ordem seja assunto político. De partida, a polícia moderna é política: desde o século XIX, cuida tanto de derrotar as sedições quanto de punir o crime. Essa polícia política substitui, desde o começo do XX, a tropa na repressão da contestação social; ao mesmo tempo que a manutenção da ordem se desmilitariza, corpos de polícia se militarizam a exemplo dos esquadrões de polícias móveis e das companhias republicanas de segurança, na França. Se ela parece avançada, num primeiro momento, em matéria de reorganização policial, a Grã-Bretanha dos anos 1980, sob o comando de Thatcher, compensa o atraso, como vimos antes, em resposta aos levantes urbanos e greves da época. Mas a guerra ao terrorismo do início do século XX vai dar novo e decisivo impulso às práticas contrainsurrecionais, notadamente intensificando o controle tecnológico da população. Como destaca, ainda, Harcourt (2018, p. 60), o método de governo é o da "informação total", ajudado pela autoprodução individual de dados explorados pelas gigantes que gerem as "redes sociais", tudo com o consentimento passivo da maioria da população. É com esses meios digitais que pode se desenvolver uma "tecnopolícia" utilizando todas as últimas tecnologias de vigilância, tais como reconhecimento facial, a polícia preditiva ou a vigilância permanente das redes sociais. Nessa configuração estratégica, a própria forma do poder se encontra modificada. Nenhuma combinação do pastorado, da disciplina e da governamentalidade neoliberal ancorada na concorrência pode bastar para dar conta dessa forma. Estamos lidando com um soberanismo brutal, cuja violência é proporcional àquela, real ou imaginária, atribuída ao inimigo político contra o qual o Estado está em guerra. Os contornos desse inimigo são suficientemente elásticos para que se possa incluir todos aqueles que não são plenamente declarados "amigos" da ordem e dos meios aplicados para defendê-la. Jamais faltarão tinta ou voz para inventar cúmplices dos inimigos entre ativistas, jornalistas, universitários, sindicatos ou partidos de esquerda. É o que acontece com a estigmatização do "islamoesquerdismo" na França, categoria abrangente o bastante para acomodar o menor detrator da guerra social contra frações populares de origem imigrante. O terrorismo não é um pretexto inventado do nada; infelizmente ele existe de fato e oferece à racionalidade da guerra a oportunidade de se impor a todas as relações sociais e políticas.

# 11

# O direito como máquina de guerra neoliberal

O direito nunca funciona apenas como o "véu" de uma realidade mais substancial, a da expansão do mercado e da dominação do capital; ele tem sua eficácia própria e serve tanto melhor aos interesses dos dominantes quanto mais funcione como poder normativo estatal, e não como simples ideologia. Toda a história dos Estados modernos seria incompreensível caso se esquecesse que a dominação que exerceram sobre as populações sempre tomou as formas do direito. Até mesmo a colonização teve amparo legal. Quanto aos regimes totalitários e autoritários, sabemos de suas preocupações constantes em perpetrar suas violações dos direitos fundamentais e seus crimes políticos nos tribunais, pelas mãos dos juízes.

O neoliberalismo não despreza o direito, muito pelo contrário. Desde seu nascimento, suas principais correntes se distinguem do naturalismo do laissez-faire, sublinhando a necessidade de uma ordem legal para o bom funcionamento da economia de mercado. Para os neoliberais, como já mencionamos (ver capítulo 4), os atos individuais devem se inscrever no quadro dos grandes princípios constitucionalizados e ser regulados por um direito que evolui ao sabor das relações interindividuais e das decisões judiciais. Essa opção "judicial" é fortemente *despolitizante*. Inscrita, como em Hayek, na própria ideia de uma economia de mercado em que a concorrência deve ser regulada, leal e não distorcida, ela parece pedir, *a priori*, uma instituição judiciária obediente a uma rigorosa imparcialidade, livre de corrupção e de viés político, segundo um modelo muito idealizado da *common law*. É esse mesmo ideal que defendem as grandes organizações internacionais promotoras de uma ordem legal adequada ao favorecimento do mercado — o Banco Mundial e o FMI, principalmente. Então, como conceber que, nos países que ainda se querem democráticos, esse ideal de uma ordem jurídica imparcial seja hoje cruelmente desmentido por um intervencionismo judiciário altamente político, em nome da guerra contra o inimigo interno e suas figuras? A resposta está no uso do direito e nas práticas judiciais colocadas a serviço da estratégia da guerra neoliberal. Com efeito, a guerra não é única nem necessariamente militar; ela atravessa todos os campos, todas as instituições, todos os discursos. Ela é eminentemente "social", constitutiva das relações de poder, parte de formas de repressão exercidas pelos dominantes e também formas de resistência e de revolta dos dominados. O direito é simultaneamente campo e instrumento de guerra.

Essa estratégia de guerra jurídica comporta duas vertentes, que correspondem a situações geopolíticas diferentes: de um lado, medidas derrogatórias ligadas à luta contra o terrorismo se integram ao direito comum; de outro, o intervencionismo judiciário no campo político para atacar os inimigos do neoliberalismo. Enquanto a França deixa ver a primeira, o Brasil ilustra perfeitamente a segunda vertente.

## Estado de emergência e estado de direito

No dia seguinte ao ataque a fiéis em uma igreja de Nice, em outubro de 2020, Éric Ciotti, deputado do partido liberal-conservador Les Républicains [Republicanos] (LR) da região dos Alpes Marítimos, reivindicou uma "mudança do quadro jurídico para erradicar os islamistas": "O quadro jurídico pelo qual alguns legitimam nossa impotência já não é adequado para conduzir esta guerra". E acrescentou: "É preciso que o princípio de precaução beneficie a sociedade, é preciso parar com essas pseudodefesas das liberdades individuais que só servem para defender os terroristas e ameaçar nossa sociedade".[233] Declarações desse tipo se multiplicam na sequência de cada atentado, e o apelo à tomada de medidas de "exceção" é geral. Em 2015, após os atentados jihadistas de novembro, as medidas de estado de emergência, que derrogavam oficialmente a Convenção Europeia dos Direitos Humanos, visavam afastar o controle dos magistrados e reforçar o poder administrativo e policial. Revista de veículos, proibição de circulação, perímetro de segurança, perquirição administrativa, prisão domiciliar, pulseira eletrônica para suspeitos, vigilância das comunicações: todas essas medidas tornavam-se legalmente possíveis com base na simples suspeição por parte da polícia. Essas disposições foram quase imediatamente utilizadas para outros fins que não a luta contra o terrorismo islamista, notadamente nas manifestações ecologistas durante a 21ª Conferência das Partes das Nações Unidas sobre Mudanças Climáticas, no fim de novembro de 2015. Além disso, foram prolongadas por dois anos até que, em dezembro de 2017, o governo colocou em votação a Lei sobre a Segurança Interna e a Luta contra o Terrorismo (SILT), que integra a maior parte dessas medidas ao direito comum, transferindo, assim, ao Executivo as prerrogativas da Justiça. Novamente, a autoridade administrativa utilizou as disposições da SILT em situações sem ligação com a ameaça terrorista, mas com objetivo de limitar o direito de expressão e de manifestação. A repressão dos Coletes Amarelos, como vimos no capítulo anterior, mostra bem como todos os movimentos sociais podem ser objeto dessas banalizadas medidas de exceção, em especial da criminalização da pressuposta intenção de passagem ao ato.

Essa evolução é bastante generalizada na Europa, como mostrou uma pesquisa da Anistia Internacional feita em ca-

---

**233** | "Attaque à Nice: le débat monte sur une législation d'exception" [Ataque em Nice: cresce o debate sobre uma legislação de exceção], *Les Echos*, 29 out. 2020.

torze países da União Europeia em janeiro de 2017.[234] O relatório começa assim: "Em inúmeros países, facilitou-se a implantação e o prolongamento do estado de emergência, assim como de outras medidas; poderes que deveriam ser excepcionais e temporários são cada vez mais integrados, de maneira permanente, ao direito penal ordinário". E conclui que essas medidas "prejudicaram o estado de direito, reforçaram o Poder Executivo, danificaram as garantias judiciárias, restringiram a liberdade de expressão e expuseram o conjunto da população à vigilância do governo. O impacto sobre estrangeiros e minorias étnicas e religiosas foi particularmente marcado". Essas leis, muito semelhantes por toda parte, fabricam Estados policiais, cuja vocação é a vigilância permanente dos cidadãos em detrimento de seus direitos fundamentais. Ora, historicamente, o estado de direito se construiu em oposição ao Estado policial, caracterizado por um uso puramente instrumental do direito pela administração estatal; mais precisamente, construiu-se fazendo prevalecer normas superiores que se impõem à administração (em primeiro lugar, as leis constitucionais). Por consequência, a distinção entre estado de direito e Estado policial não sobrepõe uma distinção entre dois tipos de regimes políticos, mas determina especificamente a relação de um Estado com o direito: ele é ou não limitado por um direito que excede seus poderes próprios, notadamente aqueles do Legislativo e do Executivo? Em conflito com toda essa construção, as leis atuais — que são leis de circunstância, cujos autores quase não se preocupam em verificar se são compatíveis com as leis constitucionais — fazem-nos entrar no que Mireille Delmas-Marty chamou de "sociedade de suspeição", em que a periculosidade se torna critério primeiro na gestão da ordem: "A sociedade de suspeição

---

**234** | ANISTIA INTERNACIONAL. "Des mesures disproportionnées. L'ampleur grandissante des politiques sécuritaires dans les pays de l'UE est dangereuse" [Medidas desproporcionais: o crescente alcance das políticas de segurança nos países da UE é perigoso], Londres, 17 jan. 2017.

conduz à confusão entre direito penal e direito administrativo: enquanto o direito 'penal' se torna preventivo e preditivo, o direito administrativo, de natureza preventiva, torna-se punitivo e repressivo. Daí a confusão dos poderes em detrimento da garantia judicial e a favor do Executivo".[235] Trata-se de uma evolução importante na direção do questionamento dos princípios do estado de direito, que passa a ser perversamente redefinido. O primeiro-ministro francês Manuel Valls declarava: "Inscrever o estado de emergência na norma superior é subordinar sua aplicação ao direito. É a própria definição, essencial, do estado de direito".[236] Entendido dessa forma, o estado de direito não se define mais pela proteção dos direitos do cidadão contra o arbítrio do Estado (o que se chama, com propriedade, de "garantia", e não "segurança"), mas pela forma da lei, qualquer que seja seu conteúdo. Tem-se aí uma definição formal do estado de direito, que consiste em sustentar que a medida mais liberticida se torna legítima quando se torna legal. O argumento é conhecido e serviu a todos os recuos de liberdade em nome da segurança: a lei pode restringir as liberdades sob o pretexto de que a segurança é a condição das liberdades. O estado de direito, confundido com o Estado securitário (confusão que anda com aquela que mistura garantia e segurança), não tem mais nada a ver com a subordinação do direito positivo aos direitos fundamentais. O que prevalece sobre qualquer outro conteúdo do direito é a defesa preventiva da ordem pública.

---

**235** | DELMAS-MARTY, Mireille. "Le projet de loi antiterroriste, un mur de papier face au terrorisme" [O projeto de lei antiterrorista, um muro de papel frente ao terrorismo], *Philomag*, 31 jul. 2017.

**236** | Manuel Valls, discurso durante a análise do projeto de lei de revisão constitucional, 5 fev. 2016, citado em DESPLATS, Véronique Champeil. "Aspects théoriques: ce que l'état d'urgence fait à l'État de droit" [Aspectos teóricos: o que o estado de emergência faz ao estado de direito], *Ce qui reste(ra) toujours de l'urgence* [O que resta(rá) da emergência] (relatório), Centre de recherches et d'études sur les droits fondamentaux (CREDOF), fev. 2018.

Não se trata de pura e simples suspensão da ordem jurídica por um "estado de exceção", radicalmente distinto do estado de direito; na verdade, estamos lidando com uma transformação gerencial e securitária, que substitui normas fundamentais da ordem jurídica por uma camada impressionante de leis securitárias. Como observou Marie Goupy (2016), não há muito sentido em falar de um "regime de exceção permanente", segundo o oxímoro de Giorgio Agamben (2003 [2004]). A ordem jurídica não é suspensa; as normas é que são transformadas pela perenização das medidas derrogatórias do estado de emergência e de sua integração ao direito comum. A França de Macron é, nesse sentido, emblemática: o furor legislativo e regulatório não conhece limites, de modo que cada drama, atentado ou fato local é respondido por uma lei escrita às pressas, sem falar dos múltiplos decretos e decisões administrativas que terminam por se acumular, ignorando qualquer coerência de conjunto. É por essa *legalização frenética* que o antiterrorismo pôde servir como ponto de apoio para dotar o Estado de instrumentos de repressão da contestação social. A guerra civil realizada pelo neoliberalismo faz aparecerem inimigos bem mais diversos que apenas os terroristas islâmicos. Foucault (2013, p. 34 [2015, p. 31]) mostrou bem que há muito tempo as leis e instituições penais tinham por efeito produzir o que ele chama de "inimigo social" na figura do criminoso. Hoje, o neoliberalismo utiliza estrategicamente o espaço judicial para derrotar o inimigo político que ele mesmo produz, notadamente nos países ditos "periféricos".

## A guerra do direito
## contra os inimigos
## do neoliberalismo

O desenvolvimento do neoliberalismo se apoia fortemente sobre o direito, de acordo com uma lógica que alguns autores chamam de *lawfare*, a "guerra do direito". Orde Kittrie (2016) a define como um uso estratégico do direito destinado a criar efeitos similares àqueles tradicionalmente procurados em uma ação militar convencional, motivada pelo desejo de enfraquecer ou destruir um adversário. No plano político interno, a guerra do direito é uma estratégia judiciária aparentemente em conformidade com os princípios do estado de direito e oficialmente dedicada a defendê-lo contra ações criminosas, mas que visa, na realidade, objetivos políticos, especialmente a neutralização e a eliminação de adversários, declarados ou supostos, da ordem neoliberal. Devemos aos advogados de Luiz Inácio Lula da Silva, no Brasil, e em especial a Rafael Valim a retomada desse conceito de guerra do direito para esclarecer uma das modalidades do combate político no campo da lei com fins de fortalecer a dominação neoliberal (Martins, Martins & Valim, 2019).

Em certo número de países, entre os quais o Brasil talvez seja o mais emblemático, as ações judiciais substituíram as ações militares, que eram, até então, destinadas a derrubar governos civis democráticos, como ocorreu nos anos 1960 e 1970. Custosas financeira e politicamente, essas intervenções, que tencionavam interromper ou negar o processo democrático, tornam-se inúteis se o efeito político-estratégico desejado pode ser obtido pelas formas legais. É o caso quando o processo judicial pode "corromper" o processo eleitoral democrático, principal vitrine do "liberalismo", desqualificando os potenciais candidatos, destituindo os responsáveis de seus cargos ou modificando as condições de expressão pluralista do corpo eleitoral. Os procedimentos judiciais permitem, assim, contornar o risco político da "soberania popular", especialmente nos momentos em que os interesses particulares da classe dominante estão em perigo.

É sobretudo na América Latina que vemos aplicada essa estratégia política da guerra do direito. Sem dúvida, há boas razões para isso, a começar pelo fato histórico de a região ser uma área de influência geopolítica dos Estados Unidos desde o século XIX. Mas há outra: o desenvolvimento do neoliberalismo na América Latina, depois de sua instauração pela violência aberta, coincidiu com a restauração das formas democráticas e a criação de instituições de controle constitucional. Qualquer retorno a formas abertamente ditatoriais é perigoso, porque desnudaria o caráter antidemocrático do neoliberalismo. A guerra contra os movimentos sociais deve, então, continuar pelo maior tempo possível — e por outros meios que não os da ditadura militar aberta. Essa guerra tomou formas culturais, midiáticas e digitais maciças. Ela também adotou formas jurídicas graças à mobilização de operadores do direito que se consideram depositários absolutos do "bem público", cujas capacidades de ação e legitimidade foram reforçadas ao longo de décadas. As manobras judiciais contra o ex-presidente Luiz Inácio Lula da Silva constituem caso exemplar, como veremos mais adiante.

## A reviravolta da guerra do direito

O termo *lawfare* aparece pela primeira vez em 1975, em um texto de John Carlson e Neville Yeomans, para qualificar o sistema jurídico ocidental, no qual "o combate entre partes se faz com palavras mais que com espadas" (Carlson & Yeomans, 1975). A partir dos eventos de 11 de setembro de 2001, o termo foi recuperado por neoconservadores e utilizado nos meios militares estadunidenses: a guerra do direito passa a ser, então, associada a um controle da ação de militares em operações armadas, considerada de forma crítica como a manifestação de um legalismo exacerbado imposto às atividades de guerra por "leis internacionais" e, principalmente, pelo "direito dos conflitos armados", legislação internacional que regula as práticas em tais situações.

Um dos principais propagadores do conceito, o general da Força Aérea dos Estados Unidos Charles J. Dunlap Jr. começa seu ensaio de 2001 com a questão: "O direito torna a guerra injusta?".[237] Para o Exército estadunidense e especialistas em direito internacional, a resposta seria positiva: as normas internacionais colocariam a segurança dos Estados Unidos em perigo (sobretudo depois de 2001), permitindo a inimigos militarmente mais fracos limitarem a hegemonia bélica estadunidense. Essa estratégia dos fracos consiste em voltar os "valores" defendidos pelos Estados Unidos (os direitos humanos e o estado de direito) *contra* seus próprios imperativos de segurança. Para Dunlap, o poder militar dos Estados Unidos seria prejudicado por beligerantes que, por razões puramente táticas, invocam valores que não são os seus.[238]

Se o direito é a arma dos fracos, por que ele não seria também a dos fortes? Por que os Estados Unidos não se apropriam da arma do direito para atingir seus próprios objetivos operacionais? O conceito de guerra do direito sofreu, então, uma torção completa nos anos 2000. Ele se integra a uma nova estratégia, que almeja neutralizar ou eliminar o inimigo não mais no campo militar, mas no da legalidade. De um obstáculo à hegemonia militar estadunidense, a guerra do direito torna-se, então, um recurso estratégico útil para conservá-la.

---

237 | DUNLAP JR., Charles J. "Law and Military Interventions: Preserving Humanitarian Values in 21st Century Conflicts" [Direito e intervenções militares: preservando valores humanitários em conflitos do século XXI], documento de trabalho, Harvard Kennedy School, nov. 2001.

238 | A conclusão do general Dunlap vai nesse sentido: "Devemos nos lembrar que nossos adversários estão mais que dispostos a explorar nossos valores para nos vencer, e eles o farão sem considerar o direito da guerra" (*Idem*, p. 19).

## O novo constitucionalismo a serviço do neoliberalismo

A "renovação neoliberal" na América Latina se efetuou com base no Consenso de Washington e se traduziu por um conjunto de reformas econômicas e políticas em nome dos princípios da "boa governança", definidos por instituições financeiras internacionais, tais como o Banco Mundial e o FMI. Os "ajustes estruturais", condições para obtenção de empréstimo pelos países em desenvolvimento do Sul global, tinham suas vertentes institucional e jurídica. O estabelecimento de tribunais independentes, a consolidação de instituições democráticas representativas e, em particular, a construção de um estado de direito e de um Poder Judiciário "modernizado" faziam parte das "reformas" impostas por instituições internacionais. Isso reforçou, incontestavelmente, a ideia de que as regras econômicas da globalização são indissociáveis da instauração de regimes políticos liberais e democráticos. De fato, programas de investimento de organizações financeiras internacionais foram muito importantes no que diz respeito a normas e instituições. Em 2006, 52% dos empréstimos financiaram projetos de desenvolvimento humano e de reformas jurídicas e institucionais.[239] Essas reformas se referiam ao respeito a direitos fundamentais e à facilitação de acesso a serviços judiciários, mas também à formação profissional de equipes e ao fortalecimento do controle judiciário sobre os outros poderes do Estado. Os objetivos estratégicos eram plurais: racionalização e autonomização do Poder Judiciário, aumento de sua capacidade de intervenção nas deliberações políticas e desenvolvimento do acesso a direitos. Oficialmente, essas reformas se dirigiam contra a corrupção política e a criminalidade econômica em todas as suas formas e visavam

---

239 | DAÑINO, Roberto. "The Legal Aspects of the World Bank's Work on Human Rights" [Os aspectos legais do trabalho do Banco Mundial em direitos humanos], *The International Lawyer*, v. 41, n. 1, primavera 2007.

dar um quadro estável e seguro às transações econômicas. Essas diretivas estratégicas, adotadas por organismos bilaterais e multilaterais, resultaram, como afirma Ran Hirschl, em uma "constitucionalização dos direitos e na implantação de sistemas judiciários relativamente autônomos e de cortes superiores dotadas de procedimentos de apelação".[240]

Essa expansão do Poder Judiciário deriva da consagração do modelo estadunidense de justiça, exportado para América Latina, Ásia e África. Com frequência, ele é apresentado como a quintessência dos processos de democratização nessas regiões, consideradas como desprovidas de arquitetura constitucional estável e consolidada (Tate & Vallinder, 1995).[241] Ele apresenta duas faces: de um lado, garante o respeito dos direitos pessoais e a defesa dos direitos de propriedade, mas, de outro, não atribui nenhum lugar real a uma concepção mais ampla de direitos da pessoa humana, incluindo os sociais e econômicos. Na realidade, esse novo constitucionalismo se impôs em detrimento das instituições representativas e, muitas vezes, até mesmo como um obstáculo à progressão dos direitos dos trabalhadores e dos cidadãos. Como mostra ainda Hirschl, trata-se do fruto de uma aliança entre elites políticas e econômicas (que aceitam, ao menos formalmente, se submeter a certas regras de probidade) e profissionais do direito (que veem sua margem de ação, legitimidade e poder social consideravelmente fortalecidos). Pode-se, assim, duvidar da assimilação muitas vezes precipitada entre a constitucionalização dos direitos e um aprofundamento de projetos democráticos no sentido de maior redistribuição ou partilha mais ampla de poder. A expansão judiciária teve um impacto muito limitado sobre a progressão das noções de justiça distributiva, mas permitiu, principalmente, dar novo assento, muito mais legítimo,

---

240 | HIRSCHL, Ran. "The Political Origins of the New Constitutionalism" [As origens políticas do novo constitucionalismo], *Indiana Journal of Global Legal Studies*, v. 11, n. 1, jan. 2004, p. 73.

241 | Ver também o capítulo 1 sobre a Constituição chilena de 1980.

à dominação das elites políticas e econômicas.[242] Os atores estrangeiros ou os multinacionais, ainda que jogassem contra os interesses dos países, puderam contar localmente com a colaboração de juízes e membros do Ministério Público. Essa aliança entre as "novas elites" se traduziu por uma revalorização notável da posição econômica e social dos servidores públicos do alto escalão jurídico. Os magistrados brasileiros, por exemplo, viram seus salários mais que dobrar em vinte anos, de 1995 a 2016 (+112%).[243] Os profissionais do Poder Judiciário se mobilizaram em toda América Latina para convencer de que são especialistas jurídicos competentes, neutros, imunes à corrupção que afetaria a maioria do corpo político, o que lhes permitiu aparecer como os defensores desinteressados de uma luta pela honestidade na política e nos negócios. Dessa maneira, ganharam os meios para agir politicamente sob cobertura jurídica, em um momento em que a credibilidade da "representação" dos eleitos entrava em crise por toda parte. Pode-se falar de uma verdadeira "substituição", que fez do aparelho judiciário o guardião da ordem constitucional e a instância exclusiva do bem público. Apresentando os agentes do aparelho do Estado como puros técnicos, essa autonomização do campo judiciário conduz, no fim das contas, a uma despolitização da política e dissimula os vieses de classe de uma fração do serviço público, fortalecida por sua irresistível ascensão social.

Esse processo de autonomização, particularmente marcado na América Latina e, em especial, no Brasil, teve como consequência uma relativa passividade da sociedade civil. Diante de um Poder Judiciário "neutro" e "técnico", a capacidade de intervenção política de grupos dominados encontrou-se consideravelmente diminuída. Quando eles chegam a se qualificar para intervir no campo jurídico, são constrangidos a se adaptar aos tipos de discurso e práticas requeridos por tal

---

242 | HIRSCHL, *op. cit.*, p. 72-3.

243 | BURGARELLI, Rodrigo & CARMONA, André. "Salários do Judiciário mais que dobraram em 20 anos", *Exame*, 27 jun. 2016.

campo. Ao longo dos mandatos presidenciais de Lula e Dilma Rousseff, de 2003 a 2016, a autonomia do campo jurídico e da Polícia Federal aumentou ainda mais, até atingir um limiar de isolamento burocrático que lhes permitirá agir politicamente em seu próprio nome.

## O direito voltado contra
## o sufrágio universal

Essa autonomização da esfera judicial e policial é diretamente contrária à participação cidadã e à inclusão de novos atores em uma cena política ainda amplamente dominada por uma elite socioeconômica restrita, perpetuando-se por processos de autorrepresentação e de autolegitimação. A função conservadora da constitucionalização dos direitos e da judicialização das relações sociais é mais bem percebida no terreno político, quando as reivindicações populares são neutralizadas pelo recurso à norma jurídica e à Constituição e, mais precisamente, quando dirigentes de partidos de esquerda ou de movimentos sociais são objeto de perseguições e condenações judiciais. O apelo à Constituição ou à lei para negar ou limitar a expressão do sufrágio universal não é novo nem uma especialidade de países do Sul. Lembramos que Jean-Claude Juncker, então presidente da Comissão Europeia, havia destacado, em 2015, o alcance da constitucionalização na região: "Não pode haver escolha democrática contra os tratados europeus". E ele acrescentava, na mesma entrevista, a propósito da eleição de Aléxis Tsípras na Grécia: "Dizer que tudo vai mudar porque há um novo governo em Atenas é tomar seus desejos pela realidade".[244]

A guerra do direito tal como é praticada hoje, principalmente na América Latina, sistematiza a negação jurídica de

---

**244** | DELAUME, Coralie. "Du traité constitutionnel à Syriza: l'Europe contre les peuples" [Do tratado constitucional ao Syriza: a Europa contra os povos], *Le Figaro*, 2 fev. 2015.

toda forma de "soberania popular". A novidade, com relação aos golpes de Estado fomentados pelos Estados Unidos nessa região, nos anos 1960 e 1970, é que a derrubada dos governos de esquerda se torna, de agora em diante, legítima pelo recurso à "regra do direito", geralmente acompanhado do apoio de grande parte das elites parlamentares e das mídias de massa. Nesse caso, a guerra do direito se traduz por aquilo que é preciso chamar, a despeito do aparente oxímoro, de "golpes de Estado legais". Desde 2008, pudemos observar inúmeras tentativas desse tipo, bem-sucedidas ou não, na América Latina. O primeiro sucesso estratégico nesse período foi obtido em 2009, em Honduras, contra o presidente Manuel Zelaya. Um ano antes, uma tentativa de golpe de Estado já havia acontecido contra Evo Morales na Bolívia. Mas a lista de golpes, fracassados ou não, é bem mais longa: tentativa de golpe no Equador em 2010; golpe de Estado no Paraguai em 2012; tentativas de golpe contra Nicolás Maduro na Venezuela em 2014 e em 2019; golpe de Estado parlamentar no Brasil em 2016; perseguições penais contra o principal opositor, Ollanta Humala, no Peru, em 2017; exílio de Rafael Correa no Equador em 2018; e renúncia forçada de Evo Morales em 2019, após contestação dos resultados eleitorais. O forte retorno do neoliberalismo no continente não deve tudo a golpes de Estado legais, mas eles vieram reforçar a onda de vitórias eleitorais que permitiram que chegassem ao poder Mauricio Macri na Argentina, em 2015; Sebastián Piñera no Chile, em 2010 e novamente em 2018; Lenín Moreno no Equador, em 2017; Pedro Pablo Kuczynski e Martín Vizcarra no Peru, em 2016; e Juan Manuel Santos, em 2010, e Iván Duque na Colômbia, em 2018.[245]

---

**245** | DIAS, Bárbara & DELUCHEY, Jean-François. "Neoliberalismo, neofascismo e neocolonialismo na América Latina", *Jornal Resistência*, dez. 2019, p. 4-5.

## Brasil: um caso exemplar de guerra do direito

No Brasil, em 2016, o golpe parlamentar de Estado contra Dilma Rousseff, presidenta eleita em 2014, ilustrou essa tendência de maneira intensa. O pretexto para abrir o processo de impeachment foi fornecido por manobras contábeis às quais o governo recorreu depois de ter utilizado bancos públicos para executar pagamentos diversos. O tribunal encarregado de verificar as despesas públicas recusou as contas do governo, interpretando essas manobras como um empréstimo de bancos públicos, o que é proibido pela lei orçamentária. O processo de destituição que se seguiu no Congresso Nacional também a acusou de tentar burlar essa lei. No fundo, para além do pretexto contábil, o impeachment tinha o objetivo de criminalizar toda política que não se submetesse à austeridade fiscal. Como disse Tatiana Roque: "Tratava-se, considerando tudo, do começo de um processo de constitucionalização da política econômica, cujo ápice foi atingido com a primeira medida do governo Temer, em 2016: uma emenda constitucional impondo um teto a todas as despesas públicas".[246] Essa constitucionalização sem precedentes na história do Brasil não deixa de atingir os sistemas de educação e de saúde. A estratégia da guerra do direito foi aqui colocada diretamente a serviço dos objetivos do neoliberalismo.

Mas essa estratégia não parou por aí. Uma vez votada a destituição, a prioridade do bloco antipetista passou a ser a inelegibilidade de Lula nas eleições presidenciais de 2018. A operação Lava Jato, lançada em 2014 pelo juiz Sérgio Moro, forneceu o quadro dessa nova ofensiva. Os responsáveis pela operação haviam apresentado os juízes como os "porta-vozes da rua" e depositários do bem comum. Foi em nome da defesa

---

**246** | ROQUE, Tatiana. "Brésil: une crise en trois actes" [Brasil: uma crise em três atos], *La vie des idées*, 28 maio 2019. Ver também o capítulo 4 sobre a questão da constitucionalização.

dos interesses do "povo" e da "moral" que uma série de inovações nas práticas jurídico-políticas foi aplicada, tais como as delações premiadas, prisões preventivas, vazamentos para a imprensa de partes do processo ou, ainda, a encenação midiatizada de manifestações "espontâneas" de apoio às operações judiciais. Todas as táticas possíveis foram utilizadas para tentar desacreditar Lula e fazê-lo perder popularidade graças à estreita aliança entre as mídias e o aparelho judiciário: em março de 2016, em flagrante desrespeito a seus direitos constitucionais, o ex-presidente foi preso diante das câmeras dos principais canais de televisão e, em setembro do mesmo ano, os procuradores federais da força-tarefa da Lava Jato organizaram uma coletiva de imprensa para apresentá-lo como o chefe de uma organização criminosa. A perseguição foi ainda agravada com o recurso ao Tribunal Regional Federal da 4ª região (TRF-4), na cidade de Porto Alegre. Todos os recursos jurídicos foram negados com o argumento de que o direito de defesa já havia sido garantido em primeira instância. Os juízes do TRF-4, que aumentaram a pena de Lula, fazendo-a passar a doze anos e um mês de prisão, entregaram-se a uma defesa ideológica da operação Lava Jato, colocando a pretensa "luta anticorrupção" acima das regras do estado de direito e dos princípios do Código Penal Brasileiro.

Obviamente, a intervenção do juiz Moro e de sua força-tarefa abriu diretamente o caminho para a chegada de Bolsonaro ao poder. A pretendida operação "anticorrupção", no curso de seu desenvolvimento, mostrou-se cada vez mais claramente uma operação de restauração do poder das oligarquias econômicas e políticas, ao preço da autorização das práticas as mais contrárias aos direitos dos acusados e da defesa: ameaças, chantagem, extorsão e prisões ilegais. O juiz Moro, que condenou Lula, tornou-se, por alguns meses, o ministro da Justiça de Bolsonaro.

## Uma versão empresarial do "estado de direito"

A multiplicação de todas essas práticas que resultam da guerra do direito coloca em questão o que se tornou, hoje, o estado de direito. Realmente, esse conceito sofreu um verdadeiro desvio em um sentido neoliberal. Doutrinários como Hayek elaboraram, muito cedo, uma distinção entre estado de direito "material" e estado de direito "formal": se o primeiro exigiria apenas que uma ordem do direito fosse dada na forma da legalidade, o segundo implicaria que as leis consistissem em regras de justa conduta aplicáveis a todos (Hayek, 2007, p. 259). Em resumo, o estado de direito "formal" é indiferente aos atributos das regras e só olha para a fonte da lei, enquanto o estado de direito "material" faz de suas universalidade e uniformidade uma condição da proteção da liberdade individual. Como já observamos (ver capítulos 2 e 4), essa distinção só toma todo seu sentido se nos lembrarmos de que as ditas "regras de justa conduta" se reduzem às regras do direito privado e penal, e que a liberdade individual se reduz à liberdade de empreender e de fazer negócios, apanágio do indivíduo privado. Salta aos olhos que o "formalismo" criticado quando se trata de erigir a autoridade legislativa em única fonte da lei é, ao contrário, fortemente valorizado quando se trata dos atributos pelos quais a verdadeira lei é identificável, já que esse mesmo formalismo permite excluir *a priori* do campo da "lei" toda demanda de justiça social. Esse estado de direito muito singular seria mais justamente denominado *estado de direito privado*, na acepção de que o próprio Estado seria submetido à soberania do direito privado.

Entretanto, seria um erro atermo-nos a esses critérios formais se quisermos compreender a lógica que preside a perversão neoliberal do estado de direito. Na verdade, é preciso se perguntar a qual necessidade tal estado responde. Em *Nascimento da biopolítica*, Foucault caracteriza a arte neoliberal de governar pela multiplicação e generalização da forma da empresa. Ele acrescenta que essa generalização implica um papel maior das instituições judiciárias: quanto mais a forma-empresa se multiplica, mais frequentes serão as tensões e os conflitos entre empresas, e mais imperiosa será a necessidade de arbitragem jurídica, de maneira que a sociedade da empresa e a sociedade judiciária apareçam como "duas faces de um mesmo fenômeno" (Foucault, 2004, p. 155 [2008, p. 204]). Se analisarmos a competição entre os partidos políticos à luz dessa observação, poderemos compreender até onde essa lógica se estende. Na era do neoliberalismo, a competição partidária adquire o sentido de uma concorrência entre partidos que derivam, eles mesmos, da forma-empresa. É justamente essa lógica da concorrência entre "partidos-empresas" que torna necessário o recurso crescente à arbitragem do Judiciário. A instrumentalização política de que esse poder é objeto não decorre apenas de estratégias políticas ditadas por rivalidades de interesses ou vontade malévola. Ela nunca é senão consequência da promoção sem precedente do Judiciário em uma sociedade fundada sobre a extensão da forma-empresa. O caso do Brasil está longe de ser uma exceção. Basta citar a multiplicação de recursos feitos por Trump nos tribunais estaduais dos Estados Unidos para recontagem de votos, desde antes do anúncio dos resultados da eleição presidencial. O estado de direito privado requer uma judicialização de toda a sociedade.

# 12

## Neoliberalismo e autoritarismo

Depois de acompanhar a história do neoliberalismo, que nos conduziu ao estudo de suas formas contemporâneas, é preciso, agora, enfrentar diretamente uma questão abordada sob diferentes ângulos neste livro: qual é a verdadeira *novidade* do neoliberalismo com relação a seus antecedentes históricos? É importante reforçar aquilo que torna irredutível sua singularidade, porque hoje é grande a tentação de atenuar essa originalidade assimilando-a — um pouco mais, um pouco menos — a formas anteriores à sua emergência. Duas abordagens nos parecem, a esse respeito, ignorar o que distingue o neoliberalismo desde seu aparecimento. A primeira se alimenta de uma analogia histórica enganosa: o neoliberalismo, em particular em suas atuais formas mais autoritárias, seria compreendido, se não como um ressurgimento direto do fascismo histórico, pelo menos como um novo fascismo que compartilharia com o antigo certos traços característicos. A segunda abordagem associa o neoliberalismo de maneira direta ao autoritarismo político imediatamente precedente à ascensão do nazismo ao poder: ao adotá-la, seria preciso reter a qualificação de "liberalismo autoritário" proposta por Hermann Heller[247] desde 1933, para caracterizar o governo de Franz von Papen.

Longe de ser puramente histórica, essa questão não deixa de ressoar diretamente a análise que podemos fazer das formas

---

247 | O filósofo Hermann Heller, autor de uma obra sobre teoria do direito, foi um social-democrata de esquerda que defendeu, contra Schmitt, a Constituição da República de Weimar na ocasião do "golpe da Prússia", de julho de 1932, organizado por iniciativa do chanceler Papen para destituir os ministros do Estado Federado prussiano.

contemporâneas do neoliberalismo. É bastante sintomático que o debate público sobre sua caracterização se tenha concentrado, nos últimos anos, justamente sobre o termo "autoritarismo". O que está em jogo aqui é a questão da natureza da relação entre neoliberalismo e o que se convencionou chamar de "populismo de extrema direita". De fato, desde 2016, após a eleição de Trump e o referendo sobre o Brexit, alguns analistas[248] não hesitaram em falar na "morte do neoliberalismo", postulando uma relação de antagonismo entre ele e o "populismo de extrema direita". Outros, ao contrário, insistiram na necessidade de considerar o amálgama entre esses dois fenômenos, sob a denominação de "neoliberalismo autoritário", ou, ainda, empenharam-se em ree-laborar a noção mesma de "autoritarismo".[249] Mas o que se deve entender ao certo sobre esta última noção? Trata-se da ten-dência, observada um pouco por toda parte, de fortalecimento do Executivo e restrição das liberdades públicas? Trata-se de definir um novo tipo de liberdade, que seria própria à versão nacionalista do neoliberalismo, que Wendy Brown chamou de "liberdade autoritária antidemocrática e antissocial"?[250] Mas o que fazer, então, de sua versão globalista? É preciso isentá-la de qualquer autoritarismo? Ademais, para além das questões da

---

248 | Ver JACQUES, Martin. "The Death of Neoliberalism and the Crisis of Western Politics" [A morte do neoliberalismo e a crise da política ocidental], *The Guardian*, 21 ago. 2016; WEST, Cornel. "Goodbye, American Neoliberalism: A New Era Is Here" [Adeus, neoliberalismo estadunidense: uma nova era chegou], *The Guardian*, 17 nov. 2016, ambos citados em BIEBRICHER, Thomas. "Neoliberalism and Authoritarianism" [Neoliberalismo e autoritarismo], *Global Perspectives*, v. 1, n. 1, fev. 2020.

249 | Ver BRUFF, Ian. "The Rise of Authoritarian Neoliberalism" [A emergência do neoliberalismo autoritário], *Rethinking Marxism*, v. 26, n. 1, p. 113-29, jan. 2014; e Brown, Gordon & Pensky (2018), ambos citados em BIEBRICHER, *op. cit.* O próprio Biebricher prefere o termo "autoritarismo" a qualquer outro.

250 | BROWN, Wendy. "Neoliberalism's Frankenstein: Authoritarian Freedom in Twenty-First Century 'Democracies'" [Frankeinstein do neoliberalismo: liberdade autoritária nas "democracias" do século XXI], *Critical Times*, v. 1, n. 1, p. 33, abr. 2018.

redefinição da liberdade, não se pode mais ignorar que o próprio fascismo se pensou depositário de uma concepção específica de autoridade: a dominação das mentes "para aí reinar inconteste" (Traverso, 2001, p. 128). Isso é suficiente para reduzi-lo, no entanto, à simples variante do autoritarismo?

### Um fascismo neoliberal?

A dominação neoliberal, em algumas de suas formas atuais, pode sem dúvidas apoiar-se sobre práticas neofascistas de governo: a excitação das massas por um líder, a legitimação oficial do racismo, os desfiles de milícias armadas, a utilização de forças de polícia ou do Exército para operações contra opositores e a violação da legalidade como método de governo fazem parte da nova governamentalidade e dos processos de desmantelamento da democracia. Pode-se até mesmo dizer que o fascismo renovado é uma possibilidade que não pode mais ser excluída, uma vez que o neoliberalismo já levou à desesperança social e à impotência política de frações inteiras da população, cada vez mais tentadas a "experimentar" governos ainda mais autoritários, violentos e racistas que os atuais governos neoliberais.[251] Além disso, seria facilmente aceito que o Estado neoliberal desenvolveu um arsenal jurídico de exceção e habituou a população a formas de repressão violentas que já prepararam o campo para uma possível ditadura de tipo fascista. Entretanto, essa possibilidade não deve ser confundida com a identificação total entre formas mais autoritárias do neoliberalismo, tal como ele existe, e as do fascismo histórico. Essa qualificação se disseminou recentemente, em especial com a chegada ao poder de Trump nos Estados Unidos e de Bolsonaro no Brasil. Nesses dois países, pudemos ler, cada vez mais frequentemente, análises que mencionavam um "fascismo neoliberal" ou um "neoliberalismo fascista". Henry Giroux, por exemplo, fez do "fascis-

---

251 | Para uma aplicação desse tipo de tese à situação francesa, ver Palheta (2018).

mo neoliberal" uma "formação econômico-política específica" que mistura ortodoxia econômica, militarismo, desprezo pelas instituições e leis, supremacismo branco, machismo, ódio aos intelectuais e amoralismo. Giroux empresta do historiador do fascismo Robert Paxton (2004 [2007]) a ideia de que o fascismo se apoia sobre "paixões mobilizadoras", que encontraríamos no "fascismo neoliberal": amor pelo líder, hipernacionalismo, fantasmas racistas, desprezo por aquilo que é "fraco", "inferior" ou "estrangeiro", desdém aos direitos e à dignidade dos indivíduos, violência contra os opositores, hostilidade à ciência e à razão etc.[252] Se é verdade que encontramos esses elementos no trumpismo e ainda mais no bolsonarismo, não perderíamos a especificidade de algumas das formas políticas do neoliberalismo contemporâneo ao rebatê-las sobre o fascismo histórico? Paxton admite que "Trump retoma vários motivos tipicamente fascistas", mas ele vê aí, sobretudo, os traços mais comuns de uma "ditadura plutocrática".[253] Porque, insiste ele, existem também grandes diferenças com relação ao fascismo: não há partido único, não há proibição à oposição e à dissidência, não há mobilização das massas em organizações hierárquicas obrigatórias nem corporativismo profissional, liturgias de uma religião secular, ideal de "cidadão-soldado" dedicado completamente ao Estado total etc. (Gentile, 2004). Entretanto, sem retomar suas reservas anteriores, Paxton não hesitou, no dia seguinte ao levante de 6 de janeiro de 2021 contra o Capitólio, em qualificar Trump como "fascista", comparando esse evento com a insurreição das ligas de 6 de fevereiro de 1934, em Paris.[254]

---

252 | Ver GIROUX, Henry. "Neoliberal Fascism and the Echoes of History" [Fascismo neoliberal e os ecos da história], *Truthdig*, 2 ago. 2018.

253 | PAXTON, Robert O. "Le régime de Trump est une ploutocratie" [O regime de Trump é uma plutocracia], *Le Monde*, 6 mar. 2017.

254 | PAXTON, Robert O. "I've Hesitated to Call Donald Trump a Fascist. Until Now" [Eu hesitei em chamar Donald Trump de fascista. Até agora], *Newsweek*, 11 jan. 2021. [A insurreição das ligas foi uma manifestação antiparlamentarista organizada por grupos de extrema direita nas proximidades da Assembleia Nacional — N.E.]

De toda maneira, entender Trump como fascista não implica de modo algum o reconhecimento desse caráter no movimento ou na fração de republicanos que o apoiam. Vemos a que ponto a relação do trumpismo com o fascismo coloca questões delicadas aos próprios especialistas.

A inflação semântica em torno desse termo faz parte do necessário combate político e pode ter efeitos críticos, mas tende a "diluir" fenômenos ao mesmo tempo complexos e singulares em generalizações pouco pertinentes, que, por sua vez, não podem produzir senão um desarme político. Em um artigo de 1932, intitulado "La dottrina del fascismo" [A doutrina do fascismo], Giovanni Gentile e Benito Mussolini fazem do lugar reservado ao Estado a verdadeira pedra angular do movimento fascista: "Para o fascismo, o Estado é um 'absoluto' diante do qual os indivíduos e os grupos ocupam apenas um lugar relativo" (Traverso, 2001, p. 133). Nesse mesmo artigo, os autores contrapõem o Estado fascista ao liberalismo: "O liberalismo coloca o Estado a serviço do indivíduo", ao passo que "o fascismo reafirma o Estado como a verdadeira realidade do indivíduo". Para o fascista, eles afirmam, "tudo está no Estado", e é nesse sentido preciso que "o fascismo é totalitário" (Traverso, 2001, p. 126). Disso decorre uma oposição ao liberalismo econômico, completamente explícita nesta passagem: "O fascismo quer o Estado forte, poderosamente organizado e, ao mesmo tempo, fundado sobre ampla base popular. O Estado fascista assumiu *também* o domínio econômico" (Traverso, 2001, p. 135, grifo nosso). No mais, a trajetória de Mussolini é exemplar em sua reviravolta com relação ao liberalismo econômico: em 1921, ele ainda declarava ser um liberal decidido a "retornar ao Estado manchesteriano" (Chapoutot, 2020a, p. 94), mas, em 1938, não hesita em condenar o Estado "guarda-noturno", afirmando que o Estado fascista não pode "se limitar a simples funções de vigilância e de tutela, como desejaria o liberalismo" (Chapoutot, 2020a, p. 197). Portanto, é somente por meio de uma analogia superficial que se pode fazer uso desse "Estado total" do fascismo, que tem vocação de absorver em si toda a sociedade civil, na análise da difusão generalizada do modelo de mercado e da empresa no conjunto da sociedade. Longe de "reinscrever" de alguma forma os mercados em um quadro estatal ou paraestatal, o trumpismo e o bolsonarismo preconizam a privatização das empresas nacionais e dos serviços públicos, a desregulamentação financeira e a isenção fiscal das classes mais ricas, a diminuição dos auxílios sociais e das subvenções ao ensino. Em outros termos, a violência estatal é posta a serviço da liberação da economia capitalista e da transformação de todos os serviços públicos em empresas concorrenciais. Um bom exemplo disso é o desejo de Bolsonaro de colocar, na lógica da concorrência, o serviço público dos Correios com os gigantes da logística, como a Amazon, depois de ter quebrado os estatutos dos carteiros com a privatização. Vivemos o momento em que o neoliberalismo secreta, por dentro, uma forma política inédita que combina autoritarismo antidemocrático, nacionalismo econômico, concorrencialismo generalizado e racionalidade capitalista expandida. Essa governamentalidade original assume plenamente o caráter absolutista, autoritário e (se necessário) ditatorial do neoliberalismo, sem por isso se assemelhar ao fascismo histórico.

Há que se insistir sobre o que é irredutível, no neoliberalismo, ao fascismo histórico e ao nazismo. Primeiramente, é o lugar da política com relação aos interesses econômicos. Os historiadores contemporâneos se distanciaram das interpretações marxistas que só viam no fascismo e no nazismo o braço armado da classe capitalista ameaçada pela revolução comunista. Eles mostraram, em especial, que esses fenômenos altamente políticos tinham lógicas próprias, que não eram redutíveis à maximização dos lucros na grande indústria e nos bancos. Sem negar a parte dos cálculos, atentaram para as motivações ideológicas, os valores nacionalistas, a importância dos afetos comunitários e identitários. Eles recolocaram fascismo e nazismo em um contexto histórico muito particular, o da Grande Guerra que "brutalizou" as sociedades, organizou a "mobilização total" e provocou a emergência de um nacionalismo de revanche, do qual o Estado fascista devia ser o braço armado. Ora, é difícil ignorar que a economia continua no comando, em todas as versões do neoliberalismo, especialmente por meio do intervencionismo de Estado que o caracteriza. A política é posta a serviço dos interesses da classe econômica dominante, que viu como uma bênção acionária o advento de governos que colocariam na linha sindicatos, mídias independentes e partidos de esquerda, como vimos, por exemplo, no Brasil. Mas a política se calca, sobretudo, na racionalidade econômica em todos os domínios, incorporando os dispositivos do setor capitalista até no léxico empregado.

O ponto comum entre nazismo e neoliberalismo poderia ser o que se habituou chamar de "social-darwinismo". Ainda que o termo seja injusto com Darwin, vamos utilizá-lo por conveniência. Compreendemos, por esse termo, a ideologia segundo a qual a sociedade, como a natureza, caracteriza-se pela rivalidade geral, perpétua e até a morte entre as nações e raças. Na guerra das espécies, a mais forte prevalece sobre a mais fraca. O nazismo, em seu princípio, é "social-darwiniano": a eliminação dos mais fracos é uma opção sempre aberta. As raças superiores têm o direito de se defender por uma lei biológica, e elas têm mesmo o dever de dominar ou eliminar as raças inferiores. Como escreveu Johann Chapoutot, esse discurso social-darwinista "apreende toda existência à luz da luta, do combate pela sobrevivência". Mais adiante, ele acrescenta: "[A] guerra é, antes de tudo, um fato: ela é. Ela é, igualmente, uma norma, um ideal: ela deve ser, porque ela é boa" (Chapoutot, 2020a, p. 127). A observação vale tanto para o nazismo alemão como para o fascismo italiano: "Só a guerra carrega todas as energias humanas ao máximo de tensão e marca com um selo de nobreza os povos que têm coragem de enfrentá-la" (Traverso, 2001, p. 129). Mas o social-darwinismo próprio ao neoliberalismo se destaca por não buscar a guerra militar, menos ainda a anexação de territórios, e não se interessa de modo algum pela eliminação das espécies inferiores. O que o anima é a concorrência no campo econômico por meio do mercado, dando ao Estado a responsabilidade eminente de armar todas as instituições para esse fim e preparar todas as populações, mas sem o imperativo de mobilizar uma "comunidade do povo" na qual estariam fundidos todos os indivíduos. Sem dúvida, é sobre esse ponto que se observa a maior diferença. O neoliberalismo, mesmo o mais hostil à democracia liberal e ao respeito dos direitos da pessoa — mesmo aquele que acende o fogo do nacionalismo e do racismo da forma mais chauvinista e violenta, como fez Trump —, não busca, pela completa sujeição do indivíduo ao Estado, fazer dele um "homem novo" ou encontrar nele o "homem arcaico" da raça superior. Estamos muito longe do projeto de renovação do homem que anima o fascismo italiano ou do projeto nacional-socialista de retorno à "pureza primária" de uma "essência alemã original" (Chapoutot, 2020a, p. 204-5).

Além disso, querendo deixar o cuidado dos negócios sérios aos experts, aos homens de negócio ou burocratas, Trump rejeita a organização das massas sob a forma disciplinada e arregimentada que o fascismo histórico oferece. Certamente, como mostrou a invasão do Capitólio em 6 de janeiro de 2020, ele não hesitou em instrumentalizar, na ocasião, milícias fascistas ou supremacistas já constituídas, como os Proud Boys, mas não chega a criar do nada milícias reunidas pelo culto de sua pessoa, o que constitui, em si, uma diferença decisiva. Em sua forma mais brutal, o neoliberalismo não faz o indivíduo desaparecer em uma comunidade aficionada regida por uma disciplina férrea, seja a "comunidade do front" (*Frontgemeinschaft*) do nazismo, seja a comunidade da nação, compreendida como organismo celebrado pelo fascismo (Chapoutot, 2020a, p. 130). Ao contrário, ele exalta o indivíduo, coloca-o acima do sentido comum, do interesse geral, incensa todas as manifestações de sua liberdade, suas iniciativas, suas escolhas, sua vontade de ser o melhor e de explorar suas "potencialidades". A maneira pela qual Trump e Bolsonaro "geriram" a crise da pandemia, encorajando os indivíduos a desprezar as orientações de proteção, notadamente o uso de máscara, fala muito sobre a representação que fazem das relações entre indivíduo e "comunidade". Ela resulta da promoção quase libertariana de uma liberdade privada "desregulada", que solicita, paradoxalmente, o aumento do poder do Estado sob a forma de um paternalismo protecionista, ao mesmo tempo econômico e securitário.[255] Em todo caso, é o oposto do fascismo e do nazismo, que exigem total domesticação dos indivíduos.[256]

### "Liberalismo autoritário"?

Será mais apreensível do que a caracterização do "fascismo" a definição de "liberalismo autoritário", que dá título a um artigo de Hermann Heller (publicado em 1933, pouco antes de seu exílio na Espanha, onde morre em 1934)? Heller lembra, de início, que o slogan do Estado "autoritário" foi lançado pelo gabinete do chanceler Papen, em 1932, e situa nesse contexto a tomada de posição de Carl Schmitt (2020, p. 87-118) em favor de um "Estado total forte" em sua conferência de 23 de novembro de 1932.[257] Ele ironiza a "solução rebuscada" que a "engenhosa ideia de Estado total e, portanto, forte" representa para um conservador recém-convertido à "desestatização da economia". De maneira muito original, ele pretende esclarecer essa tomada de posição, relacionando-a a uma conjuntura política singular marcada pela metamorfose do conservadorismo alemão no começo do século XX. O conservadorismo prussiano do século XIX tinha conseguido subordinar politicamente o "capitalismo burguês-liberal", fazendo nascer o

---

**255** | BROWN, *op. cit.*, p. 34.

**256** | Johann Chapoutot mostra como alguns juristas nazistas, como Reinhard Höhn, haviam refletido muito sobre a questão da liberdade na "gestão" da economia de guerra, de modo a especificar melhor que essa liberdade só seria ouvida no bojo de uma comunidade de homens livres, "livres pela natureza do fato mesmo de sua obediência porque, obedecendo ao Führer, eles obedeciam a si mesmos, ao instinto mais puro e sadio da raça germânica" (Chapoutot, 2020b, p. 139).

**257** | Ver também o capítulo 3 deste livro.

"nacional-liberalismo".[258] Mas no século XX transcorre uma "mudança sociológica" que dá lugar ao "processo inverso", o de uma conversão do conservadorismo ao capitalismo ou, mais exatamente, de uma "penetração do espírito capitalista no interior das camadas conservadoras" (Simard, 2009, p. 218). Essa transformação determina uma "atitude nova em relação ao Estado": a desconfiança dos antigos burgueses liberais para com o autoritarismo guilhermino (*wilhelminien*)[259] desemboca no "liberalismo autoritário", que apela a um "novo Estado" (Heller, 2020, p. 133). Como afirma Augustin Simard (2009, p. 220-1), é o pânico devido à consciência da fragilidade de sua base social, brutalmente desnudada pela revolução de 1918, que empurra então a burguesia para essa reconciliação com o autoritarismo guilhermino.

Contudo, por que falar de "liberalismo"? Temos aí uma constante notável que torna possível a passagem do "nacional-*liberalismo*" ao "*liberalismo* autoritário", como se fossem duas formas históricas distintas do mesmo liberalismo. Na visão de Hermann Heller, o que justifica essa denominação é "a questão da ordem econômica". Os novos conservadores apelam à "liberdade da economia perante o Estado" e pedem ao Estado que inicie o movimento de se "retirar da economia" completamente. No contrapé de seus ancestrais do século XIX, animados por "escrúpulos anticapitalistas", esses conservadores, à nova maneira, "começam a se parecer — a ponto de se confundirem — com os bons e velhos 'homens de Manchester'" (Heller, 2020, p. 134). A referência à Escola de Manchester merece toda nossa atenção. Os velhos manchesterianos combinavam liberdade da economia e redução do Estado

---

**258** | Além da corrente política assim denominada, que deu seu apoio a Bismarck, é preciso mencionar a doutrina da "economia nacional" de Friedrich List, conhecido por sua crítica a Adam Smith e sua defesa do protecionismo, rebatizada "protecionismo educador" para as necessidades da causa alemã.

**259** | Em referência ao imperador Guilherme I (1871-1888) e seus sucessores.

com o papel de "guarda-noturno" (proteção de pessoas e propriedades). Em sentido oposto, os novos conservadores, que se fazem advogados da liberdade econômica ao estilo dos manchesterianos, são, ao mesmo tempo, partidários de um Estado forte e autoritário. Estaríamos lidando, então, com uma singular combinação entre um liberalismo econômico de inspiração manchesteriana e um autoritarismo político herdado do império guilhermino-bismarckiano. Em outras palavras, não é por seu liberalismo econômico que os novos conservadores se diferenciam dos velhos manchesterianos, mas exclusivamente por sua atitude com relação ao Estado. Nos dois casos, o liberalismo econômico se dá da mesma maneira, com a liberdade da economia em relação ao Estado; é a qualificação "nacional" ou "autoritário" que, justaposta ao substantivo "liberalismo", faz toda diferença.

É à luz dessa evolução histórica que Heller compreende o apelo de Schmitt à "desestatização da economia" como, ao mesmo tempo, um apelo ao Estado "autoritário": se o Estado deve ser "muito forte", como diz Schmitt, é porque apenas tal Estado é capaz de afrouxar as amarras bastante apertadas que estabelece com a economia. A despolitização é um ato eminentemente político, que deriva do Estado. Só um Estado forte tem autoridade suficiente para iniciar uma *autorretirada* da economia.[260] Vemos que o preconizado caráter autoritário do Estado decorre diretamente da missão que lhe é atribuída: cortar os laços que o ligam à esfera da economia para restituir-lhe a liberdade. Em resumo, ao passo que um Estado total fraco "busca reger a economia de forma autoritária", o Estado total forte "se separa claramente da economia" (Heller, 2020, p. 135). Para Heller, esse é apenas um aspecto desse novo liberalismo. O governo de Papen deve simultaneamente lutar contra o Estado social, procedendo ao "desmantelamento (*Abbau*) au-

---

**260** | Olivier Beaud fala justamente de "autolimitação" e cita Schmitt, que afirma, em 1930, que o Estado prova sua força "pelo fato de que ele volta por *si mesmo* à sua medida natural" (Beaud, 1997, p. 69, nota 57, grifos nossos).

toritário da política social". Isso concerne, em primeiro lugar, ao seguro-doença e ao seguro-desemprego, mas toca igualmente a política sociocultural, por meio do questionamento da instrução pública obrigatória. Enfim, como examinamos no capítulo 3, o Estado total forte se caracteriza pelo monopólio dos meios militares e de influência de massa (rádio, cinema), e tal concentração do poder estatal nesses domínios é a contrapartida de sua retirada da economia. Heller pode, então, recapitular o conteúdo do "liberalismo autoritário" por três traços: "*retirada (Rückzug aus)* do Estado autoritário para fora da política social, *desestatização (Entstaatlichung)* da economia e *estatização (Staatlichung)* ditatorial das funções político-espirituais" (Heller, 2020, p. 137, grifos nossos). Chama a atenção o caráter *negativo* da maior parte das expressões utilizadas por Heller, com exceção da última, relativa às funções político-espirituais: "retirada", "desmantelamento", "desestatização". É o acúmulo desses termos privativos e negativos que dá todo sentido à sua escolha do vocábulo "liberalismo" e que, ao mesmo tempo, justifica o autoritarismo político.

Sem dúvida, a caracterização de "liberalismo autoritário" encontra sua justificativa na história alemã mais recente. Mas qual foi exatamente o papel político de Schmitt? De acordo com Heller, esse papel teria sido, antes de tudo, instrumental. Ele teria agido como um "homem da sombra" ou "oráculo do Estado", assim sustenta o jovem socialista Otto Kirchheimer, ex-aluno e amigo de Schmitt. Pode-se ler, nas entrelinhas do texto de novembro de 1932, uma defesa do Estado fascista italiano ou, ainda, um apelo a Hitler? Nada justifica essa interpretação, contrariamente ao que Heller dá a entender.[261] Em todo caso, o Schmitt de 1932 não adere mais à "legitimidade plebiscitária", que tinha sua simpatia em 1923 e que o havia levado a saudar a Marcha sobre Roma, de Mussolini (Simard,

---

**261** | Sobre Schmitt, Heller (2020, p. 127) afirma: "No fundo, ele não conhece senão um único Estado 'autoritário', a saber, a ditadura fascista de acordo com o modelo de Mussolini".

2009, p. 140, 169).[262] Sabe-se apenas que em agosto de 1932, depois do impasse das eleições de julho, Schmitt participou da elaboração de um plano de golpe de Estado adotado pelo governo Papen: dissolução da Câmara, adiamento *sine die* de novas eleições, concentração de forças policiais nas mãos do Ministério do Interior do Reich, dissolução, se necessário, dos partidos nazista e comunista (Beaud, 1997, p. 114 ss.). Schmitt propõe essa intervenção não para defender a Constituição de Weimar, mas para salvaguardar o Estado alemão e a "Constituição alemã" do perigo mortal que os ameaça (Beaud, 1997, p. 239-40). Em janeiro de 1933, ele chegará a fazer uma última tentativa para impedir o acesso de Hitler ao posto de chanceler (Beaud, 1997, p. 226). Mas seu apelo ao Estado total forte terá cada vez mais dificuldade para se fazer ouvir posteriormente. Em maio de 1933, um de seus discípulos, o jurista Ernst Forsthoff, tenta adaptar a ideia de Schmitt à ideologia do novo regime: o Estado total (*totale Staat*) é, então, compreendido como uma comunidade de raça (*völkische Staat*) (Traverso, 2001, p. 146-50). Em janeiro de 1934, Alfred Rosenberg, ideólogo do partido nazista, dedica-se a um ataque ordenado à noção schmittiana de Estado total qualitativo, acusada de dar ao Estado uma importância excessiva (Traverso, 2001, p. 147).[263] A partir de dezembro de 1936, Schmitt é destituído de todas as suas funções oficiais.

Para além do esclarecimento que a noção de "liberalismo autoritário" fornece a respeito da atitude política de Schmitt em 1932, seria preciso ir mais longe e dar os créditos a Heller, como insta Augustin Simard, por um "sentido incrível de antecipação" que elucida as reações às dificuldades trazidas pelas políticas keynesianas do pós-guerra, "quer vindas da nova direita, do ordoliberalismo, do thatcherismo ou de doutri-

---

262 | Aqui o autor se refere à Schmitt (2017).

263 | Como destaca Chapoutot (2020a, p. 202), se o totalitarismo fascista é "estadocêntrico", o nazismo se caracteriza por "uma relação mais instrumental com o Estado".

nas políticas inspiradas por Milton Friedman" (Simard, 2009, p. 219)? Sem dúvida, Heller fala expressamente de um "Estado neoliberal" para qualificar o Estado autoritário de Schmitt. Mas o adjetivo tem o mesmo sentido que atribuímos a ele hoje? E de onde este último vem? Olhando bem, as coisas se mostram mais complexas do que deixa pressupor a simples presença da palavra "neoliberal" no texto de Heller. Seguindo o próprio Simard, o Schmitt de 1932 teria sido "mais ligado ao componente conservador que ao neoliberalismo *stricto sensu*", contrariamente ao julgamento de Renato Cristi, para quem Schmitt sempre foi "o representante fiel do (neo)liberalismo" (Simard, 2009, p. 221-2).[264] A posição de Schmitt realmente antecipa o neoliberalismo, sendo possível nela identificar tanto um componente que diria respeito ao "neoliberalismo *stricto sensu*" quanto outro que seria conservador? E, antes de tudo, o que se deve entender por "neoliberalismo *stricto sensu*"?

## O lugar singular do direito no neoliberalismo

*Stricto sensu*, o neoliberalismo não nasce na Alemanha, em 1932, nem como doutrina nem como política de governo. Ele nasce como doutrina, em 1938, com o Colóquio Walter Lippmann, no mesmo momento em que se inventa o termo.[265] Sua elaboração já é antecipadamente engajada por ensaios e discussões, mas se constitui formalmente no e pelo colóquio, com a intenção de lançar as bases de uma "renovação do liberalismo". Em seu discurso, Rougier confere grande espaço à explicitação da diferença entre esse liberalismo renovado e o antigo liberalismo. E qual é exatamente essa diferença? Ela se encontra na ideia de que a questão negligenciada pe-

---

**264** | Simard remete em nota (p. 221) ao estudo de Cristi (1998).

**265** | Como nota Quinn Slobodian (2018, p. 93), a palavra "neoliberalismo" foi criada por Louis Marlio, um industrial francês que participou do Colóquio Walter Lippmann.

los economistas clássicos diz respeito ao "quadro legal mais apropriado ao funcionamento mais flexível, eficaz e leal dos mercados". É preciso considerar o regime liberal como "o resultado de uma ordem legal que supõe um intervencionismo jurídico do Estado".[266] O recurso à metáfora do Código de Trânsito [ver p. 301] é explicitamente dirigido não apenas contra o planismo mas também, e a título semelhante, contra o "liberalismo manchesteriano", o mesmo de que Heller aproxima o conservadorismo alemão. Longe de ser uma posição isolada, essa valorização do intervencionismo jurídico do Estado constitui um dos leitmotivs de todas as comunicações, qualquer que seja a corrente à qual seus autores pertençam. Assim, Rüstow esclarece esse "fato fundamental" de que a economia de mercado se baseia "em condições institucionais absolutamente precisas, criadas e mantidas voluntariamente pelos homens e que ela só pode funcionar sem atrito e com eficácia se um Estado forte e independente garantir a observação exata dessas condições".[267] Entretanto, selecionando esses dois autores, corremos o risco, talvez, de negligenciar a originalidade de outra corrente, também bastante ativa nos debates do colóquio de 1938, a saber, a corrente austríaca representada por Hayek e Mises, rebatizada mais tarde como "austro-americana", tendo em vista sua posteridade intelectual.

Como mostrou este livro, nada credencia a fábula de um Hayek "ultraliberal" e carrasco do Estado, oposto ao liberalismo social e progressista de Röpke e Rüstow. Vimos antes a que ponto Hayek mantém uma relação equívoca com o pensamento de Schmitt. Em nota já citada de *Direito, legislação e liberdade* (Hayek, 2013), ele menciona elogiosamente *Legalidade e legitimidade* (Schmitt, 2015), publicado em 1932, e refere-se à obra de Schmitt sobre o parlamentarismo, de 1923 (ver capítulo 3). Dessa maneira, ele encaixa dois momentos bem

---

**266** | "Allocution du professeur Louis Rougier" [Intervenção do professor Louis Rougier], em Audier (2012a, p. 415).

**267** | *Idem*, p. 470.

distintos do pensamento de Schmitt, indiferentemente ao contexto argumentativo, para reter apenas a crítica do Estado legislativo-parlamentar, qualquer que seja sua inspiração: em 1923, essa crítica deriva de uma valorização da "democracia imediata", que realiza o *acclamatio* plebiscitário; em 1932, ela se apoia na figura do presidente do Reich como "guardião da Constituição". Mas, para Hayek, isso não é essencial. Por mais que estabeleça essa junção, sua avaliação a respeito de Schmitt sempre terá duas facetas: de um lado, ele o saúda pelo diagnóstico muito precoce da evolução das formas de governo na direção do Estado total, a partir do Estado parlamentar; de outro, ele concentra toda sua crítica sobre a forma como Schmitt acaba por *legitimar* essa evolução para o Estado total. De fato, a ambiguidade já está no centro das duas conferências de 1932, cujos temas serão reunidos, em janeiro de 1933, sob o título eloquente de "Weiterentwicklung des totalen Staat in Deutschland" [Evolução do Estado total na Alemanha] (Schmitt, 1988, p. 185-190).[268] De um lado, Schmitt parte do Estado total como um "fato" contra o qual é inútil protestar: "o Estado total existe". De outro, ele pretende diferenciar dois tipos de Estado total para melhor fazer aparecer a nova alternativa histórica como *interna* ao próprio Estado total, e não mais sob a forma de uma oposição entre Estado total e Estado forte, como em julho de 1932.[269] O julgamento contraposto por Hayek baseia-se na ambiguidade do texto schmittiano. *O caminho da servidão* testemunha isso. Quando reconhece sua dívida com Schmitt, Hayek se refere à lógica da evolução dos tipos de Estado tal qual ela é apresentada por ele desde 1931 em *Der Hüter der Verfassung* [O guardião da Constituição] (Schmitt, 1931), apresentando-o como "eminente especialista ale-

---

268 | Para uma apresentação e tradução parcial desse texto, remetemos a Traverso (2001, p. 137-46). Notaremos que, nesse título, a evolução é dada como aquela *do* Estado total e que ela conduz do Estado total fraco *para* o Estado total forte.

269 | Como sublinha Simard (2009, p. 229).

mão em direito constitucional" (Hayek, 2002, p. 129, nota 1).[270] Na mesma obra, contudo, Hayek critica o historiador inglês Edward H. Carr, censurando-o por retomar "a doutrina do professor Schmitt, teórico nazista do totalitarismo", para afirmar que a distinção entre sociedade e Estado não teria mais sentido hoje (Hayek, 2002, p. 136). A figura de Schmitt termina por se desdobrar. O Schmitt de 1931 afirma, ainda, opor-se ao devir total do Estado, e é isso que o faz ser reconhecido como "eminente especialista". Mas em qual Schmitt pensa Hayek ao apresentá-lo como o "teórico nazista do totalitarismo"?

Como indicam várias passagens da obra de Hayek, é a questão controversa da natureza do direito que se revela, aqui, determinante. Em "The principles of a liberal social order" [Os princípios de uma ordem social liberal] (1966), Hayek (2007, p. 259) atribui àquele que ele tem como o "jurista fetiche de Adolf Hitler" uma concepção do direito orientada para o "pensamento da ordem concreta",[271] que se opõe à concepção liberal do direito. Na primeira parte de *Direito, legislação e liberdade*, Hayek (2013, p. 184-5) escreve, no mesmo sentido, que, desde antes da chegada de Hitler ao poder, este "dirigia todas suas perigosas energias intelectuais em um assalto contra o liberalismo sob todas as suas formas".[272] Nessas duas passagens, com cerca de sete anos de intervalo, Hayek (2013, p. 185, nota 1) fez referência ao mesmo texto de 1934, intitulado *Über die drei Arten des rechtswissenschaftlichen Denkens* [Os três tipos de pensamento jurídico] (Schmitt, 2015), resultado de duas conferências dadas em fevereiro e março do mesmo ano. Trata-se de um texto, escrito por um jurista cooptado pelo novo regime na ocasião do primeiro aniversário da ascensão de Hitler ao poder, para expressar publicamente sua adesão. Schmitt pro-

270 | Nessa citação de Schmitt, o Estado total é caracterizado como "o Estado em que Estado e sociedade se confundem".

271 | O termo alemão é *"konkrete Ordnungsdenken"*, literalmente "pensamento da ordem concreta".

272 | Já evocamos essa "concepção total do direito" no capítulo 4.

move aí um novo tipo de pensamento da ciência do direito, o pensamento da ordem concreta. A ordem concreta consiste em uma organização complexa e diferenciada própria para constituir uma comunidade substantiva, que pode ser a da família, do clã, da corporação, da Igreja ou do Estado. Contra o que ele chama de "normativismo", defende que toda regra e toda norma, longe de se bastarem em si mesmas, pressupõem tal comunidade orgânica. Esse tipo de pensamento ecoa diretamente a doutrina nazista, segundo a qual a comunidade do povo (*völkische Gemeinschaft*) constitui o único sujeito do direito (Séglard, 2019, p. 80).

Nas duas passagens citadas há pouco, compreende-se o severo julgamento feito por Hayek: em 1934, Schmitt apoiaria a substituição da concepção normativa do direito por uma concepção de direito derivada do direito público, ou de regras uniformes de conduta individual por regras de organização ordenadas para objetivos particulares. Para Hayek, essa substituição seria responsável pela deriva totalitária das sociedades ocidentais, cuja evolução para o Estado total teria sido lucidamente diagnosticada pelo próprio Schmitt em 1931-1932. O que dirige essa crítica é um conceito da lei que a define pela uniformidade, generalidade e previsibilidade, e não pelo fato de que ela emane de qualquer autoridade legislativa (Hayek, 2013, p. 622).[273] Ora, em 1934, Schmitt ataca diretamente o que ele chama de "conceito funcionalista da ordem", orientado de acordo com "regras gerais, predeterminadas e calculáveis". Ele dá dois exemplos dessa ordem: aquele de respeito ao guia ferroviário, cuja objetividade impessoal garante o bom funcionamento do tráfego dos trens, e o da "boa regulamentação da circulação em uma via de comunicação de uma grande cidade moderna", ordem que elimina esse resíduo do arbítrio humano, representado pelo agente da circulação, para substi-

---

273 | Sobre esse conceito de lei, ver os capítulos 2, 4 e 11 deste livro, em particular sobre a distinção entre direito (*Recht*) e lei (*Gesetz*) tomada por Hayek de Schmitt, para depois ser voltada contra ele.

tuí-lo por "sinais automáticos multicores", funcionando com precisão. A ordem de uma "sociedade civil-individualista de livre-circulação" repousa sobre esse tipo de sinal porque objetiva "unicamente uma regulação segura e que permite prever tudo" (Schmitt, 2019, p. 110). Ora, como lembramos, é precisamente a metáfora do Código de Trânsito que permitirá aos fundadores do neoliberalismo, desde o Colóquio Lippmann, exprimir o tipo de ordem jurídica próprio à sociedade livre. Essa metáfora pressupõe justamente que a lei seja identificável a certos atributos formais, entre eles a previsibilidade, ao passo que, para Schmitt, a exigência de previsibilidade integral é indissociável do formalismo da norma e resulta de um ideal de "normação" (*Normierung*) incompatível com a lógica de uma ordem concreta que resiste a toda dissolução no "funcionalismo das leis definidas de antemão". A crítica schmittiana do "normativismo", em 1934, só poderia chocar-se diretamente contra a concepção neoliberal da lei, não apenas com a de Hayek. Porque *todos* os neoliberais, concebendo as leis como criação do Estado ou como regras extraídas do direito consuetudinário, subscrevem a ideia de "lei" como regra formal, não prescrevendo nenhuma ação concreta em particular. No caso de Hayek, a antítese relativa à natureza do direito se enuncia da seguinte maneira: normas gerais do direito privado *versus* regras particulares do direito público. Vê-se, por consequência, que a influência de Schmitt sobre Hayek, por mais profunda que fosse, não autoriza ver em Schmitt o pai espiritual ou o fundador oculto do neoliberalismo, mais ainda por não ser possível fazer de Hayek um "discípulo" de Schmitt, nem de Schmitt o "mestre" de Hayek. Schmitt é um estatista conservador, cujo liberalismo econômico é circunstancial; ele permanece fundamentalmente estranho ao "neoliberalismo *stricto sensu*". É certo que Hayek se oponha um pouco facilmente a Schmitt, mas mesmo esse fato pesa a favor de uma relação com ele que não é de simples filiação. É preciso renunciar à ilusão retrospectiva de uma única fonte a partir da qual tudo teria descendido. Na realidade, são várias as linhagens (estadunidense, francesa, alemã, austríaca) que contribuíram para a formação do neoliberalismo, em 1938.

## "Liberalismo autoritário" ou neoliberalismo

Diante dessas condições, o que pensar a respeito da pertinência da denominação proposta por Heller sobre esse fenômeno político singular que é o *neo*liberalismo? Totalmente justificada quando se trata de designar o novo liberalismo *alemão*, nascido no início dos anos 1930, colocado em prática pelo governo Papen e teorizado por Schmitt em julho de 1932, ela parece lacunar, na melhor das hipóteses, e defeituosa, na pior, se aplicada ao neoliberalismo como elaborado nas discussões preparatórias do Colóquio Lippmann e nos debates durante o encontro. A razão para isso é muito simples: essa expressão prorrogou uma concepção *negativa* e *deficitária* do neoliberalismo que prevaleceu por muito tempo e impediu apreender o que dele resultava em um modo *positivo* de exercício do poder. É preciso não se deixar enganar pela concessão aparente segundo a qual o único intervencionismo do Estado no regime neoliberal seria exclusivamente negativo, pelo qual o Estado organizaria metodicamente seu próprio recuo e que confirmaria um "anti-intervencionismo de princípio" (Dardot & Laval, 2010, p. 7 [2016]).[274] Sob ares preguiçosamente "dialéticos", essa concessão esconde o essencial: o Estado neoliberal é um Estado *positivamente* intervencionista, inclusive no campo da economia. Não basta destacar que Heller evoca, em seu artigo, "a política de subvenções concedidas aos grandes bancos, aos grandes industriais e aos grandes exploradores agrícolas" conduzida por Papen para conceder a esse governo o rótulo de "neoliberalismo". As subvenções governamentais às grandes empresas não fazem

---

274 | A página referida é da introdução à edição francesa, não traduzida na edição brasileira. [N.T.]

o neoliberalismo, tampouco o fazem as políticas de austeridade ou deflacionárias.[275] Bem antes, tais políticas existiram nos anos 1920 e foram analisadas por Karl Polanyi — e também convém se precaver da adaptação muito fácil de seu esquema[276] sobre o "desenraizamento" da economia no século XIX, que, com frequência, transforma seu autor em um crítico visionário do neoliberalismo. Se nos voltarmos não para o passado, mas para o futuro, considerando as primeiras experiências de governo neoliberal, percebemos, então, que o intervencionismo estatal é a regra. Assim, ao contrário das prescrições de Friedman, o Estado "subsidiário" da junta militar chilena foi um Estado intervencionista de grande eficiência (ver capítulo 1). Assim, os traços negativos pelos quais Heller define o conteúdo do "liberalismo autoritário" ("retirada de", "desestatização", "desmantelamento" etc.) contribuem muito pouco para a compreensão dessa configuração política original. Em particular, eles atrapalham a compreensão do papel decisivo desempenhado aí pelo direito como quadro da ordem do mercado. É nesse intervencionismo jurídico de tipo particular que reside o que Foucault (2004, p. 150 [2008, p. 199]) chamou corretamente de "armadura original do neoliberalismo". Para dizer com as palavras de Rougier, o neoliberalismo é um "liberalismo positivo", um liberalismo interveniente, e, desse modo, não poderia se deixar fechar em uma noção tão estreita como a de "autorretirada" do Estado. Entretanto, à luz de nosso estudo, é preciso ir além ainda dessa ideia de um intervencionismo jurídico positivo. O intervencionismo neoliberal não é apenas econômico ou jurídico: ele é social, político e cultural, ele é total no sentido em que o são as guerras civis do neoliberalismo;

---

275 | Ao contrário do que parece acreditar Chamayou (2020, p. 71-2).

276 | Como percebe, com razão, Slobodian (2018, p. 16). Ver também, no mesmo sentido, Naomi Klein (2008 [2007]), colocando em destaque na primeira parte de *A doutrina do choque* a obra *A grande transformação*, de Polanyi.

ele envolve *toda* a sociedade, porque ambiciona fazer nascer uma *sociedade* de concorrência.

Mais problemática ainda, a caracterização do neoliberalismo como "liberalismo autoritário" é incapaz de expressar de que maneira o neoliberalismo é precisamente "autoritário". Na cabeça de Heller, o qualificativo se justifica pela dupla referência ao nacional-liberalismo alemão e ao liberalismo manchesteriano, ambos do século XIX. Distinguir o liberalismo alemão dos anos 1930 pelo qualificativo "autoritário" pressupõe que o liberalismo pode não ter sido, no passado, "autoritário" na acepção do autoritarismo estatal (e com certeza não no sentido da repressão exercida pelo Estado contra os indigentes, pobres e marginais). Foi precisamente esse o caso não do "nacional-liberalismo" alemão, que jamais ousou ser verdadeiramente liberal, mas do liberalismo manchesteriano do fim do século XIX. A denominação de Heller é quase incompreensível se a tiramos desse pano de fundo histórico: o "autoritarismo" era aí estatal, mas o "liberalismo" era fundamentalmente econômico — por isso permanece ainda muito tributário do modelo do liberalismo manchesteriano. Ora, compreender o neoliberalismo impõe levantar outro desafio: o autoritarismo político estende a lógica da economia ao próprio Estado, assim como a todas as relações sociais,[277] de sorte que o neoliberalismo é fundamentalmente autoritário, ainda que em diferentes graus. Toda sua história nos convence: *não há neoliberalismo que não seja autoritário* e não há simetria possível entre o liberalismo do século XIX e o neoliberalismo. É preciso, então, se pôr a explicar de que modo este último é autoritário, mesmo quando não se impõe por uma ditadura ou Estado autoritário.

---

277 | O que expressa de maneira lapidar a notável fórmula de Leonhard Miksch, já citada: "A concorrência: uma organização estatal" (ver a Introdução deste livro).

## Autoritarismo político
## e regime autoritário

Nos últimos anos, vários pesquisadores retomaram o termo de Heller para compreender a lógica da União Europeia.[278] É certamente por aí que devemos pesquisar, não para confirmar a posteridade do que Heller chama de "liberalismo autoritário", mas para apreender em quais aspectos o neoliberalismo político é intrinsecamente autoritário. No entanto, essa dimensão autoritária assume uma forma que não aquela do autoritarismo *estatal* clássico, já que não há, até esse momento, um Estado europeu. Quanto aos diferentes Estados europeus, não são todos *stricto sensu* regimes autoritários. Por outro lado, o que se encontra no âmbito da União Europeia é uma expressão concentrada do constitucionalismo de mercado,[279] por meio de uma montanha de normas ditas "comunitárias" que acabaram por prevalecer, há décadas, sobre o direito estatal nacional. A equação que prevalece aí é a mesma que Hayek havia formulado em seu tempo: soberania do direito privado garantida por um poder forte. A soberania do direito privado é selada nos tratados europeus; o poder forte, encarregado de velar pelo respeito a essa soberania, toma a forma de órgãos diversos, mas complementares, como a Corte de Justiça da União Europeia (CJUE), o Banco Central Europeu (BCE), os conselhos

---

**278** | Slobodian (2018, p. 296, nota 61) menciona um número especial de maio de 2015 do *European Law Journal* consagrado ao liberalismo autoritário de Heller. Além disso, refere-se, na mesma nota a: BONEFELD, Werner. "Authoritarian Liberalism: From Schmitt via Ordoliberalism to the Euro" [Liberalismo autoritário: de Schmitt via ordoliberalismo ao euro], *Critical Sociology*, v. 43, n. 4-5, p. 747-61, jul. 2017; JOERGES, Christian. "What Is Left of the European Economic Constitution?" [O que sobrou da Constituição econômica europeia?], *SSRN*, v. 20, n. 3, nov. 2004; WILKINSON, Michael A. "The Specter of Authoritarian Liberalism: Reflections on the Constitutionnal Crisis ot the European Union" [O espectro do liberalismo autoritário: reflexões sobre a crise constitucional da União Europeia], *German Law Journal*, v. 14, n. 5, p. 527-60, 2013.

**279** | Sobre essa noção fundamental, ver o capítulo 4.

interestatais e a Comissão Europeia. Segundo a lógica do "liberalismo autoritário", é a retirada do Estado da economia que requer um Estado autoritário. Para a lógica do neoliberalismo, é o constitucionalismo de mercado, quaisquer que sejam suas formas, que requer um Estado-nação forte e/ou mecanismos de decisão subtraídos a todo controle democrático em escala supranacional. Entre essas duas lógicas, é preciso decidir e escolher uma delas.

Entretanto, essa escolha deve ser feita com conhecimento de causa. Ela implica uma revisão e uma reelaboração da categoria clássica de "autoritarismo", tal como prevalece na ciência política e na filosofia política. De fato, nesse campo ela designa, no mais das vezes, um tipo de regime político, de tal forma que, por "autoritarismo", é preciso entender um *regime* autoritário. É o caso, em particular, de Hannah Arendt, preocupada em evitar o risco de uma confusão de fenômenos tão essencialmente diferentes quanto os "sistemas tirânico, autoritário e totalitário", ou da inscrição deles em um *continuum*, admitindo apenas diferenças de grau (Arendt, 2012, p. 682 [1972, p. 141]): se os regimes autoritários se caracterizam por uma "restrição da liberdade", esta última não deve ser confundida com a "abolição da liberdade política nas tiranias e ditaduras", não mais que com a "eliminação total da própria espontaneidade" nos regimes totalitários (Arendt, 2012, p. 675-6 [1972, p. 133]). Essa tipologia de regimes políticos não é de ordem histórica e só se compreende por referência a um mundo no qual a "autoridade se desfaz até quase desaparecer" — e essa autoridade é aqui compreendida, com base na *auctoritas* romana, como diferente do poder (*potestas*). Se nos voltarmos para os historiadores, vamos distinguir, *no interior* dos regimes ditatoriais, entre os regimes como o fascismo italiano e o nazismo alemão, que visam "assegurar um enquadramento total da sociedade" e buscam "formar um homem novo", e os regimes autoritários, tradicionalistas e conservadores, como o de Salazar em Portugal, o de Franco na Espanha e a França de Vichy (Chapoutot, 2020a, p. 249). Essas classificações impõem dificuldade porque se revelam inoperantes em relação ao neoliberalismo. Hayek apoiou Salazar e Pinochet, e Friedman foi um entusiasta da forma como a Grã-Bretanha agiu como "um ditador benevolente" em Hong Kong em 1997,[280] mas isso não torna "neoliberais" todos esses regimes. Podemos nos recusar a entrar nessas classificações e nos limitarmos a salientar a tendência comum dos regimes autoritários em adotar um campo de jogo político desigual no interior de um contexto ainda rudimentarmente democrático, e em levar a cabo a despluralização da paisagem política daí decorrente.[281] Essa caracterização dos regimes autoritários é genérica demais para ser pertinente: como diferenciar regimes apresentando tais tendências de regimes autoritários cujo contexto não é mais "rudimentarmente democrático" e nos quais a "despluralização" foi levada até o fim? Além disso, mostra-se incapaz de abarcar a diversidade das formas tomadas pelo neoliberalismo de governo.

Aqui é preciso tocar em um ponto fundamental. O inconveniente da abordagem exclusiva em termos de regimes políticos é que o neoliberalismo não pode se definir positivamente por um *regime político específico*: ele certamente se opõe à lógica da democracia liberal clássica, mas pode fazê-lo por meio de formas políticas muito diferentes. Para tomar apenas dois exemplos, a Constituição da Quinta República da França e o Estado federal alemão são dois regimes políticos muito distintos que não têm nenhuma relação necessária com as políticas neoliberais. Em contrapartida, e é o que faz dele um caso singular, será muito difícil dissociar o regime político do Chile da Constituição de 1980, já que foi ela que o estabeleceu como regime. A atitude adotada por Röpke ao sabor das circunstâncias históricas é esclarecedora a esse respeito: vimos que ele

---

**280** | BIEBRICHER, *op. cit.*, p. 12.

**281** | Levitsky & Way (2012) *apud* BIEBRICHER, *op. cit.*, p. 2.

se mostrou defensor de um Estado forte, no começo dos anos 1930, na Alemanha, e que apelava a uma "democracia ditatorial" em 1940. Mas não se pode mais ignorar que, em 1942, ele extrapolava o modelo dos cantões suíços para escala mundial (não precisamente um modelo autoritário) e deixava entender, na primavera de 1945, que a "questão alemã", segundo o título de seu livro, só seria resolvida por uma descentralização que transformasse o Estado bismarckiano em uma estrutura federal (Slobodian, 2018, p. 113). Portanto, devemos prestar atenção ao risco de equívoco contido no termo "autoritarismo". Assim, falamos de "autoritarismo de Estado" no capítulo 4 deste livro para fazer referência a um *regime* autoritário. Mas, conformando-nos ao uso corrente, poderíamos também falar em "autoritarismo" como maneira de governar própria de um chefe de Estado ou de todo um governo: trata-se, então, de caracterizar uma atitude que consiste em ignorar qualquer concertação ou, ainda, uma tendência à concentração de poderes em oposição à sua repartição. Podemos, dessa feita, evocar a tendência de Trump de privilegiar a força dos decretos (que nos lembra do "banimento muçulmano") ou também, nas palavras de Sylvie Laurent, o "autoritarismo neoliberal racista" que ele encarna. Do primeiro ao segundo significado do termo "autoritarismo", não há nenhuma consequência: pode-se ter, assim, uma Constituição como a de 1988 no Brasil e um presidente autoritário como Bolsonaro, da mesma maneira que uma Constituição como a dos Estados Unidos e uma presidência como a de Trump. Quanto mais "liberal" a Constituição, no sentido do reconhecimento da divisão dos poderes, mais esses presidentes autoritários encontram obstáculos no caminho da execução de seus projetos. Mas também pode acontecer que o presidente de uma Constituição antidemocrática como aquela da Quinta República seja conduzido a conscientemente empregar recursos para ir bem além de seus predecessores na execução de políticas neoliberais iniciadas por eles, ou, ainda, que outro presidente se dedique a mudar a Constituição existente, no sentido de um regime autoritário.

Tudo isso resulta da história, da política e das relações de força. O que não muda é a afirmação da necessidade de uma "Constituição econômica" capaz de ligar os Estados, qualquer que seja sua forma política. Aí está o *coração* da dimensão autoritária da política neoliberal: a estrutura do Estado pode muito bem variar, a equipe política e sua feição também. O essencial é que os governantes sejam suficientemente fortes para impor a constitucionalização do direito privado e restringir, assim, o campo do deliberável. O erro que cometem aqueles que se recusam a admitir uma conexão necessária entre neoliberalismo e autoritarismo[282] consiste em assimilar autoritarismo e regime autoritário.[283] Porque, se podemos afirmar, com boas razões, que a "opção autoritária" (na acepção de um regime autoritário) é uma das muitas estratégias no interior do pensamento neoliberal e que outras incluem uma descentralização da soberania estatal, certamente é incorreto apresentar a experiência do neoliberalismo da "terceira via" (Clinton, Blair) como não sendo autoritária: na verdade, ela foi autoritária à sua maneira (ver capítulos 7 e 8), mesmo se não precisou instituir um regime autoritário para alcançar seus fins. Thatcher também não sentiu essa necessidade, como respondeu a Hayek, que a pressionava para que tomasse o Chile como modelo (ver capítulo 1). Por mais que recuperemos a questão em todos os sentidos, é preciso distinguir três dimensões: o *autoritarismo como regime político*, que pode se definir por certo tipo de relações entre os poderes constituídos (Executivo, Legislativo, Judiciário); o *autoritarismo político neoliberal*, que se define por uma ou mais políticas que não se deduzem diretamente desse regime existente, e é como tal que pode se acomodar a regimes políticos muito diferentes em função das necessidades estratégicas do momento; e a *dimensão autoritária irredutível do neoliberalismo*, a que se realiza em graus

---

282 | Como é o caso de BIEBRICHER, *op. cit.* p. 10, 15.

283 | *Idem*, p. 2.

muito diversos em função das oportunidades oferecidas pelo quadro da Constituição política e da aptidão variável dos governantes em aproveitá-las e conduzi-las a seu favor. Assim podemos confirmar o que sustentamos nestas páginas: o neoliberalismo deve sua unidade fundamental não a sua doutrina, mas a suas *estratégias* de guerra civil.

# Conclusão

Da guerra civil à revolução

Compreendemos agora: o consenso entre pesquisadores sobre os traços que permitem identificar a dimensão autoritária do neoliberalismo contemporâneo corre sério risco de ser apenas nominal. Em primeiro lugar, como assinalamos na Introdução, interpretar esses traços como sintomas de sua crise ou marcas de um modelo em ruína implica supor a existência de uma norma histórica do neoliberalismo doutrinal ou governamental baseada na democracia e no consentimento. Ora, o que caracteriza o neoliberalismo desde suas origens é, antes, a notável constância da combinação de alguns traços essenciais: o questionamento de políticas sociais de redistribuição, o antidemocratismo, o Estado forte, a violência contra "os inimigos da liberdade", o constitucionalismo de mercado e a concorrência, aos quais se somam com frequência (mas não sempre) o apoio aos valores conservadores da família, da religião e da ordem moral. No fundo, não se trata tanto de categorizar o neoliberalismo, como se faz quando se fala em "neoliberalismo autoritário",[284] "neoliberalismo realmente existente" (Brown, 2019, p. 108-15 [2019, p. 132-41]) ou "neoliberalismo mutante" (Callison & Manfredi, 2019), mas de analisar o que *faz* o neoliberalismo e como ele tem êxito em deslocar os termos do confronto, suscitar a adesão de parte da população ao autoritarismo ou, ao contrário, captar as aspirações "progressistas" de outra parte, mas sempre fazendo recuar mais os direitos dos trabalhado-

---

[284] JESSSOP, Bob. "Authoritarian Neoliberalism: Periodization and Critique" [Neoliberalismo autoritário: periodização e crítica], *South Atlantic Quarterly*, v. 118, n. 2, p. 343-61, abr. 2019.

res, as solidariedades sociais e a igualdade. Por isso, este livro buscou se colocar no campo da estratégia, reconhecendo na própria diversidade de políticas de guerra civil o modo de funcionamento do poder neoliberal.

## O neoliberalismo e a guerra civil

A ideia foucaultiana de guerra civil como grade de análise do "poder estabelecido" (Foucault, 2013, p. 33 [2015, p. 30]) se revela, por essa ótica, particularmente fecunda. Mas, como o próprio neoliberalismo problematiza sua relação com a guerra civil? Ele o faz por dupla operação. De um lado, parece retomar o discurso clássico da soberania como razão de um poder que vem pôr fim à guerra civil entre os interesses particulares. É assim que Hayek (2013, p. 303) salienta, a propósito do estabelecimento histórico das leis constitucionais, que são os "princípios cuja violação reacenderia as oposições categoriais e mesmo a guerra civil", ou que Mises (2018, p. 187) afirma que o liberalismo exclui a guerra civil: "Ser liberal é ter compreendido que um privilégio especial, concedido a um pequeno grupo em detrimento dos outros, não pode, no longo prazo, ser preservado sem combate (guerra civil)". Enquanto os "partidos antiliberais" são portadores de dissensão civil porque buscam obter "privilégios" à custa do resto da sociedade, o liberalismo, ao contrário, "não serve a nenhum interesse particular" e exclui, portanto, toda forma de guerra intestina. Assim, a "guerra civil" tem aqui um sentido bem particular: ela designa a rivalidade entre os diferentes interesses sociais, notadamente a luta de classes. É, de fato, o grande leitmotiv neoliberal recodificar essa luta em "guerra civil" para melhor colocar o Estado neoliberal acima dos interesses particulares: "Uma vez que a política se torna acirrada para obter partes do bolo das rendas, o governo decente é impossível" (Hayek, 2013, p. 869-70).[285] Da mesma forma, os ordoliberais alemães descrevem o conflito entre interesses sociais utilizando o vocabulário da pilhagem bárbara: os orçamentos nacionais são a "presa" (Rüstow, 1963 *apud* Bonefeld, 2017, p. 37) à mercê das "hordas famintas dos interesses particulares" que pilham o Estado como a um "despojo" (Röpke, 2009 *apud* Bonefeld, 2017, p. 21). Retomando o velho tema do soberano "lesado" (Foucault, 2013, p. 35 [2015, p. 32]), o Estado neoliberal é apresentado como o fiador da única justiça que possui valor: a justiça do mercado. É a primeira operação: a oposição da guerra civil e do Estado soberano é recodificada nos termos econômicos da oposição entre a guerra social dos interesses e o Estado soberano que indexa a justiça econômica no mercado. Nessa ordem de ideias, a luta de classes não é nada mais que a guerra civil na sociedade, e é precisamente a função do Estado protegê-la.[286]

A essa exclusão da guerra civil se sobrepõe, contudo, uma segunda operação, que, dessa vez, implica, ao contrário, assumir plenamente o projeto de uma luta mantida contra o inimigo do mercado e do Estado que o garante. O socialista que pode nascer em cada proletário é, por excelência, o "inimigo social", o "bárbaro" que convém neutralizar. Evocando a "proletarização" aos milhões das "massas" na Alemanha, Röpke (1942, p. 241) afirmava que uma "nação pode produzir seus próprios invasores bárbaros". Mises (1962, p. 23), por sua vez, falava que as "massas", seduzidas pelo "slogan do socialismo", "devem inevitavelmente derivar para o caos e a miséria, para as trevas da barbárie e da aniquilação". Seria preciso, então, "vencer" o socialismo, não tanto como um adversário político, mas como um criminoso e inimigo da civilização.[287]

---

**285** | Tradução modificada.

**286** | Mises (1962, p. 544) associa Marx à "guerra civil": "Marx tentou organizar um partido que, pelos meios da revolução e da guerra civil, devia realizar a transição do capitalismo ao socialismo".

**287** | Ver capítulo 5, p. 136-7.

Mises (1998, p. 258) atribuía ao Estado o papel de subjugar os "criminosos internos e inimigos externos" para impedir suas "agressões violentas" contra as condições de bom funcionamento da economia de mercado. Dessa maneira, o neoliberalismo recuperava, mas transferindo-o ao proletário, o discurso do século XVIII sobre o criminoso como inimigo público que rompe o pacto social, em guerra com a sociedade, o que justificava, em contrapartida, "uma medida de proteção, de contraguerra que a sociedade tomará contra este último" (Foucault, 2013, p. 34 [2015, p. 31]). Vemos como a definição de inimigo em um discurso muito maciçamente evolucionista, aplicado à economia de mercado, nunca está longe de um racismo de Estado: proteger-se do inimigo, o que implica redefini-lo economicamente não mais nos termos da "proteção da raça" (Foucault, 1997, p. 71 [2005, p. 96]), mas da proteção normalizadora de uma "economia saudável" contra o perigo da "democracia doentia" (Röpke, 1962, p. 30) e da "proletarização".

As estratégias da
guerra civil neoliberal

Compreende-se, então, a história do neoliberalismo nos séculos XX e XXI como a história das estratégias de guerra civil neoliberal perante as diferentes figuras do inimigo socialista, chamadas "planismo", "coletivismo", "sindicalismo", "soberania popular" ou "democratização", que remetem, todas, à regulação da economia em nome dos imperativos sociais e do respeito à expressão democrática.

Nos anos 1930, os conceitos de "Estado forte", "Constituição econômica" ou "ordem de concorrência" foram explicitamente elaborados para conceber um Estado capaz de neutralizar todos os processos de politização da economia. O inimigo direto é, então, o proletário ou o sindicalista, e a importância, para o neoliberalismo, da intervenção na ordem jurídica se encontra na instauração de um direito da concorrência feito para tornar ilegal a pressão dos interesses sociais. A partir dos anos 1940, toda uma reflexão sobre a ordem econômica internacional, que vai se traduzir depois da Segunda Guerra Mundial em um militantismo ativo no seio das instituições internacionais,[288] foi forjada para privar o "nacionalismo econômico" dos governos socialistas de seus meios de ação. Em seguida, a partir dos anos 1960, foi a estratégia moral de detração dos *sixties*[289] que teve um papel decisivo no retorno, nos Estados Unidos, dos "valores familiares", deslegitimando os mecanismos de redistribuição social em favor de uma privatização familiar sustentada por uma visão caritativa e compassiva da solidariedade econômica. A aliança de classes sobre a qual repousava o consenso sobre o Estado-providência foi, assim, progressivamente fraturada por uma guerra de valores culturais, conduzindo parte da população a defender valores conservadores, enquanto outra, capturada a partir dos anos 1980 pelo neoliberalismo da "terceira via", defendia valores progressistas. Mais recentemente, foi a identificação de múltiplos inimigos — o tecnocrata globalista, o terrorista muçulmano e o imigrante — que permitiu o emprego de uma nova estratégia neoliberal nacionalista-concorrencialista.

Seguindo esses desenvolvimentos estratégicos do neoliberalismo, não é, portanto, pelo uso da violência do Estado, pelo autoritarismo ou pela brutalidade que seria possível circunscrever a novidade do neoliberalismo atual. Ler a recente transformação como deriva autoritária do neoliberalismo é passar ao largo das verdadeiras novidades estratégicas sobre as quais repousa sua dominação contemporânea e que se ligam, como vimos, a dois fenômenos estreitamente relacio-

---

288 | Sobre esse ponto, ver Slobodian (2018, cap. 3).

289 | James M. Buchanan (2007, p. 115) reconstitui assim a história de seu engajamento na pesquisa intelectual nos anos 1960: "Eu tinha observado a erupção da anarquia nas universidades de longe, no meio dos anos 1960, e, de perto, em 1968, na Universidade da Califórnia, em Los Angeles (UCLA). Eu me senti exortado a me levantar e discutir, a lutar em todas as direções, quando vi as regras e as convenções que encarnavam o valor do capital caírem diante dos novos bárbaros".

nados: de um lado, o *desdobramento* do neoliberalismo em um neoliberalismo globalista mais ou menos "progressista", fundado sobre uma promessa de desenvolvimento individual que respeita as diferenças, e um neoliberalismo nacionalista reacionário, ancorado na defesa de uma liberdade confundida com uma "identidade nacional" contra as reivindicações e as conquistas jurídicas das minorias; de outro lado, a *guinada* do povo contra ele mesmo, produzindo essa guerra de valores (ver capítulo 8) em que duas concepções muito diferentes de liberdade reenviam uma à outra, em um jogo de espelhos sem fim, a responsabilidade pelo mal da época. O neoliberalismo contemporâneo se dotou, dessa maneira, de temível capacidade de saturar todo o espaço político para abafar qualquer alternativa popular verdadeira. É nisso que esse jogo ultrapassa a célebre máxima de Catarina de Médicis: *divide ut regnes* [dividir para reinar].

A diferença decisiva entre o neoliberalismo dos fundadores e o neoliberalismo contemporâneo é, assim, a maneira pela qual este conseguiu tornar-se atrativo para parcelas inteiras da população e alguns setores das classes dominadas; outrora, no entreguerras, o projeto neoliberal se apresentava, antes, como uma revolta das elites contra as "massas" populares que ameaçavam a "civilização". Desta feita, passamos do medo paranoico das massas à sedução mais cínica das massas, a um momento em que a própria lógica neoliberal esvaziou a desconfiança entre essas massas e as "elites". Esse movimento de guinada de parte da população contra seus próprios interesses, graças a um nacionalismo exacerbado e à produção de bodes expiatórios internos e externos, tem a capacidade de deslocar o terreno do conflito para questões de valores, neutralizando os efeitos ameaçadores da cólera popular.

A economia não
é um destino

A dificuldade deve-se ao fato de que, nessas duas grandes versões, globalista e nacionalista, o neoliberalismo não cessou e não cessa de negar sua dimensão profundamente estratégica. E, se esteve desde o início definido por suas estratégias políticas, ele sempre apresentou suas políticas como resultado não de escolhas (por princípio, reversíveis), mas de uma necessidade implacável — tão implacável quanto as tentativas de tornar suas políticas irreversíveis. Se lhe foi, de saída, necessário recobrir suas decisões fundamentais com o véu de um "destino", é porque, paradoxalmente, faz parte de sua estratégia a independência de qualquer escolha. Por isso, o primeiro ato da crítica deve consistir em restituir os conteúdos e sentidos de decisão de tais escolhas. A esse respeito, uma famosa fórmula diz tudo. Em 11 de novembro de 1965, em Bonn, o chanceler Ludwig Erhard, ordoliberal convicto, leu uma declaração governamental por duas horas. Chegado à parte propriamente econômica dessa declaração, ele considerou que fosse bom lembrar as palavras de Walther Rathenau, ministro da Reconstrução e depois das Relações Exteriores da República de Weimar, de 1921 a 1922, antes de ser assassinado por jovens nacionalistas alemães de extrema direita: "*A economia é nosso destino*, a estabilidade monetária e financeira é a garantia da capacidade de ação da Alemanha e também de seu 'potencial de força'".[290] A quase citação de Rathenau (que originalmente afirmou: "a economia é *o* destino") ganha tanto mais importância quanto pode desconcertar o ouvinte avisado das posições tomadas pelo industrial e homem político liberal: ele quase não recebeu menções póstumas do ordoliberalismo, pois adotou políticas de centralização e planificação econômica. Röpke (1946, p. 120, 144 *apud* Foucault, 2004, p. 130-1 [2008,

---

**290** | "M. Erhard dresse un catalogue des problèmes plutôt que des solutions" [Sr. Erhard enumera um catálogo de problemas mais que de soluções], *Le Monde*, 12 nov. 1965 (grifos nossos).

p. 174]) associa, assim, a figura de Rathenau à do "eterno saint-
-simonismo" e seu "planismo despótico" para melhor reduzi-lo
a um "tecnocrata". Em 1965, o chanceler se apropria das palavras
de Rathenau, emprestando-lhes um conteúdo que elas não podiam ter no início dos anos 1920, aquele de uma profissão de
fé ordoliberal: que a economia seja nosso destino significa a
nós, alemães, que devemos preservar, a todo custo, a estabilidade monetária e financeira que é responsável por nossa prosperidade e pela legitimidade de nosso Estado. Desde fevereiro
de 1948 administrador da zona anglo-americana na Alemanha
Ocidental, Erhard experimentou a liberação de preços, partindo
do princípio de que esse mecanismo deveria assegurar a direção do processo econômico (Foucault, 2004, p. 82-5 [2008, p. 109-
13]). Citando Rathenau, o chanceler queria dizer, de fato, que a
sobrevivência do Estado alemão impunha perseverar na via da
economia de mercado, já aprovada e à qual a Alemanha devia
sua força atual. Dito de outra forma: sob a capa da economia, é a
*política* ordoliberal que se revela como nosso destino, mas a política submetida à figura de uma economia cujas leis seria inútil
desafiar. Como ainda se diz, "não se pode ir contra o mercado".

Desde o fim dos anos 1920, as palavras de Rathenau deram
lugar a diversas interpretações, entre as quais a de Carl Schmitt.
Na verdade, a formulação está citada para ser discutida em
*O conceito do político* (1932). Schmitt observa que os antagonismos econômicos se tornaram políticos; ele se refere "às palavras de Walther Rathenau, citadas com frequência, dizendo
que nosso destino hoje não está na política, mas na economia".
Seu propósito é bastante polêmico: refere-se àquilo que ele
chama de a "despolitização pela polaridade ético-econômica",
a saber, a polaridade entre o espírito e os negócios, cuja ala-
vanca é "o conceito de estado de direito", compreendido no
sentido do direito privado e que tende "a eliminar a política,
domínio da violência e do espírito de conquista", e a "despolitizar o mundo" (Schmitt, 1992, p. 116, 125). A essa tendência,
Schmitt (1992, p. 125) opõe o fato de que a economia se tornou um destino porque ela própria se fez política: "Seria mais

justo dizer que esse destino permanece político como antes e que simplesmente aconteceu de a economia se transformar em fenômeno político e, por conseguinte, destino". A que ideia Schmitt se refere ao afirmar que o destino "permanece político *como antes*"? Que tipo de concorrência é preciso ver entre a afirmação de que a economia é um destino (Erhard) e a de que a política permanece nosso destino (Schmitt)? Uma secreta cumplicidade, selada pelo elo com o termo "destino", não liga as duas fórmulas, apesar da aparente rivalidade entre elas?

### A política não é um destino

Em um encontro em Erfurt, em 2 de outubro de 1808, Napoleão teria dito a Goethe: "O que desejamos hoje com o destino? O destino é a política". O escritor alemão recupera essa fórmula, em março de 1832: "Falamos da ideia do destino trágico nos gregos. [...] Em nosso tempo, prefere-se dizer, com Napoleão: a *política* é o destino" (Goethe, 1988, p. 425). A tragédia colocava em cena o mundo pré-político. O destino assumia a terrível figura das Eumênides, deusas da vingança, pelas quais a lei do sangue se impunha às grandes famílias da aristocracia. Nesse sentido, a tragédia clássica "oferecia um contramodelo à cidade dos iguais" (Azoulay & Ismard, 2020, p. 216): a instituição da igualdade entre os cidadãos, que lhes assegura participação direta nas decisões políticas, pode ser vista como um verdadeiro *anti*destino. Contudo, o Estado moderno repousa não sobre essa participação, mas sobre a oposição entre proprietário privado e cidadão, e é então sob a forma do Estado abstrato, separado da sociedade, que a política se torna, assim, o destino do "burguês", quer dizer, ao mesmo tempo aquilo a que ele se opõe e aquilo de que ele não pode prescindir.[291] Aos olhos

---

291 | Em alemão, a palavra *Bürger* significa simultaneamente o burguês e o cidadão, o que pode dar a entender uma oposição interna ao indivíduo, como é o caso em Hegel. Schmitt (2009, p.106) reconhecia a ele ter enunciado "a primeira definição polêmica e política do burguês, este homem que se recusa a sair de sua esfera privada não política".

de Schmitt, o que caracteriza o século XIX é "a passagem ao econômico" e "a vitória da sociedade industrial", vitória que se pode precisamente datar em 1814, "ano em que a Inglaterra triunfa sobre o imperialismo militar de Napoleão". Contrariamente ao que sustenta o pensamento liberal, essa transmutação da economia, domínio até então "reputado autônomo e politicamente neutro", é compreendida por Schmitt como sua "transformação em fenômeno político". Ironia da história, a sorte de Napoleão confirmaria suas próprias palavras: derrotado pelo poder econômico inglês, ele próprio sucumbe à política como destino. Definitivamente, a politização da economia significa não que a economia tenha se tornado nosso novo destino, mas que a política, ao estender-se à economia, continua mais do que nunca a ser nosso destino.

Assim se constrói uma oposição em forma de face a face irredutível, como havia observado o analista político Hans Kohn em 1939: se Walther Rathenau afirmara que a economia é o destino (*Wirschaft ist Schicksal*), ponto de vista partilhado pelo capitalismo liberal e pelo socialismo no fim do século XIX, Schmitt reafirmou, depois dele, a primazia do político (*Politik ist Schicksal*).[292] Se enunciamos essa oposição à luz da declaração já citada do chanceler Erhard, temos, então, os seguintes termos: de um lado, o ordoliberalismo ortodoxo, que eleva a economia ao lugar de destino para melhor apresentar suas próprias escolhas como não escolhas e interditar, assim, qualquer alternativa relacionada à política econômica; de outro, o estatismo conservador, que persiste em fazer da política e do Estado nosso destino para melhor impedir a invenção de uma política não estatal. Em outros termos, qualquer que seja o caráter do "destino" — economia ou política —, não há outra função que não desqualificar toda alternativa, lançando-a, antecipadamente, à impossibilidade. Nos dois casos, uma de-

---

**292** | KOHN, Hans. "The Totalitarian Philosophy of War" [A filosofia totalitária da guerra], *Proceedings of the American Philosophical Society*, v. 82, n. 1, p. 57-72, fev. 1940 *apud* Traverso (2001, p. 344).

cisão é sub-repticiamente convertida em necessidade: no primeiro caso (ordoliberalismo), a decisão preliminar em favor da concorrência e da economia de mercado; no segundo caso (Schmitt), a decisão preliminar relativa à identificação do inimigo, que supostamente constitui a relação política. Nos dois casos, é uma decisão arbitrária que fundamenta o resto — a ordem econômica ou a ordem política —, e que os próprios neoliberais apresentam, nos termos de Schmitt, como uma "decisão de base" ou, ainda, "constituinte" (Slobodian, 2018, p. 211). Temos aí algo que toca diretamente a dimensão autoritária do neoliberalismo abordada no capítulo anterior: trata-se de restringir, por antecipação, o campo do deliberável por uma decisão que não procede de uma deliberação coletiva que engaje toda a sociedade. Ora, não se delibera sobre o destino ou sobre o que é necessário; delibera-se sobre o que é praticamente possível. Se temos um destino, qualquer deliberação a seu respeito é privada de razão de ser. Hoje é ainda mais importante sublinhar que a mundialização deu um acréscimo de poder ao "destino" que constitui a economia: a partir de então, é a restrição do mercado mundial que parece nos impor a política econômica, inclusive em escala nacional. Mas, ao mesmo tempo, pudemos nos convencer de que essa imposição requer, a título de condição, um Estado forte ou, pelo menos, uma política suficientemente coercitiva para subtrair, do campo da deliberação pública, a orientação da economia. Se "não há alternativa", para retomar as palavras de Margaret Thatcher, toda política, então, deve ser excluída, porque ela só vale como exercício da deliberação pública, isto é, como *anti*destino. Toda alternativa deve prioritariamente reabrir o campo dos possíveis, quer dizer, o campo do deliberável, que não é outro senão aquele do comum, se os "assuntos comuns" forem o objeto próprio da deliberação política.[293]

---

**293** | Sobre esse ponto, ver Guéguen (2019, p. 379-93).

## A revolução contra
## a guerra civil

O que está em jogo é tanto nossa relação com o Estado quanto nossa relação com a economia, com base num postulado totalmente outro: nem o Estado nem a economia são um destino. A soberania estatal é peça angular na construção de uma sociedade de concorrência, e seria ilusório pretender combater a segunda deixando de lado a primeira. A experiência deve nos imunizar contra qualquer estratégia suicida de fazer voltar contra o adversário suas próprias armas. O Estado é tudo, menos uma "arma" à disposição dos dominados. Só uma política radicalmente *não* estatal, entendida como política do comum, pode nos fazer escapar da influência do mercado e da dominação do Estado.

Novamente, a referência à Comuna de Paris é capaz de nos esclarecer. Se ela se pretendeu uma "revolução contra o Estado como tal", segundo as palavras do primeiro esboço de Karl Marx para *A guerra civil na França* (1871), pretendeu-se, por isso, uma guerra civil? Como vimos no começo deste livro, a representação que alguns *communards* podiam fazer de seu próprio combate contra Versailles havia hesitado entre uma guerra clássica, o que estimulou Gustave Courbet a demandar, para os *communards*, um estatuto de beligerantes, e uma guerra civil ou guerra intestina, o que implica uma simetria dos atores e desafia o modelo da "guerra ordinária". Mas a atitude da comuna, em seu conjunto, esforça-se em desativar a escolha entre essas duas representações, opondo sistematicamente a "Revolução de 18 de março" à "guerra civil".[294] Aci-

---

**294 |** Em 28 de março de 1871, o Comitê Central da Federação da Guarda Nacional entregou aos delegados de Toulouse uma carta em que se podia ler: "Paris lançou as bases do futuro resistindo às provocações de um governo que não tinha mais esperança senão na guerra civil. Ela quis provar que a verdadeira força estava na revolução pacífica e que o povo era poderoso o bastante para destruir, apenas pela grandeza de sua atitude, aqueles que o atacam a mão armada" (Bunel, 1871, p. 102).

ma de tudo, definiu um ponto de honra ao rejeitar a acusação de "guerra civil", pela qual os versalheses não deixaram de fazê-la carregar a responsabilidade. Em cartaz estampado em Paris na manhã de 18 de março de 1871, assinado por Adolphe Thiers e anunciando a retomada, pelo Exército de seu governo, dos canhões da Guarda Nacional, são denunciados os "criminosos" que farão "suceder a guerra civil à guerra externa". Nele figura esta chamada: "Que os bons cidadãos se separem dos maus; que eles *ajudem* a força pública, em vez de resistir a ela". O *communard* Gustave Lefrançais (2018, p. 98) comenta nesses termos: "[é um] chamado direto à guerra civil que os signatários afirmavam, no entanto, querer evitar". Para a comuna, a guerra civil foi, então, fato exclusivo dos versalheses: a guerra contra Paris foi uma guerra de Versailles contra a comuna. Como enfatizou justamente Nicole Loraux, o discurso da comuna não reivindica jamais, por conta própria, a guerra civil; ela constata um estado de fato cuja total responsabilidade repousa sobre os versalheses, falando sobriamente das "circunstâncias da guerra civil em que se encontra engajada a comuna". Tanto é verdade que, em 24 de maio de 1871, no meio da Semana Sangrenta, o Comitê Central da Guarda Nacional declarou solenemente: "Nós não lutamos senão contra um inimigo, a guerra civil" (Bourgin & Henriot, 1945, p. 522 *apud* Loraux, 2005b, p. 48). Em 19 de maio, o Comitê Central já tinha se afirmado como "a bandeira da Revolução Comunal" e "inimigo armado da guerra civil" (Bunel, 1871, p. 615). Os "*communeux*", para chamá-los assim, recusaram-se a reconhecer na guerra civil um destino. E a classe dominante queria "abater a revolução por uma guerra civil", para retomar a fórmula de Marx. Arrancando-a de qualquer tentativa de simetria, ele pretendia, assim, "devolvê-la a sua verdadeira natureza de *revolução*": como bem dísse Nicole Loraux (2005b, p. 50), para ele, "a Comuna de Paris foi autenticamente uma *revolução contra a guerra civil*". O fracasso dessa revolução não retira em nada seu imenso alcance político. A política do comum deve assumir resolutamente a conflitualidade, inclusive sob as formas de enfrentamento físico, se necessário, mas deve assumi-la para melhor desfazer a armadilha da guerra civil. "A revolução contra a guerra civil": a fórmula condensa, à sua maneira, a estratégia política que é preciso opor à política de Estado que faz da economia um destino. O exemplo do Chile demonstra: apenas revoluções populares, apenas revoluções realizadas e controladas pelos cidadãos podem se opor às estratégias de guerra civil do neoliberalismo.

## Como responder à guerra civil neoliberal?

Como combater tal adversário que nega sua dimensão estratégica? Como reinstituir a política como "antidestino"? Em outras palavras, como fazer fracassar as estratégias de guerra civil do neoliberalismo, das quais é próprio se tornarem inapreensíveis como tais? A luta contra a guerra civil neoliberal pede um trabalho de recomposição de diferentes grupos populares em torno de um projeto centrado sobre o que o neoliberalismo se deu por ambição, desde o início, destruir: a igualdade, a solidariedade e a emancipação. Entretanto, levar a cabo a elaboração de tal projeto supõe, primeiramente, fazer a crítica das diferentes formulações políticas propostas pela esquerda.

Todas as esquerdas governamentais simplesmente falharam. Elas não apenas se recusaram a responder à guerra neoliberal como, ao contrário, apoiaram essa guerra. Certamente não se pode confundi-las com as versões mais reacionárias, pois elas deram provas de certo liberalismo cultural ou societal. Mas essa política dos direitos estritamente individuais não compensou em nada o abandono de uma política de igualdade social e econômica em benefício das classes populares. Instruídos pelo passado, podemos nutrir grandes dúvidas sobre aquilo de que são ainda capazes as velhas formas políticas, do Partido Democrata "centrista" de Joe Biden à "social-democracia" europeia "progressista".

Uma resposta estratégica relativamente elaborada, que chamou a si mesma de "populista de esquerda", quis "construir o povo" realizando a equivalência entre "demandas democráticas" heterogêneas. Teorizada por Ernesto Laclau e Chantal Mouffe, ela consistia em "fazer um povo nacional" contra elites mundializadas que o haviam desempossado de sua soberania. A ideia é totalmente elaborada no espelho de um populismo de direita, tal como Thatcher o havia exercido (Mouffe, 2018, p. 52 [2020]). Seria o caso de "reencantar" o imaginário de uma comunidade nacional e do Estado soberano que havia sido bem-sucedido na direita, mas dessa vez para combater a globalização capitalista e o neoliberalismo da União Europeia. Reproduzindo em contextos muito diferentes, notadamente europeus, o populismo latino-americano e mais particularmente o peronismo argentino, esse "populismo de esquerda" se chocou muito rapidamente com a fragmentação das estruturas políticas e sindicais, com o poder autônomo dos movimentos sociais, com a pluralidade das causas mobilizadoras. Usar os grandes períodos retóricos sobre o povo, a nação ou a república contra as elites neoliberais não foi uma atitude que conseguiu operar a magia unificadora nem convencer a população a se constituir em um "novo povo". O populismo de esquerda terminou por se dissolver na política parlamentar clássica. O que deduzir disso? *O povo não é unificável por uma simbologia encarnada por um chefe*, descendendo de algum lugar misterioso transcendente e detentor de um saber sobre a "vontade geral". A ilusão consiste em acreditar que a identificação com o líder permitirá a superação das divisões produzidas pela guinada do povo contra ele mesmo, criando artificialmente um "todo". Em razão de seus postulados unitaristas e centralistas, e porque faz da "conquista" do Estado existente a questão política central, o populismo de esquerda é finalmente incapaz de desarmar as classes dominantes, colocando o problema do Estado de maneira prática, e, mais ainda, incapaz de pensar a instituição da democracia em todos os lugares e todas as esferas da sociedade.

Outra resposta tem a simpatia de uma fração da extrema esquerda radical. Ela pretende responder à guerra neoliberal pela postura de insurreição e violência de motim. Em outros termos, essa fração da extrema esquerda pretende jogar o jogo da simetria de guerra ao modo blanquista.[295] Atacando pseudossímbolos, os grupos de jovens "autônomos" ou black blocs se autodesignam como o inimigo bárbaro, cujas ações vão legitimar todas as limitações das liberdades pelo Estado em nome da "segurança". Eles se dirigem, por vontade própria, ao lugar exato onde são esperados pelo poder que eles acreditam combater. O efeito sobre as mobilizações não deixa de ser desastroso. Essa postura tem um pano de fundo doutrinal, participando de um ideal de supressão de toda mediação institucional em favor de uma relação direta entre indivíduos. Contrariamente às afirmações bem ligeiras de Agamben e seus discípulos, a verdadeira autonomia, que não é outra senão o autogoverno, supõe passar por atos de instituição, como mostra suficientemente a experiência da Comuna de Paris. Não é o "poder *destituinte*", é a prática *instituinte* que cria e reativa as condições da participação democrática nas atividades sociais e políticas que experimentam formas inéditas de autogoverno coletivo.

Resta pensar sobre as condições de uma revolução *antiguerra civil* nas condições presentes. Que aparência teria? Sem dúvida, seria preciso fazer o luto de certas formas arcaicas de combate político. Desapareceram as bases sociológicas e subjetivas do grande partido verticalizado e dos sindicatos centralizados no modelo do Estado e das empresas capitalistas. O antagonismo entre duas classes não pode mais resumir a conflituosidade social. Isso não quer dizer que o conflito social em torno da repartição do valor econômico tenha desaparecido. Ao contrário: ele se generalizou com uma exploração dire-

---

**295** | Referência às ideias do revolucionário francês Louis-Auguste Blanquí, que defendia que o socialismo deveria ser construído a partir de um golpe de Estado conduzido por um pequeno grupo altamente organizado. [N.E.]

ta e indireta da atividade produtiva estendida para além das fábricas das primeiras fases do capitalismo. A luta de classes tornou-se mais complexa e múltipla. Foi também atravessada por antagonismos diferentes de gênero, etnia, cultura, religião. Se mais nenhum partido universal ou grande sujeito da emancipação é concebível, convém considerar novas articulações entre entidades coletivas heterogêneas que concernem a interesses profissionais, experimentações produtivas, estruturas de mobilização, instituições políticas: partidos, associações, comunas, sindicatos, assembleias, comuns, cooperativas etc. A forma arquipelágica da política é um fato. Contudo, assim como um arquipélago geográfico tem sua base vulcânica, que estrutura os laços entre as ilhas, o arquipélago das lutas tem seu laço nas próprias exigências igualitárias e democráticas de funcionamento, em um projeto comum de sociedade igualitária e realmente democrática, de baixo para cima.

## Uma estratégia de igualdade e de democracia

A resposta à guerra neoliberal deve ter como eixos a luta pela igualdade e pelo autogoverno democrático. Se parte importante das classes populares e dos habitantes do campo e das pequenas cidades se afastou da esquerda, é porque ela os abandonou por considerar que a luta de classes e a cultura popular eram águas passadas; ela contribuiu, ao lado de pesadas tendências de reorganização do trabalho e do consumismo individualista, para "desfazer o *demos*" (Brown, 2018). Para neutralizar a atual divisão do povo pela guerra dos valores, uma nova esquerda, que esperamos surgir, deveria dar-se como tarefa articular todas as lutas, quer sejam econômicas ou culturais, em torno de uma exigência geral de igualdade, sem separar e opor a luta por igualdade econômica e social e as lutas das mulheres, dos movimentos étnico-raciais, dos LGBTQIA+, dos grupos etários etc. Não se trata de negar diferenças e especificidades, mas de não fazer delas barreiras à necessária unidade contra as diferentes formas de neoliberalismo. Em outros termos, todo fetichismo identitário deve ser rejeitado, quer refira-se a identidades "minoritárias", sobre as quais opera o neoliberalismo dito "progressista" para fazer delas "clientelas eleitorais", quer refira-se à identidade "majoritária", sobre a qual se apoia o neoliberalismo reacionário, em nome dos valores tradicionais. Assim, deve-se abrir uma via estratégica: fazer convergir todas as reivindicações no sentido da primazia da igualdade em todo e qualquer domínio — igualdade de direitos, de condições socioeconômicas, de acesso a serviços coletivos, de participação direta nos assuntos públicos. Não há lutas econômicas de um lado e lutas culturais de outro, mas lutas sociais por igualdade.

O trabalho da nova esquerda não consiste em unificar essas reivindicações do alto e de fora, por "significantes flutuantes" mais ou menos arbitrários, mas "transversalizá-los" uns aos outros. Tecer alianças entre o sindicalismo, a ecologia, o alternundialismo, o feminismo, o antirracismo supõe que, em cada campo específico, os atores das lutas integrem, todos, as outras lutas, reconhecendo sua legitimidade, mas, sobretudo, que produzam articulações concretas entre todas as dimensões do combate por igualdade.

Por "democracia", entendemos aqui o autogoverno estendido a todas as atividades, instituições e relações que devem ser regidas por leis e regras decididas em comum. Nesse sentido, a democracia não é outra coisa senão a forma geral do laço político entre pessoas iguais, conscientes e responsáveis pelo horizonte comum, em pequena e grande escalas. Essa sociedade democrática não é perfeitamente harmoniosa nem mesmo "consensual". A conflituosidade não é um resíduo indesejável, mas uma dimensão essencial da verdadeira democracia. Os múltiplos conflitos são aí expressos, reconhecidos e debatidos. Eles não são regulados pelas relações de poder material ou simbólico nem pela força tácita das coisas habituais, como nos universos capitalistas, patriarcais ou religiosos. Os conflitos são resolvidos no quadro das instituições cujas regras são, elas próprias, fruto de deliberação e decisões comuns. As liberdades públicas e individuais são suas condições absolutas, assim como a maior igualdade entre os membros de uma sociedade — igualdade absoluta de direitos, com certeza, mas também igualdade social, intelectual e econômica as mais expandidas. O objetivo, ou, se preferirmos, o ponto de utopia necessário, não é separável do meio: é a atividade política de cada um e de todos lá onde se pensam, se discutem e se decidem as regras comuns.

Tal sociedade não nasce de uma vez, na sequência de uma insurreição repentina. Ela se constrói na ação e na experimentação coletivas contra tudo aquilo que asfixia o exercício dos direitos por todos. Convém lutar contra todos os obstáculos que impedem a atividade política democrática — e eles são muitos: as desigualdades socioeconômicas e culturais; o jogo mortífero da rivalidade entre partidos e o reinado das oligarquias que os dirigem; o parlamentarismo e o eleitoralismo, que desvitalizam a atividade política e pretendem esgotar o sentido da democracia; a falsa alternativa nacionalista e soberanista, que desajeitadamente imita uma extrema direita bem mais "natural" nesse papel; a divisão entre "domínios" especializados (político, social, ecológico, cultural etc.), que distribui os papéis entre os experts; o racismo e o elitismo social de fato, que continua a reservar as responsabilidades aos bem-nascidos; enfim, e, talvez, antes de tudo, o monopólio do poder a que se atribuem os homens sobre a vida coletiva em detrimento dos direitos das mulheres em deliberar e decidir sobre a igualdade.

# Referências

ADORNO, Theodor W. *Études sur la personnalité autoritaire*. Paris: Allia, 2007 [1950].

AGAMBEN, Giorgio. *État d'exception*, t. 1, *Homo sacer*. Paris: Seuil, 2003 [Ed. bras.: *Estado de exceção*. Trad. Iraci D. Poleti. São Paulo: Boitempo, 2004].

ALI, Tariq. *Quelque chose de pourri au Royaume-Uni. Libéralisme et terrorisme*. Paris: Raisons d'Agir, 2006.

ARENDT, Hannah. "Qu'est-ce que l'autorité?". *In*: ARENDT, Hannah. *L'humaine condition*. Paris: Gallimard, 2012 [Ed. bras.: "O que é autoridade?". *In*: ARENDT, Hannah. *Entre o passado e o futuro*. Trad. Mauro W. Barbosa de Almeida. São Paulo: Perspectiva, 1972].

AUDIER, Serge. *Le Colloque Lippmann. Aux origines du néo-libéralisme*. Lormont: Le Bord de l'eau, 2012a.

AUDIER, Serge. *Néo-libéralisme(s). Une archéologie intellectuelle*. Paris: Grasset, 2012b.

AZOULAY, Vincent & ISMARD, Paulin. *Athènes 403. Une histoire chorale*. Paris: Flammarion, 2020.

BEARD, Charles. *An Economic Interpretation of the Constitution of the United States*. Nova York: Macmillan, 1913.

BEAUD, Olivier. *Les derniers jours de Weimar. Carl Schmitt face à l'avènement du nazisme*. Paris: Descartes & Cie, 1997.

BECKER, Gary S. *Human Capital: A Theoretical and Empirical Analysis with Special Reference to Education*. Chicago: University of Chicago Press, 1993 [1964].

BLUNDELL, John. *Waging the War of Ideas*. Londres: Institute of Economic Affairs, 2015 [2001].

BÖHM, Franz. *Die Ordnung der Wirtschaft als geschichtliche Aufgabe und rechtsschöpferische Leistung*. Stuttgart: Kohlhammer, 1937.

BOLAÑO, Roberto. *Nocturne du Chili*. Trad. Robert Amutio. Paris: Christian Bourgois, 2002 [Ed. bras.: *Noturno do Chile*. Trad. Eduardo Brandão. São Paulo: Companhia das Letras, 2000].

BOLTANSKI, Luc & CHIAPELLO, Ève. *Le nouvel esprit du capitalisme*. Paris: Gallimard, 1999 [Ed. bras.: *O novo espírito do capitalismo*. São Paulo: Martins Fontes, 2009].

BONEFELD, Werner. *The Strong State and the Free Economy*. Londres: Roman and Littlefield, 2017.

BOURDIEU, Pierre. *Contre-feux. Propos pour servir à la résistance contre l'invasion néo-libérale*. Paris: Raisons d'Agir, 1998 [Ed. bras.: *Contrafogos: táticas para enfrentar a invasão neoliberal*. Trad. Lucy Magalhães. Rio de Janeiro: Jorge Zahar Editor, 1998].

BOURGIN, Georges & HENRIOT, Gabriel (org.). *Procès-verbaux de la Commune de 1871*, t. 2. Paris: E. Leroux, 1945.

BRINKLEY, Alan. *The End of Reform: New Deal Liberalism in Recession and War*. Nova York: Vintage, 1996.

BROWN, Wendy. *Défaire le dèmos. Le néolibéralisme, une révolution furtive*. Paris: Amsterdam, 2018.

BROWN, Wendy. *In the Ruins of Neoliberalism: The Rise of Antidemocratic Politics in the West*. Nova York: Columbia University Press, 2019 [Ed. bras.: *Nas ruínas do neoliberalismo: a ascensão da política antidemocrática no Ocidente*. Trad. Mario Antunes Marino e Eduardo Altheman C. Santos. São Paulo: Politeia, 2019].

BROWN, Wendy; GORDON, Peter E. & PENSKY, Max. *Authoritarianism: Three Inquiries in Critical Theory*. Chicago: University of Chicago Press, 2018.

BUCHANAN, James M. *Post-Socialist Political Economy. Selected Essays*. Cheltenham: Edward Elgar, 1997.

BUCHANAN, James M. *The Limits of Liberty: Between Anarchy and Leviathan*. Indianapolis: Liberty Fund, 2000 [1975].

BUCHANAN, James M. *Economics from the Outside in "Better than Plowing and Beyond"*. College Station: Texas A&M University Press, 2007.

BUCHANAN, James M. & TULLOCK, Gordon. *The Calculus of Consent. The Logical Foundations of Constitutional Democracy*. Indianapolis: Liberty Fund, 1999 [1962].

BUNEL, Victor. *Reimpression du journal officiel de la Republique francaise sous la commune, du 19 mars au 24 mai 1871*. Paris: Victor Bunel, 1871.

BURKE, Edmund. *Réflexions sur la Révolution de France*. Paris: Hachette, 1989.

CALLISON, William & MANFREDI, Zachary (org.). *Mutant Neoliberalism: Market Rule and Political Rupture*. Nova York: Fordham University Press, 2019.

CARLSON, John & YEOMANS, Neville. "Whither Goeth the Law — Humanity or Barbarity". *In*: SMITH, Margaret & CROSSLEY, David (org.). *The Way Out: Radical Alternatives in Australia*. Naremburn: Lansdowne, 1975.

CASILLI, Antonio A. *En attendant les robots. Enquête sur le travail du clic*. Paris: Seuil, 2019.

CASTEL, Robert. *La montée des incertitudes. Travail, protections, statut de l'individu*. Paris: Seuil, 2009.

CHAMAYOU, Grégoire. "1932, naissance du libéralisme autoritaire". *In*: HELLER, Herman & SCHMITT, Carl. *Du libéralisme autoritaire*. Paris: La Découverte, 2020.

CHAPOUTOT, Johann. *Fascisme, nazisme et régimes autoritaires en Europe (1918-1945)*. Paris: PUF, 2020a.

CHAPOUTOT, Johann. *Libres d'obéir. Le management du nazisme à aujourd'hui*. Paris: Gallimard, 2020b.

CRISTI, Renato. *Carl Schmitt and the Authoritarian Liberalism: Strong State, Free Economy*. Cardiff: University of Wales Press, 1998.

CRISTI, Renato. *El pensamiento político de Jaime Guzmán: autoridad y libertad*. Santiago: LOM, 2000.

COCKETT, Richard. *Thinking the Unthinkable: Think-Tanks and the Economic Counter-Revolution (1931-1983)*. Londres: HarperCollins, 1994.

COMMISSION DES COMMUNAUTÉS EUROPÉENNES. *L'achèvement du marché intérieur. Livre blanc de la Comission à l'intention du Conseil européen*. Bruxelas: CCE, 1985.

COOPER, Melinda. *Family Values: Between Neoliberalism and the New Social Conservatism*. Princeton: Princeton University Press, 2017.

COMMUN, Patricia. *Les ordolibéraux. Histoire d'un libéralisme à l'allemande*. Paris: Les Belles Lettres, 2016.

CROZIER, Michel; HUNTINGTON, Samuel & WATANUKI, Joji. *The Crisis of Democracy. Report on the Governability of Democracies to the Trilateral Commission*. Nova York: New York University Press, 1975.

CUKIER, Alexis. *Le travail démocratique*. Paris: PUF, 2017.

CUSSET, François. *La décennie. Le grand cauchemar des années 1980*. Paris: La Découverte, 2008.

DARDOT, Pierre & LAVAL, Christian. *La nouvelle raison du monde. Essai sur la société néolibérale*. Paris: La Découverte, 2010 [Ed. bras.: *A nova razão do mundo: ensaio sobre a sociedade neoliberal*. Trad. Mariana Echalar. São Paulo: Boitempo, 2016].

DARDOT, Pierre & LAVAL, Christian. *Ce cauchemar qui n'en finit pas. Comment le néolibéralisme détruit la démocratie*. Paris: La Découverte, 2016.

DARDOT, Pierre & LAVAL, Christian. *Dominer. Enquête sur la souveraineté de l'État en Occident*. Paris: La Découverte, 2020.

DEBRAY, Régis. *Révolution dans la révolution? Lutte armée et lutte politique en Amérique latine*. Paris: François Maspero, 1967 [Ed. bras.: *Revolução na revolução? Luta armada e luta política na América Latina*. Trad. Olinto Beckerman. São Paulo: Centro Editorial Latino-Americano, 1985].

DEJOURS, Christophe. *Souffrance en France. La banalisation de l'injustice sociale*. Paris: Seuil, 1998 [Ed. bras.: *A banalização da injustiça social*. Trad. Luiz Alberto Monjardim. Rio de Janeiro, Editora FGV, 2000].

DEJOURS, Christophe & BÈGUE, Florence. *Suicide et travail: que faire?* Paris: PUF, 2009 [Ed. bras.: *Suicídio e trabalho: o que fazer?* Trad. Franck Soudant. Brasília: Paralelo 15, 2010].

DEKKER, Erwin. *Viennese Students of Civilization. The Meaning and Context of Austrian Economics Reconsidered.* Cambridge: Cambridge University Press, 2016.

DELTEIL, Violaine & FONTAINE, Lauréline. "Sur l'empreinte économique de la Constitution américaine, lecture croisée de Charles Beard". *In*: FONTAINE, Lauréline. *Capitalisme, libéralisme et constitutionnalisme.* Paris: Mare et Martin, 2021.

DENORD, François. *Néolibéralisme version française. Histoire d'une idéologie politique.* Paris: Demopolis, 2007.

DIXON, Keith. *Les évangélistes du marché. Les intellectuels britanniques et le néolibéralisme.* Paris: Raisons d'Agir, 1998.

DOSTALER, Gilles. *Le libéralisme de Hayek.* Paris: La Découverte, 2001.

DRUCKER, Peter. *La pratique de la direction des entreprises.* Paris: Éditions d'organisation, 1957 [1954] [Ed. bras.: *A prática da administração de empresas.* São Paulo: Pioneira, 1998].

DUJARIER, Marie-Anne. *Le management désincarné. Enquête sur les nouveaux cadres du travail.* Paris: La Découverte, 2015.

DUJARIER, Marie-Anne. *Trouble dans le travail.* Paris: PUF, 2021.

DUMÉNIL, Gérard & LÉVY, Dominique. *Capital Resurgent: Roots of the Neoliberal Revolution.* Cambridge: Harvard University Press, 2004.

EUCKEN, Walter; BÖHM, Franz & GROSSMANN-DOERTH, Hans. *Die Ordnung der Wirtschaft als geschichtliche Aufgabe und rechtsschöpferische Leistung.* Stuttgart: Kohlhammer, 1937.

FANTASIA, Rick & VOSS, Kim. *Des syndicats domestiqués. Répression patronale et résistance syndicale aux États-Unis.* Paris: Raisons d'Agir, 2003.

FEDERICI, Silvia. *Le capitalisme patriarcal.* Paris: La Fabrique, 2019.

FILLIEULE, Olivier & JOBARD, Fabien. *Politiques du désordre. La police des manifestations en France.* Paris: Seuil, 2020.

FINLEY, Moses. *L'invention de la politique. Démocratie et politique en Grèce et dans la Rome républicaine.* Paris: Flammarion, 1985.

FOUCAULT, Michel. "Le sujet et le pouvoir". *In*: DREYFUS, Hubert; RABINOW, Paul & FOUCAULT, Michel. *Un parcours philosophique*. Paris: Gallimard, 1984 [Ed. bras.: *Michel Foucault: uma trajetória filosófica — para além do estruturalismo e da hermenêutica*. Trad. Vera Porto Carrero. Rio de Janeiro: Forense Universitária, 1995].

FOUCAULT, Michel. *Il faut défendre la société. Cours au Collège de France, 1976*. Paris: EHESS/Seuil/Gallimard, 1997 [Ed. bras.: *Em defesa da sociedade: curso no Collège de France (1975-1976)*. Trad. Maria Ermantina Galvão. São Paulo: Martins Fontes, 2005].

FOUCAULT, Michel. "La sécurité et l'État" (1977). *In*: FOUCAULT, Michel. *Dits et écrits*, t. 2, 1976-1988. Paris: Gallimard, 2001.

FOUCAULT, Michel. *Naissance de la biopolitique. Cours au Collège de France, 1978-1979*. Paris: EHESS/Gallimard/Seuil, 2004 [Ed. bras.: *Nascimento da biopolítica: curso no Collège de France (1978-1979)*. Trad. Eduardo Brandão. São Paulo: Martins Fontes, 2008].

FOUCAULT, Michel. *La société punitive. Cours au Collège de France, 1972-1973*. Paris: EHESS/Seuil/Gallimard, 2013 [Ed. bras.: *A sociedade punitiva: curso no Collège de France (1972-1973)*. Trad. Ivone C. Benedetti. São Paulo: Martins Fontes, 2015].

FRASER, Nancy. "Progressive Neoliberalism versus Reactionary Populism: A Hobson's Choice". *In*: GEISELBERGER, Heinrich (org.). *The Great Regression*. Cambridge: Polity, 2017.

FROMM, Erich. *Arbeiter und Angestellten am Vorabend des Dritten Reiches. Eine sozialpsychologische Untersuchung*. Giessen: Psychosozial-Verlag, 2019 [1980].

GAUDICHAUD, Franck. *Chilli, 1970-1973: Mille jours qui ébranlèrent le monde*. Rennes: Presses universitaires de Rennes, 2020.

GAULEJAC, Vincent de. *La société malade de la gestion. Idéologie gestionnaire, pouvoir managérial et harcèlement social*. Paris: Seuil, 2009 [Ed. bras.: *Gestão como doença social: ideologia, poder gerencialista e fragmentação social*. Trad. Ivo Storniolo. Aparecida: Ideias & Letras, 2007].

GENEL, Katia. *Autorité et émancipation. Horkheimer et la Théorie critique.* Paris: Payot, 2013.

GENTILE, Emilio. *Qu'est-ce que le fascisme? Histoire et interprétation.* Paris: Gallimard, 2004.

GIDDENS, Anthony. *The Third Way: The Renewal of Social Democracy.* Cambridge: Polity, 1998.

GOETHE, Johan Wolfgang von. *Conversations de Goethe avec Eckermann.* Paris: Gallimard, 1988 [1941].

GOUPY, Marie. *L'état d'exception ou l'impuissance autoritaire de l'État à l'époque du libéralisme.* Paris: CNRS, 2016.

GUÉGUEN, Haud. "La délibérabilité du commun: commun et délibération chez Aristote". *In*: LAVAL, Christian; SAUVÊTRE, Pierre & TAYLAN, Ferhat (org.). *L'alternative du commun.* Paris: Hermann, 2019.

HABER, Stéphane. "Subjectivation surmoïque et psychologie du néolibéralisme". *In*: HABER, Stéphane. *Penser le néocapitalisme. Vie, capital et aliénation.* Paris: Les prairies ordinaires, 2013.

HACKWORTH, Jason. "Religious Neoliberalism". *In*: CAHILL, Damien; COOPER, Melinda; KONINGS, Martijn & PRIMROSE, David. *The SAGE Handbook of Neoliberalism.* Sydney: SAGE, 2018.

HALL, Stuart. *The Hard Road to Renewal: Thatcherism and the Crisis of the New Left.* Londres: Verso, 1990.

HALL, Stuart *et al. Policing the Crisis: Mugging, the State and Law and Order.* Londres: Macmillan Press, 2013 [1978].

HANCOCK, David. *The Countercultural Logic of Neoliberalism.* Nova York: Routledge, 2019.

HARCOURT, Bernard E. *The Counterrevolution: How Our Government Went to War Against Its Own Citizens.* Nova York: Basic Books, 2018.

HARTMAN, Andrew. *A War for the Soul of America: A History of the Culture Wars.* Chicago: University of Chicago Press, 2015.

HARVEY, David. *Une brève histoire du néolibéralisme.* Paris: Les prairies ordinaires, 2014 [Ed. bras.: *O neoliberalismo: história e implicações.* Trad. Adail Sobral & Maria Stela Gonçalves. São Paulo: Loyola, 2008].

HAYEK, Friedrich von. *La route de la servitude*. Paris: PUF, 1944.

HAYEK, Friedrich von. "The Present State of the Debate". *In*: HAYEK, Friedrich von (org.). *Collectivist Economic Planning: Critical Studies of the Possibilities of Socialism*. Londres: Routledge, 1963 [1935].

HAYEK, Friedrich von. "Recht, Gesetz und Wirschaftsfreiheit (1963)". *In*: HAYEK, Friedrich von. *Freiburger Studien*. Tübingen: J.C.B. Mohr, 1969.

HAYEK, Friedrich von. *New Studies in Philosophy, Politics, Economics and the History of Ideas*. Londres: Routledge, 1978.

HAYEK, Friedrich von. "The Atavism of Social Justice". *In*: HAYEK, Friedrich von (org.). *New Studies in Philosophy, Politics, Economics, and the History of Ideas*. Chicago: University of Chicago Press, 1985.

HAYEK, Friedrich von. *La présomption fatale. Les erreurs du socialisme*. Paris: PUF, 1993.

HAYEK, Friedrich von. *La constitution de la liberté*. Paris: Litec, 1994 [1960].

HAYEK, Friedrich von. *Essais de philosophie, de science politique et d'économie*. Paris: Les Belles Lettres, 2007.

HAYEK, Friedrich von. *Droit, législation et liberté. Une nouvelle formulation des principes libéraux de justice et d'économie politique*. Paris: PUF, 2013.

HAYEK, Friedrich von *et al.* "Wilhelm Röpke — Einleitende Bemerkungen zur Neuausgabe seiner Werke". *In*: RÖPKE, Wilhelm. *Die Lehre von der Wirtschaft*. Bern/Stuttgart: Haupt, 1993, p. V–XXXVI.

HEILPERIN, Michael A. *International Monetary Organization*. Londres: Longmans, Green & Co., 1939.

HELLER, Hermann. "Libéralisme autoritaire?". *In*: HELLER, Hermann & SCHMITT, Carl. *Du libéralisme autoritaire*. Paris: La Découvertre, 2020.

HELLER, Hermann & SCHMITT, Carl. *Du libéralisme autoritaire*. Paris: La Découvertre, 2020.

HOPPE, Hans-Hermann. *The Private Production of Defense*. Auburn: Mises Institute, 2009.

HOPPE, Hans-Hermann. *Getting Libertarianism Right*. Auburn: Mises Institute, 2018.

HORKHEIMER, Max; FROMM, Erich & MARCUSE, Herbert. *Studien über Autorität und Familie. Forschungsberichte aus dem Institut für Sozialforschung*. Paris: Librairie Félix Alcan, 1936.

HOULE, Francis. "Hayek et la justice redistributive". *In*: DOSTALER, Gilles & ETHIER, Diane (org.). *Friedrich Hayek. Philosophie, économie et politique*. Paris: Economica, 1989.

HUBER, Ernst Rudolf. *Die Gestalt des Deutschen Sozialismus*. Hamburgo: Hanseatische Verlagsanstalt, 1934.

HÜLLSMANN, Jörg Guido. *Mises: The Last Knight of Liberalism*. Auburn: Mises Institute, 2007.

HUNTER, James Davison. *Culture Wars: The Struggle to Define America*. Nova York: Basic Books, 1991.

INNSET, Ola. *Reinventing Liberalism: The Politics, Philosophy and Economics of Early Neoliberalism (1920-1947)*. Londres: Springer, 2020.

JUDIS, John B. & TEIXEIRA, Ruy. *The Emerging Democratic Majority*. Nova York: Simon & Schuster, 2002.

KLEIN, Naomi. *La stratégie du choc. La montée du capitalisme du desastre*. Arles/Montréal: Actes Sud / Leméac, 2008 [Ed. bras.: *A doutrina do choque: a ascensão do capitalismo de desastre*. Trad. Vânia Cury. Rio de Janeiro: Nova Fronteira, 2007].

KITTRIE, Orde F. *Lawfare: Law as a Weapon of War*. Oxford: Oxford University Press, 2016.

KOWITZ, Rolf. *Alfred Müller-Armack: Wirtschaftspolitik als Berufung. Entstehungsgeschichte der Sozialen Marktwirtschaft und dem politischen Wirken des Hochschullerers*. Colônia: Deutscher Instituts-Verlag, 1998.

LAMY, Pascal. *The Geneva Consensus: Making Trade Work for All*. Cambridge: Cambridge University Press, 2013.

LAVAL, Christian. *Foucault, Bourdieu et la question néolibérale*. Paris: La Découverte, 2018 [Ed. bras.: *Foucault, Bourdieu e a questão neoliberal*. Trad. Márcia Cunha & Nilton Ota. São Paulo: Elefante, 2020].

LEFRANÇAIS, Gustave. *Étude sur le mouvement communaliste. Suivi de "La Commune et la Révolution"*. Paris: Klincksieck, 2018 [1871].

LEVITSKY, Steven & WAY, Lucan. *Competitive Authoritarianism: Hybrid Regimes After the Cold War*. Cambridge: Cambridge University Press, 2012.

LHUILIER, Dominique. "Suicides en milieu de travail". *In*: COURTET, Philippe (org.). *Suicides et tentatives de suicide*. Cachan: Lavoisier, 2010.

LIPPMANN, Walter. *Public Opinion*. Plano: Wilder Publications, 2010 [1922] [Ed. bras.: *Opinião pública*. Trad. e pref. Jacques A. Wainberg. Petrópolis: Vozes, 2008].

LIPPMANN, Walter. *La Cité libre* [The Good Society]. Paris: Les Belles Lettres, 2011 [1938].

LORAUX, Nicole. *La cité divisée. L'oubli dans la mémoire d'Athènes*. Paris: Payot, 2005a.

LORAUX, Nicole. *La tragédie d'Athènes. La politique entre l'ombre et l'utopie*. Paris: Seuil, 2005b.

LUCBERT, Sandra. *Personne ne sort les fusils*. Paris: Seuil, 2020.

MACLEAN, Nancy. *Democracy in Chains: The Deep History of the Radical Right's Stealth Plan for America*. Londres: Penguin, 2018.

MARTINS, Cristiano Zanin; MARTINS, Valeska Teixeira Zanin & VALIM, Rafael. *Lawfare: uma introdução*. São Paulo: Contracorrente, 2019.

MESTMÄCKER, Ernst-Joachim. "Auf dem Wege zu einer Ordningspolitik für Europa". *In*: MESTMÄCKER, Ernst-Joachim; MÖLLER, Hans & SCHWARZ, Hans Peter (org.). *Eine Ordnungspolitik für Europa*. Baden Baden: Nomos, 1987.

MINC, Alain. *L'avenir en face*. Paris: Seuil, 1984.

MIROWSKI, Philip & PLEHWE, Dieter (org.). *The Road from Mont Pèlerin: The Making of the Neoliberal Thought Collective*. Cambridge: Harvard University Press, 2009.

MISES, Ludwig von. *Le socialisme. Étude économique et sociologique*. Paris: Librarie de Médicis, 1938.

MISES, Ludwig von. *Socialism: An Economic and Sociological Analysis*. New Haven: Yale University Press, 1962 [1922].

MISES, Ludwig von. *Nation, State and Economy: Contributions to the Politics and History of Our Time*. Nova York: New York University Press, 1983 [1919].

MISES, Ludwig von. *Economic Calculation in the Socialist Commonwealth*. Auburn: Mises Institute, 1990 [1920].

MISES, Ludwig von. *Human Action: A Treatise on Economics*. Auburn: Mises Institute, 1998 [1949].

MISES, Ludwig von. *Théorie et histoire. Une interprétation de l'évolution économique et sociale*. Paris: Institut Coppet, 2011 [1957].

MISES, Ludwig von. *Liberalism: In the Classical Tradition*. Auburn: Mises Institute, 2018 [1927].

MOUFFE, Chantal. *Pour un populisme de gauche*. Paris: Albin Michel, 2018 [Ed. bras.: *Por um populismo de esquerda*. São Paulo: Autonomia Literária, 2020].

MOUHOUD, El Mouhoub & PLIHON, Dominique. *Le savoir & la finance. Liaisons dangereuses au cœur du capitalisme contemporain*. Paris: La Découverte, 2009.

MUDGE, Stephanie L. *Leftism Reinvented: Western Parties from Socialism to Neoliberalism*. Cambridge: Harvard University Press, 2018.

MÜLLER-ARMACK, Alfred. *Entwicklungsgesetze des Kapitalismus*. Berlim: Junker und Dünnhaupt, 1932.

MÜLLER-ARMACK, Alfred. *Staatsidea und Wirtschaftsordnung in neuen Reich*. Berlim: Junker und Dünnhaupt, 1933.

MÜLLER-ARMACK, Alfred. *Studien zur Sozialen Marktwirtschaft*. Colônia: Institut für Wirtschaftspolitik, 1960.

MÜLLER-ARMACK, Alfred. *Auf dem Weg nach Europa. Einnerungen und Ausblicke*. Stuttgart: Wunderlich und Poeschel, 1971.

NAJMAN, Maurice. *Le Chili est proche. Révolution et contre-révolution dans le Chili de l'Unité populaire*. Paris: François Maspero, 1974.

NEURATH, Otto & SCHUMANN, Wolfgang. *Können wir heute sozialisieren? Eine Darstellung der sozialistischen Lebensordnung und ihres Werdens*. Leipzig: Kinkhardt, 1919.

OLSEN, Niklas. *The Sovereign Consumer: A New Intellectual History of Neoliberalism*. Londres: Palgrave Macmillan, 2019.

ORTEGA Y GASSET, José. *La révolte des masses*. Paris: Le Labyrinthe, 1986.

PALHETA, Ugo. *La possibilité du fascisme. France, la trajectoire du desastre*. Paris: La Découverte, 2018.

PALMER, R. R. *The Age of Democratic Revolution*, t. 1, *The Challenge*. Princeton: Princeton University Press, 1959.

PAXTON, Robert O. *The Anatomy of Fascism*. Nova York: Alfred A. Knopf, 2004 [Ed. bras.: *A anatomia do fascismo*. Trad. Patrícia Zimbres & Paula Zimbres. São Paulo: Paz e Terra, 2007].

PETRO, Sylvester. *The Labor Policy of the Free Society*. Nova York: Ronald Press, 1957.

PEZÉ, Marie. *Ils ne mourraient pas tous mais tous étaient frappés. Journal de la consultation "Souffrance et travail" 1997-2008*. Paris: Flammarion, 2010.

POINSSOT, Amélie. *Dans la tête de Viktor Orbán*. Paris/Arles: Solin/Actes Sud, 2019.

PTAK, Ralf. "Neoliberalism in Germany: Revisiting the Ordoliberal Foundations of the Social Market Economy". *In*: MIROWSKI, Philip & PLEHWE, Dieter (org.). *The Road from Mont Pèlerin: The Making of the Neoliberal Thought Collective*. Cambridge: Harvard University Press, 2009.

RACHELS, Christopher Chase. *White, Right, and Libertarian*. Scotts Valley: CreateSpace Independant Publishing Plateform, 2018.

RANELAGH, John. *Thatcher's People: An Insider's Account of the Politics, the Power and the Personalities*. Londres: HarperCollins, 1991.

RIDLEY, Simon. *L'alt-right: de Berkeley à Christchurch*. Lormont: Le Bord de l'eau, 2020.

ROBBINS, Lionel. *Economic Planning and International Order*. Londres: Macmillan, 1937.

RÖPKE, Wilhelm. *International Economic Disintegration*. Londres: William Hodge & Company, 1942.

RÖPKE, Wilhelm. *Civitas humana ou Les questions fondamentales de la réforme économique et sociale. Capitalisme, collectivisme, humanisme économique, État, société, économie*. Paris: Librairie de Médicis, 1946.

RÖPKE, Wilhelm. *Mass und Mitte*. Zurique: Rentsch, 1950.

RÖPKE, Wilhelm. *Jenseits von Angebot und Nachfrage*. Erlenbach: Eugen Rentsch, 1958.

RÖPKE, Wilhelm. *La crise de notre temps*. Paris: Payot, 1962.

RÖPKE, Wilhelm. *Die Lehre von der Wirtschaft*. Bern/Stuttgart: Haupt, 1993.

RÖPKE, Wilhelm. *Die Religion der Marktwirtschaft*. Münster: LIT, 2009.

ROTHBARD, Murray. *Egalitarianism as a Revolt Against Nature and Other Essays*. Auburn: Mises Institute, 2000a [1974].

ROTHBARD, Murray. *Irrepressible Rothbard: The Rothbard-Rockwell Report Essays of Murray N. Rothbard*. Burlingame: Center for Libertarian Studies, 2000b.

ROUGIER, Louis. *La mystique démocratique. Ses origines, ses illusions*. Paris: Flammarion, 1929.

ROUGIER, Louis. *Les mystiques économiques. Comment l'on passe des démocraties libérales aux États totalitaires*. Paris: Librairie de Médicis, 1938.

RÜSTOW, Alexander. *Rede und Antwort*. Düsseldorf: Hoch, 1963.

SCHMITT, Carl. "Soziologie des Souveränitätsbegriffes und politische Theologie". *In*: PALYI, Melchior. *Hauptprobleme der Soziologie. Erinnerungsgabe für Max Weber*. Berlim: Duncker & Humblot, 1923.

SCHMITT, Carl. *Der Hüter der Verfassung*. Berlim: Duncker & Humblot, 1931.

SCHMITT, Carl. "Weiterentwicklung des totalen Staat in Deutschland (1933)". *In*: SCHMITT, Carl. *Positionen und Begriffe im Kampf mit Weimar-Genf-Versailles 1923-1939*. Berlim: Duncker & Humblot, 1988.

SCHMITT, Carl. *La notion de politique. Théorie du partisan*. Paris: Flammarion, 1992.

SCHMITT, Carl. *Théorie de la Constitution*. Paris: PUF, 1993.

SCHMITT, Carl. *La dictature*. Paris: Seuil, 2000 [1921].

SCHMITT, Carl. *Le nomos de la terre*. Paris: PUF, 2001 [1950].

SCHMITT, Carl. *À feu et à sang: De la guerre civile européenne, 1914-1945*. Paris: Stock, 2007.

SCHMITT, Carl. *Légalité et légitimité*. Montréal: Presses de l'Université de Montréal, 2015.

SCHMITT, Carl. *Die geistesgeschichtliche Lage des heutigen Parlamentarismus*. Berlim: Duncker & Humbolt, 2017 [1923].

SCHMITT, Carl. *Les trois types de pensée juridique*. Paris: PUF, 2019 [1934].

SCHMITT, Carl. "État fort et économie saine". *In*: HELLER, Hermann & SCHMITT, Carl. *Du libéralisme autoritaire*. Paris: La Découvertre, 2020.

SCHNEIDER, Carlos Ruiz. "La democracia en la transición chilena y los límites de las políticas de derechos humanos". *In*: ACEITUNO, Roberto; SALAZAR, Gabriel; CABRERA PÉREZ, Pablo *et al. Golpe 1973-2013*, t. 1. Santiago: El Buen Aire, 2013.

SCHNEIDER, Carlos Ruiz. "Notas sobre algunas condicionantes de la política actual". *In*: ACEITUNO, Roberto; SALAZAR, Gabriel; CABRERA PÉREZ, Pablo *et al. Golpe 1973-2013*, t. 2. Santiago: Ocho Libros, 2015.

SÉGLARD, Dominique. "Présentation". *In*: SCHMITT, Carl. *Les trois types de pensée juridique*. Paris: PUF, 2019.

SIMARD, Augustin. *La loi désarmée. Carl Schmitt et la controverse légalité/légitimité sous la république de Weimar*. Québec/Paris: Presses de l'Université Laval / Maison des sciences de l'homme, 2009.

SIMONET, Maud. *Travail gratuit: la nouvelle exploitation?* Paris: Textuel, 2018.

SLOBODIAN, Quinn. *Globalists: The End of Empire and the Birth of Neoliberalism*. Cambridge: Harvard University Press, 2018.

SLOBODIAN, Quinn & PLEHWE, Dieter. "Neoliberals against Europe". *In*: CALLISON, William & MANFREDI, Zachary (org.). *Mutant Neoliberalism: Market Rule and Political Rupture*. Nova York: Fordham University Press, 2019.

SOLCHANY, Jean. *Wilhelm Röpke, l'autre Hayek. Aux origines du néolibéralisme*. Paris: Éditions de la Sorbonne, 2015.

ST. JOHN, Taylor. *The Rise of Investor-State Arbitration: Politics, Law, and Unintended Consequences*. Oxford: Oxford University Press, 2018.

STEINER, Yves. "The Neoliberals Confront the Trade Unions". *In*: MIROWSKI, Philip & PLEHWE, Dieter (org.). *The Road from Mont-Pèlerin: The Making of the Neoliberal Thought Collective*. Cambridge: Harvard University Press, 2009.

STIEGLER, Barbara. *"Il faut s'adapter". Sur un nouvel impératif politique*. Paris: Gallimard, 2019.

SUPIOT, Alain. *La gouvernance par les nombres. Cours au Collège de France (2012-2014)*. Paris: Fayard, 2014.

TALMON, Jacob Laib. *Les origines de la démocratie totalitaire*. Paris: Calmann-Lévy, 1966.

TATE, C. Neal & VALLINDER, Torbjörn (org.). *The Global Expansion of Judicial Power*. Nova York: New York University Press, 1995.

TAYLOR, Marcus. *From Pinochet to the "Third Way": Neoliberalism and Social Transformation in Chile*. Londres: Pluto, 2006.

THATCHER, Margaret. *10 Downing Street. Mémoires*. Paris: Albin Michel, 1993.

TRAVERSO, Enzo. *Le totalitarisme. Le XXe siècle en débat*. Paris: Seuil, 2001.

WASSERMANN, Janek. *The Marginal Revolutionnaries: How Austrian Economist Fought the War of Ideas*. Londres: Yale University Press, 2019.

WHYTE, Jessica. *The Morals of the Market: Human Rights and the Rise of Neoliberalism*. Londres: Verso, 2019.

# Sobre os autores

## Pierre Dardot

É filósofo e pesquisador do laboratório Sophiapol da Universidade Paris-Nanterre. Há anos dedica-se ao estudo e análise da obra de Karl Marx. É coautor, com Christian Laval, de *A nova razão do mundo* (Boitempo, 2016), *Marx, prénom Karl* (Gallimard, 2012), *Comum* (Boitempo, 2017) e *Dominer* (La Découverte, 2020).

Haud Guéguen

É professora de filosofia no Conservatório Nacional de Artes e Ofícios de Paris. Pesquisa os modos de subjetivação neoliberal e o possível e as utopias concretas. É coautora, com Guillaume Malochet, de *Les théories de la reconnaissance* (La Découverte, 2012).

É professor emérito de sociologia na Universidade Paris--Nanterre e autor de diversos livros, entre os quais *L'Homme économique* (Gallimard, 2007) e *L'ambition sociologique* (La Découverte, 2002). No Brasil, publicou *Foucault, Bourdieu e a questão neoliberal* (Elefante, 2020), *A escola não é uma empresa* (Boitempo, 2019) e, com Pierre Dardot, *A nova razão do mundo* (Boitempo, 2016) e *Comum* (Boitempo, 2017), além de *A sombra de outubro* (Perspectiva, 2018).

Pierre Sauvêtre

É professor de sociologia na Universidade Paris-Nanterre. Seus trabalhos têm como tema o neoliberalismo, os comuns, comunalismo e ecologia, o pensamento de Michel Foucault e Murray Bookchin. É autor de *Foucault* (Ellipses, 2017) e co-organizador, com Christian Laval e Ferhat Taylan, de *L'alternative du commun* (Hermann, 2019).

# Coleção

## Práticas Utópicas

Curadoria
**Márcia Pereira Cunha
& Nilton Ken Ota**

Uma coleção para problematizar a atualidade política, seus novos sujeitos, suas invenções. Para registrar o pensamento das brechas e suas paixões invisíveis, a agitação da liberdade e sua imaginação colérica por justiça. Para tornar presente a forma viva das diferentes temporalidades de sua história. Práticas Utópicas, porque nenhuma teoria crítica pode prescindir do encontro sempre polêmico com os movimentos, os grupos e os coletivos. Porque nenhum discurso militante ecoa no mundo sem expor seus princípios e razões. Porque é da heterogeneidade das lutas, de seu agir e de seu pensar, que horizontes podem ser sonhados e conflagrados.

**TÍTULO PUBLICADO**

*Foucault, Bourdieu e a questão neoliberal,* Christian Laval

Cet ouvrage, publié dans le cadre du Programme d'Aide à la Publication année 2021 Carlos Drummond de Andrade de l'Ambassade de France au Brésil, bénéficie du soutien du Ministère de l'Europe et des Affaires étrangères.

Este livro, publicado no âmbito do Programa de Apoio à Publicação ano 2021 Carlos Drummond de Andrade da Embaixada da França no Brasil, contou com o apoio do Ministério francês da Europa e das Relações Exteriores.

© Editora Elefante, 2021

Título original:
*Le choix de la guerre civile: une autre histoire du néolibéralisme*
© Association du Groupe d'études sur le néoliberalisme et les
alternatives, 2021

Primeira edição
São Paulo, Brasil

---

Dados Internacionais de Catalogação na Publicação (CIP)
Angélica Ilacqua CRB – 8/7057

---

A escolha da guerra civil: uma outra história do neoliberalismo /
Pierre Dardot [*et al.*]; tradução de Márcia Pereira Cunha. — São Paulo:
Elefante, 2021.
364 p.

Bibliografia
ISBN 978-65-87235-60-8
Título original: Le choix de la guerre civile: une autre histoire
du néolibéralisme

1. Neoliberalismo 2. Ciências sociais I. Dardot, Pierre II. Cunha,
Márcia Pereira

21 – 3410                                                    CDD 320.51

---

Índices para catálogo sistemático:
1. Neoliberalismo

---

**Editora Elefante**
editoraelefante.com.br
editoraelefante@gmail.com
fb.com/editoraelefante
@editoraelefante

Fontes **Bw Gradual e Bridge**
Papel **Ivory slim 65 g/m²**
Impressão **BMF Gráfica**